**Antoine Vitkine**

# Hitlers »Mein Kampf«

## Geschichte eines Buches

Aus dem Französischen von Sabine Hedinger,
Sabine Schneider und Christian Stonner

Hoffmann und Campe

*Dank*

Meinen Großeltern, die den Sinn der Wörter kennen.

Ich danke Anna Kwak, Adrien Minard, Myriam Encaoua und Yves Ehrlich sowie François Guillaume für ihre aufmerksame Lektüre. Viel zu diesem Buch beigetragen hat auch mein Verleger, Christophe Deloire, der mir mit wertvollem Rat und mit Begeisterung zur Seite stand. Mein Dank gilt zudem Daniel Leconte und dem Team von *Doc en Stock*, die mir dabei halfen, *Mein Kampf – Geschichte einer Hetzschrift* zu verwirklichen. Die von ARTE im März 2008 ausgestrahlte Dokumentation bildet die Grundlage für dieses Buch.

Mein Dank gilt schließlich den Historikern, die zu meiner Arbeit beigetragen haben, insbesondere Édouard Husson, Ulrich Herbert, Othmar Plöckinger, Fabrice d'Almeida, Rita Thalmann, Josselin Bordat und Emmanuel *Debono.*

FSC www.fsc.org MIX Papier | Fördert gute Waldnutzung FSC® C014496

10. Auflage 2025
Die Originalausgabe erschien 2009 unter dem Titel
*»Mein Kampf«. Histoire d'un livre* bei Flammarion, Paris

Harvestehuder Weg 42, 20149 Hamburg, produktsicherheit@hoca.de
*www.hoffman-und-campe.de*
Satz: Dörlemann Satz, Lemförde
Gesetzt aus der Times LT und Univers
Druck und Bindung: GGP Media GmbH, Pößneck
Printed in Germany
ISBN 978-3-455-50395-1



HOFFMANN
UND CAMPE

*Ein Unternehmen der*
GANSKE VERLAGSGRUPPE

# Inhalt

# VORWORT

## Der vergessene Bestseller

***»Das hört nicht auf. Nie hört das auf.«***

Günter Grass, *Im Krebsgang*

»Name: *Hitler*. Vorname: *Adolf*. Beruf: *Schriftsteller*.« Diesen Beruf gibt der Führer der NSDAP seit 1925 in seiner Steuererklärung an, die das zuständige Finanzamt all die Zeit über sorgfältig aufbewahrt hat. Adolf Hitler – Schriftsteller: Die Verbindung wirkt unpassend. Chef einer ultranationalistischen und rassistischen Partei mit einem Faible für Gewalt und Handstreiche, Volkstribun, gescheiterter Künstler und Schulabbrecher – nein, der zukünftige Diktator hat so gar nichts von einem Literaten an sich.

Doch als er 1923 für einen Putschversuch zu einer Freiheitsstrafe verurteilt wird, die er in der Festung Landsberg absitzt, nutzt er diese dreizehn Monate Haftzeit, um einen langen Text zu verfassen, der schon bald unter dem Titel *Mein Kampf* veröffentlicht werden wird. Indem er sich als »Schriftsteller« bezeichnet, verbindet er seine Geschicke mit dem kürzlich vollendeten Werk.

*Mein Kampf*, dieses gewaltstrotzende Plädoyer mit apokalyptischen Anklängen, das ein größenwahnsinniger Agitator an der Spitze eines Häufleins Desperados in einer schlichten Zelle niedergeschrieben hat, wird eines der meistverkauften politischen Bücher aller Zeiten werden. Schon vor 1933, vor dem Aufstieg seines Autors zur Macht, findet es Hunderttausende von Käufern. Dem Dritten Reich drückt es seinen Stempel auf. Es findet eine ungeheure Verbreitung: Man geht von zehn bis zwölf Millionen Exemplaren aus. *Mein Kampf*, die »Nazi-Bibel«, wird allen Brautpaaren überreicht, in den Schulunterricht aufgenommen, in Auszügen und Zusammenfassungen, auch bebildert, mit den neuesten Reklametechniken beworben, ja sogar in Blindenschrift herausgebracht.

*Mein Kampf* ist aber nicht nur ein deutsches Buch für deutsche Leser. Im Laufe der 1930er Jahre wird es in über 20 Sprachen übersetzt und zum globalen Bestseller. Das Buch des Führers fasziniert, verführt oder schockiert die Öffentlichkeit überall auf der Welt. In Frankreich wird *Mein Kampf* zum Gegenstand einer Verlegerschlacht, bei der es sogar um das Schicksal des Landes im Blick auf Hitlerdeutschland geht.

Der Untergang des Dritten Reiches und der Tod seines Führers haben nichts daran geändert: *Mein Kampf* ist ein Bestseller geblieben. Seit 1945 ist das Standardwerk des Nationalsozialismus millionenfach in aller Welt vertrieben worden, sicherlich weit über die Mengen zu Nazi-Zeiten hinaus. Laut der amerikanischen Zeitschrift *Cabinet* werden jährlich 20000 Exemplare in englischer Sprache abgesetzt. In Frankreich verkauft es ein Verleger wie zu alten Zeiten – und das ganz legal. In mehreren Ländern erscheint es auf den Listen der meistverkauften Bücher: In der Türkei fand es in einem einzigen Jahr 80000 Käufer; in Indien ist ein beispielloser Hype darum entstanden. Ob in Russland, in Indonesien, in Ägypten oder im Libanon: Sein Erfolg lässt sich nicht leugnen. Und zu Zeiten von E-Book, iPad, Kindle, Amazon verhilft das Internet dieser Brandschrift namens *Mein Kampf*, die auf einer altmodischen Schreibmaschine in einer alten bayerischen Festung entstand, zu einem neuen Leben und einem neuen Boom. Man mag das unerträglich finden, aber es ist die Wahrheit: Neunzig Jahre nach seiner Entstehung, siebzig Jahre, nachdem die Welt von den NS-Todeslagern erfuhr, findet *Mein Kampf* immer noch sein Echo.

Das Werk ist aus den Schaufenstern unserer Buchhandlungen verschwunden und bleibt dennoch präsent, wie unter Quarantäne. Rasch aus dem Kopf verbannt, eingereiht ins Regal der unheimlichen Bücher, die man zu kennen glaubt und zu öffnen sich weigert, faszinierend und abstoßend zugleich. Wie eine böse Erinnerung, die sich nicht verjagen lässt und sich uns ganz aktuell durch ein nicht unwesentliches Ereignis aufdrängt: Mit Beginn des Jahres 2016 wurde *Mein Kampf* gemeinfrei. Wie es das Urheberrechtsgesetz vorsieht, kann das Buch seitdem theoretisch von jedermann herausgebracht werden, genau wie die Klassiker der Literatur. Die praktischen und rechtlichen Auswirkungen dieses Ereignisses sind begrenzt, wenngleich ganz real, doch seine Symbolwirkung wird wohl niemandem entgehen.

In Deutschland kam es 2016 zu einer lebhaften Debatte anlässlich des Erscheinens einer neuen, ausführlich kommentierten Ausgabe. Das gleiche geschah in Frankreich, als dort ein namhafter Verlag ein ähnliches Vorhaben bekanntgab. In beiden Fällen ging ein medienwirksames verlegerisches Ereignis einher mit einer notwendigen und nützlichen historischen Arbeit, wobei beides so unentwirrbar ineinander verflochten war, dass es schwer fällt zu entscheiden, welcher der beiden Aspekte überwog. Das ist womöglich das Schicksal dieses mit keinem anderen vergleichbaren politischen Buches, das von jeher dem Lärm polemischer Auseinandersetzungen, dem grellen Licht der Überrepräsentation und dem Halbdunkel der Ideen ausgesetzt war.

Umso erstaunlicher, dass die Geschichte dieses so einflussreichen Werkes, ersonnen vom Urheber beispielloser Verbrechen, weitgehend unbeachtet geblieben, sein Weg durch die Zeit mit vielen Schatten gesprenkelt ist. Der Inhalt von *Mein Kampf* wurde natürlich schon viele Male behandelt, analysiert, entziffert. Aber seine Entstehung, die Kommentare, die seine Veröffentlichung begleitet haben, sein Einfluss auf den Aufschwung der nationalsozialistischen Bewegung und auf das Dritte Reich, seine Resonanz, seine internationale Verbreitung im Ausland, sein Weg nach dem Krieg, ja selbst die simple Frage, ob das Buch, das immerhin Millionen Deutsche besaßen, auch gelesen wurde: Das alles ist bislang kaum untersucht worden. Lange Zeit haben die meisten Historiker diesen Aspekt unberücksichtigt gelassen, und die Öffentlichkeit hat den Blick abgewandt.[1]

Unsere Untersuchung hat nicht den Anspruch, einen Beitrag zu den historiographischen Debatten zu leisten, die sich die Geschichte des Nationalsozialismus vorgenommen haben, sondern will eine Lücke füllen, indem sie das Schicksal dieses Buches erzählt.

Das ist eine ebenso historische wie moralische und vielleicht auch politische Herausforderung. Denn die Geschichte von *Mein Kampf* hält wertvolle Lehren für die heutige Zeit bereit. Sich mit diesem Buch auseinanderzusetzen heißt allerdings, sich zwei Fragen von ziemlicher Bedeutung zu stellen.

In *Mein Kampf* hatte Hitler einen Großteil seiner zukünftigen Verbrechen angekündigt. Mit seinen politischen Axiomen Terror, Rassismus, Totalitarismus, mit dem deutlich bekundeten Willen, die Weltherrschaft zu erringen, war dies nie ein unverständliches oder hermetisches Werk. Hätte *Mein Kampf* – der Öffentlichkeit vorgestellt, seit 1925 in den Buchhandlungen erhältlich – die Welt vor der Bedrohung warnen können, ja müssen, der Hitler die gesamte Menschheit aussetzte? Diese Frage quälte den deutschen Philologen Victor Klemperer, einen ohnmächtigen Zeugen der nationalsozialistischen Unterdrückung: »Es wird mir immer das größte Rätsel des ›Dritten Reiches‹ bleiben, wie dieses Buch in voller Öffentlichkeit verbreitet werden durfte, ja mußte, und wie es dennoch zur Herrschaft Hitlers und zu zwölfjähriger Dauer dieser Herrschaft kommen konnte, obwohl die Bibel des Nationalsozialismus schon Jahre vor der Machtübernahme kursierte.«[2]

Die zweite Frage ist ebenfalls höchst brisant: Ist die Weltanschauung von *Mein Kampf* immer noch virulent? Was schwelt da noch? Enthält *Mein Kampf* wirklich ein Gift, wie die alliierten Soldaten glaubten, die es bei der Befreiung für alle Ewigkeit verbannen wollten?

Wenn mich diese Fragen umtreiben, dann deshalb, weil alle Menschen im Westen – manche, wie ich, vielleicht stärker als andere – den Eindruck haben, dass dieser Teil der Geschichte noch unabgeschlossen ist: »Das hört nicht auf«, um Günter Grass zu zitieren. Dieses Buch ist meinen Großeltern gewidmet. Alle vier litten unter den Folgen des verbrecherischen Abenteuers, das der Verfasser von *Mein Kampf* befohlen hatte, alle vier mussten für das in seinem Buch beschriebene Vorhaben bluten. Der eine Großvater, Franzose und Jude, hat in der Résistance gegen die nationalsozialistische Besatzungsmacht gekämpft und seine Familie in den Todeslagern verloren. Der andere hat mit der britischen Armee in der libyschen Wüste und in Italien gegen die Wehrmacht gekämpft. Die eine Großmutter war, bevor sie meinen Großvater kennenlernte, mit einem jungen Piloten verheiratet, der, im Einsatz für das gaullistische Freie Frankreich, am Steuer eines Flugzeugs der Staffel Normandie-Njemen über Russland abgeschossen wurde. Und die andere ist meine Großmutter Annemarie, geboren in Fürth, in der Nähe von Nürnberg. Mit ihr sprach ich oft über diese Zeit. Und immer erzählte sie mir dann von ihrem Vater, meinem Urgroßvater Robert Löwensohn.

Alles beginnt mit dem Ersten Weltkrieg, dieser Matrix für die kommende Tragödie, diesem so grausamen wie verklärten Krieg, der Hitler hervorbringen wird, *Mein Kampf*, das deutsche Ressentiment, die Todeslust einer Generation, die Krise der 1930er Jahre, das Dritte Reich. Diesen Krieg haben der zukünftige Führer und mein Urgroßvater verblüffend ähnlich erlebt.

»So, wie wohl für jeden Deutschen, begann nun auch für mich die unvergeßlichste und größte Zeit meines irdischen Lebens [...] Eine einzige Sorge quälte mich in dieser Zeit, mich wie so viele andere auch, ob wir nicht zu spät zur Front kommen würden« (1/172*), schrieb Hitler in *Mein Kampf*. Auch Robert Löwensohn erlebt beim Kriegseintritt Deutschlands patriotische Gefühlswallungen und wünschte sich sehnlich, mit dabei sein zu können. Gleich nach der Kriegserklärung bricht der damals Neunzehnjährige seinen Sprachaufenthalt in England ab und kehrt nach Deutschland zurück. Als er im Hamburger Hafen von Bord geht, treibt ihn nur eine Sorge um: dass der Krieg aus sein und er die Chance vertan haben könnte, daran teilzunehmen. Er fährt auf schnellstem Wege in seine bayerische Heimat, um sich als Freiwilliger zu melden. Am 6. August 1914 wird er in München ins 11. Bayerische Infanterie-Regiment aufgenommen. Am Vortag, dem 5. August, hat sich in derselben Stadt ein gewisser Adolf Hitler ebenfalls freiwillig zum Dienst in der Armee gemeldet.

Der junge Löwensohn kämpft in Russland, in Serbien und schließlich in Frankreich. Er wird zweimal verwundet, genau wie der Gefreite Hitler. Letzterer bekommt das Eiserne Kreuz verliehen. 1916 bietet man Robert Löwensohn, der sich im Kampf ausgezeichnet hat, die Wahl zwischen einem Eisernen Kreuz und einem Offiziersgrad an. Beides zusammen sei allerdings zu viel für ihn, gibt man ihm zu verstehen. Für ihn? Für einen Juden, versteht er ganz richtig. Aber egal, er ist gehörig stolz darauf, Offi-

* Sämtliche Zitate aus *Mein Kampf* sind den Erstausgaben von 1925 (Band 1) sowie 1927 (Band 2) entnommen. Der besseren Lesbarkeit halber wurde auf Sperrdruck verzichtet. (Anm. der Übersetzer)

zier in Kaiser Wilhelms Heer zu werden. 1917 befinden sich mein Urgroßvater und Adolf Hitler am selben Abschnitt der Westfront, im Artois, zwischen Vimy und Arras. Ich könnte mir durchaus vorstellen, dass sie sich dort begegnet sind, dass der Meldegänger Hitler, ständig unterwegs zwischen Regimentsstab und Bataillonsstäben, sich auch einmal beim Leutnant Löwensohn, dem Führer eines MG-Schützenkommandos, einstellte. In *Mein Kampf*, wo er diesen Krieg zur prägenden Zeit seiner Ideologie erklärt, schreibt er trotzdem, er sei von der Feigheit der Juden befremdet gewesen und »staunte über die Fülle von Kämpfern des auserwählten Volkes« (1/203), die er in den Schreibstuben im Hinterland vorgefunden habe: »Die Spinne begann, dem Volke langsam das Blut aus den Poren zu saugen« (1/203), wo doch selbst zu seinem eigenen Regiment zahlreiche Juden gehörten, angefangen mit dem Offizier, dem er sein Eisernes Kreuz verdankte.

Beide, Hitler und mein Urgroßvater, erleben die Niederlage als schwere Kränkung, beide verurteilen die Unruhen, die sie im Land auslöst. In München beteiligt sich Leutnant Löwensohn ohne Bedenken an der bewaffneten Niederschlagung des Aufstands der Räte im April 1919. Viele Anführer dieser subversiven kommunistischen Bewegung sind Juden, was den Hass der nationalistischen Rechten schürt. Mein Urgroßvater bekämpft also den Aufruhr an der Spitze seiner Leute, während Hitler vorsichtshalber alles Weitere in seiner Kaserne abwartet. Doch kaum sind die Räte besiegt, wird er zu einem Aufklärungskursus für »staatsbürgerliches Denken« kommandiert, um antikommunistische und damit zwangsläufig antisemitische Propaganda in seinem Regiment zu betreiben. Und da entpuppt er sich als politisches Talent … Fünf Monate später tritt er in die DAP, die Deutsche Arbeiterpartei ein; vier Jahre später, in Landsberg, beginnt er mit der Abfassung von *Mein Kampf.* Im selben Jahr, in einer anderen bayerischen Stadt, wird Robert Löwensohn, der wieder im familieneigenen Kinderbuchverlag arbeitet, Vater einer kleinen Tochter, meiner Großmutter Annemarie.

Die politischen Ereignisse beschäftigen ihn kaum. Meine Großmutter erinnert sich, dass er nie über Politik gesprochen hat, sich aber unermüdlich über seinen Weltkrieg auslassen konnte, voller Stolz auf seinen Rang als deutscher Offizier, als der Herr Leutnant, der für sein Vaterland gekämpft hatte.

Dann kommt das Jahr 1933, und noch begreift er nicht, dass die Machtübernahme seines Kameraden vom Artois eine tödliche Bedrohung für ihn und seine Familie bedeutet. Wie viele ihrer Glaubensgenossen meinen die Löwensohns, die Nazis würden sich auf Diskriminierungen beschränken, und eines Tages werde alles zur Normalität zurückkehren. Schlägt Hitler nicht schon moderatere Töne an, seit er Reichskanzler geworden ist? So ein 20 Jahre früher geschriebener Text zeuge doch eher von der Wahnhaftigkeit seiner antisemitischen Obsession, seiner Weltanschauung, in der die Auslöschung der Juden und der Krieg eine zentrale Rolle spielten. *Mein Kampf?* Weder Robert Löwensohn noch irgendwer in seiner Umgebung hat das Buch gelesen. »Wir fanden es zu vulgär«, erzählt mir meine Großmutter. »Wir hielten uns nicht für betroffen, wir als deutsche Bürger und Patrioten.« Sie erinnert sich, dass nur die Dienstmädchen die Hetzreden des Führers im Radio hörten. Eine von ihnen sollte übrigens meine Großmutter, Leutnant Löwensohns Tochter, darüber aufklären, was ihr mit zehn Jahren höchstens undeutlich bewusst gewesen war: Sie ist Jüdin, ihre Familie ist jüdisch.

1938, allzu spät, macht sich Robert Löwensohn mit seinen Angehörigen schließlich auf nach Paris. Als die Deutschen in Frankreich einmarschieren, bringt er seine Tochter in Sicherheit, denkt aber nicht daran, sich selbst zu verstecken. Was hat er schon vonseiten der Deutschen zu befürchten, er, der Leutnant des Königlich Bayerischen 11. Infanterie-Regiments? Auf jeden Fall trennt er sich nicht von seinem Militärpass. 1940 wird dem Veteranen trotzdem, per Verordnung, die deutsche Staatsangehörigkeit aberkannt. Erst 1942 begreift er, in welcher Gefahr er schwebt, bereitet noch die Flucht in den Süden vor, wird aber bei einer großangelegten Razzia festgenommen. Er weist darauf hin, wer er ist, was ihm nur einen kurzen Aufschub verschafft, bevor er nach Auschwitz deportiert wird, seinen kostbaren Armeepass im Gepäck. Dort hält er noch drei Jahre durch und kommt schließlich auf den Todesmärschen im Januar 1945 um.

Zweifellos hat er bis zuletzt nicht recht verstanden, warum der Gefreite Adolf Hitler, der Meldegänger vom Artois, ihn aus Deutschland verjagt und seiner Staatsbürgerschaft beraubt hatte, um ihn schließlich zu ermorden. Er hatte *Mein Kampf* nicht gelesen. Und wenn er das Buch gelesen hätte, hätte er seine tiefe Bedeutung verstanden? Hätte das etwas an seinem Schicksal geändert? Diese Fragen bleiben unbeantwortet, aber sie verdienen es, gestellt zu werden.

# DIE ZEIT VOR DEM KRIEG

## Die »Nazi-Bibel«

# I

# Die Entstehung eines Buches

## Die Ursprünge von *Mein Kampf*

Münchens historische Altstadt ist im Zweiten Weltkrieg durch Luftangriffe zwar weitgehend zerstört, aber in den Folgejahren größtenteils originalgetreu wiederaufgebaut worden, so auch das Hofbräuhaus am Platzl. Die bereits im 16. Jahrhundert gegründete Brauerei, Ende des 19. Jahrhunderts zum Gasthaus umfunktioniert, beim Bombardement Münchens 1945 schwer getroffen, wurde penibel rekonstruiert. So erscheinen Name und Fassade wie in den 1920er Jahren, als zahlreiche Gruppen und Vereinigungen, von denen es in der brodelnden Weimarer Republik nur so wimmelte, dort ihre politischen Versammlungen abhielten. Die Dekoration im Saal ist typisch bayerisch. Auf beiden Seiten lange Tische, Gäste in traditionell bayerischer Tracht mit Gamsbarthüten, dazwischen Touristen. Bierkrüge balancierend, bahnen sich die Kellner ihren Weg, untermalt von lauten Stimmen und schallendem Gelächter. Kaum zu glauben, dass in dieser Bierhalle Hitler zu *Hitler* wurde und dass in dieser Bierhalle auch *Mein Kampf* seinen Ursprung hat.

Herbst 1919. Aus dem Heeresdienst entlassen, ohne Habe, ohne Familie und ohne Arbeit, schleppt der Gefreite Adolf Hitler seine Misere durch Münchens Straßen, von der Kneipe zum Bierkeller. Eigentlich sehnt er sich nach dem Krieg und den Schützengräben zurück. Dem gescheiterten Kunstmaler, dem heruntergekommenen Außenseiter, der vergebens versucht, seinem Leben einen Sinn zu geben, hat der Erste Weltkrieg eine erhebende Erfahrung geboten: »[…] die unvergeßlichste und größte Zeit meines irdischen Lebens« (1/172), wie er in *Mein Kampf* schreibt. Der Krieg hat den Österreicher Hitler von dem schweren, giftigen Elixier namens Nationalismus kosten lassen und so einen glühenden Verteidiger der deutschen Nation aus ihm gemacht. Um sich in diesem Sinne weiterhin betätigen zu können, bietet der ehemalige Gefreite seine Dienste der militärischen Abwehr in München an. »Er glich einem müden, streunenden Hund, der nach einem Herrn suchte«, wird Jahre später Hauptmann Karl Mayr[1] erzählen, der ihm den Auftrag erteilt, die ultranationalistische Szene zu beobachten. Die Reichswehr will wissen, was sich da zusammenbraut, auch um diese neuen Gruppierungen eventuell nutzen zu können.

Und so macht Hitler 1919 Bekanntschaft mit der DAP, der Deutschen Arbeiterpartei: eine neu gegründete rechtsradikale Gruppe, deren Ruf kaum über die Stadtgrenzen hinausreicht; eine von zahllosen Splittergruppen, die für extremen Rassismus und Nationalismus stehen. Dieser Partei tritt Hitler also wie befohlen bei, ganz im Interesse der Abwehr. Sein Mitgliedsausweis trägt die Nummer 555.[2]

Dann jedoch wird dem Spitzel Adolf Hitler schnell bewusst, dass die Ideen und Parolen der DAP das zum Ausdruck bringen, was er selbst denkt, aber bisher nie hat artikulieren können. Eines Tages, während einer Versammlung, wagt er es, von ganz hinten im Saal das Wort zu ergreifen. Und entdeckt in sich ein Talent und eine Berufung zum Redner.

24. Februar 1920. An diesem Abend hält die DAP eine »Massenversammlung« im Hofbräuhaus ab. 2000 Menschen haben sich versammelt, angelockt durch eine riesige Plakataktion. Sie entdecken einen Unbekannten: Adolf Hitler, 30 Jahre alt. Der junge Mann steht noch ganz im Schatten der Parteigründer, des ehemaligen Werkzeugschlossers Anton Drexler und des Sportjour-

nalisten Karl Harrer, doch als er das Wort ergreift, beweist Hitler sein außerordentliches rhetorisches Talent, mit dem er die Zuhörer sofort in den Bann zieht. Dazu kommt die Heftigkeit seiner Worte, insbesondere, wenn er sie gegen die Juden richtet. »Auch hier wissen wir genau, daß die wissenschaftliche Erkenntnis bloß die Vorarbeit sein kann, daß aber hinter dieser Erkenntnis die Organisation kommen muß, die einst zur Tat übergeht und die Tat bleibt uns unverrückbar fest, sie heißt: Entfernung der Juden aus unserem Volke«, donnert er. An diesem Abend bringt Hitler laut Zeugenaussagen das Publikum auf Hochtouren. »Und wir verzagen am wenigsten, wenn wir heute noch vielleicht einsam dastehen. Wenn wir überall, wohin wir kommen, wohl Anhänger sehen, aber nirgends den Mut zu einer Organisation – das soll uns nicht irre machen, wir haben den Kampf gewagt und müssen ihn auch gewinnen«, verkündet er mit einer Überzeugungskraft, die selbst die abgebrühtesten Kampfgenossen erschüttert.

Man muss sich Adolf Hitler vorstellen, in dunklem Hemd, auf einem improvisierten Podest. Er spricht zu einem bunt zusammengewürfelten Publikum aus Veteranen und einfachen Bürgern, die schwer unter den Auswirkungen der Ereignisse der letzten Jahre leiden: der Niederlage von 1918, dem demütigenden Versailler Vertrag mit den Reparationsleistungen und Gebietsverlusten, dem Systemwechsel von autoritärer Monarchie zur parlamentarischen Demokratie, der Wirtschaftskrise, der Inflation, den Kommunisten, die Unruhe verbreiten,[3] den Parteien, die sich in die Haare geraten, den dekadenten Künstlern, die provozieren; der Zeitgeist schürt ihre Entrüstung und ihren Hass. Und dann diese Juden, ehemals diskriminiert und mit einem strengen *Numerus clausus* belegt, der ihnen den Zugang zu vielen Berufen versperrte, die aber nun, den antisemitischen Agitatoren zufolge, überall sind, sogar in der Regierung. Aus all diesen Gründen finden die Verfechter der Reaktion, des Autoritarismus und der xenophoben Abkapselung ein wachsendes Publikum.

An diesem 24. Februar 1920 ist Hitler außerdem beauftragt, das Programm der Partei zu verlesen. In 25 Punkten fordert es ein Großdeutschland, die Beschränkung der Staatsbürgerschaft auf Menschen »deutschen Blutes«, während die Juden unter Fremdengesetzgebung gestellt werden sollen, die Aufhebung der Waffenstillstandsverträge sowie einige antikapitalistische Maßnahmen. Es ist, kurz gesagt, ein zugleich nationalistisches und sozialistisches Programm. Deshalb wird zum Abschluss der Versammlung verkündet, dass die DAP ihren Namen in NSDAP ändert, Nationalsozialistische Deutsche Arbeiterpartei. Hitlers Erfolg an diesem Abend im Hofbräuhaus bleibt nicht folgenlos. Im Juli 1921 wird er Chef der NSDAP, der »Führer«, während länger gediente oder höherrangige Parteisoldaten das Nachsehen haben. Ein rascher Aufstieg, wenn man bedenkt, dass dieser Mann als Spitzel im Dienst der Reichswehr zur NSDAP-DAP gekommen ist. Doch seine rednerische Begabung erlaubt es ihm, die Karten in seinem Sinn zu mischen. »Die breite Masse eines Volkes besteht weder aus Professoren noch aus Diplomaten. Das geringe abstrakte Wissen, das sie besitzt, weist ihre Empfindungen mehr in die Welt des Gefühls. Dort ruht ihre entweder positive oder negative Einstellung« (1/357), doziert er in *Mein Kampf.*

1923 wird ein schweres Jahr für Deutschland. Im Versailler Vertrag war das Land dazu verurteilt worden, 269 Milliarden Goldmark an die Siegermächte des Weltkriegs zu entrichten, was wegen der darniederliegenden Wirtschaft nicht gelingen konnte. Um sich die vereinbarten Sachleistungen zu sichern, besetzen im Januar französische und belgische Truppen das Ruhrbecken, das industrielle Zentrum des Landes. Das bedeutet eine unerträgliche Demütigung. Überall im Land kommt es zu Protesten, zu Streiks. Die Zahl der Entlassungen vervielfacht sich, die Preise explodieren, die Mark stürzt ab. Es herrscht größte politische Instabilität. Am 26. September ruft Reichspräsident Ebert den Notstand aus.

Hitler und seine Leute haben den Eindruck, die Weimarer Republik sei in die Knie gegangen. Hat denn nicht jetzt die Stunde des Handelns geschlagen? Hat es denn nicht im Vorjahr jenseits der Alpen ein gewisser Benito Mussolini geschafft, mit einem aufsehenerregenden Marsch auf Rom die italienische Demokratie zu stürzen? Warum sollte so etwas nicht auch in Deutschland möglich sein?

Aber Hitler ist nicht nur der fanatische Parteiredner, der weiß, wie man die Massen packt, sondern kann auch mit guten Manieren glänzen, wenn er von den reaktionären Kreisen des Münchner Bürgertums anerkannt werden will. Auch darin liegt eine seiner Stärken und einer der Gründe dieses rasanten Aufstiegs. So schafft es der junge Chef der neuen Partei, den einstigen kaiserlichen Generalmajor und nach wie vor einflussreichen General Ludendorff zu überzeugen, sich mit ihm zusammenzutun, um einen Gewaltstreich zu wagen.

Auch am 8. November 1923 wird in einer Münchner Bierhalle Geschichte gemacht, diesmal im Bürgerbräukeller. Prominente Vertreter aus Bayerns Regierung, Behörden und Wirtschaft versammeln sich hier vor 3000 Menschen, hauptsächlich aus dem Bürgertum, die beunruhigt über die Lage sind. Bayern, unzufrieden mit der Regierung in Berlin, droht ernstlich mit Abspaltung und hat seinen eigenen Notstand ausgerufen. Plötzlich stürmt ein kleiner Pulk in den Saal: Hitler, flankiert von Anhängern der NSDAP und der SA[4] in eilig zusammengestoppelten braunen Uniformen, dabei auch ein Held der Luftfahrt, Hermann Göring. Und schließlich erscheint General Ludendorff im vollen Glanz seines Ruhmes. Hitler besteigt das Podium mit gezücktem Revolver und fordert die versammelte Politprominenz auf, ihm in einen Nebenraum zu folgen.

Dort verlangt er, ihm die Macht zu überlassen.

Um die Situation zu entschärfen, geben die Herren vage Zusicherungen ab und verlassen dann eilig die Lokalität. Hitler beginnt zu begreifen, dass die erhoffte Macht nur eine Luftnummer ist. Daher beschließt er am nächsten Morgen mit seinen Getreuen, das bayerische Innenministerium einzunehmen. Ist erst einmal Bayern gewonnen, glaubt man auch die Hauptstadt Berlin erobern zu können. Die Verschwörer marschieren also zum Odeonsplatz. Der junge Mann, der die Fahne der NSDAP trägt, heißt Heinrich Himmler. Vor der Feldherrnhalle steht bereits eine Hundertschaft Polizei, ordentlich bewaffnet, die über den geplanten Putsch informiert ist. Nach verbalen Scharmützeln fallen Schüsse. Sechzehn Tote werden aufseiten der Nazis verzeichnet, vier bei den Ordnungskräften. Hitler erleidet eine leichte Verletzung an der Schulter. Später wird er *Mein Kampf* den sechzehn Toten der Feldherrnhalle widmen. Und in der Nazi-Propaganda wird aus diesem gescheiterten Putsch, diesem erbärmlichen Fiasko, die Eingangsszene des Hitler-Epos werden.

Doch zunächst laufen die Aufrührer auseinander, und der Führer schlüpft im noblen Landhaus seines Freundes Ernst Hanfstaengl[5] unter. Dort findet ihn die Polizei zwei Tage später, niedergeschlagen, mutlos. Überzeugt davon, dass er erledigt ist, hat er sein politisches Testament verfasst.

Aber dank des unerschütterlichen Glaubens an die günstigen Fügungen des Schicksals gewinnt Adolf Hitler seine Fassung zurück, ja schöpft vielleicht sogar wieder Hoffnung. Während der Lastwagen, der ihn ins Gefängnis bringen wird, über die kleinen bayerischen Landstraßen rattert, kann er sich gewiss sein, dass dank dem »Bürgerbräu-Putsch«, der die Schlagzeilen der Zeitungen beherrscht, von nun an ganz Deutschland seinen Namen kennt. Besiegt und berühmt im selben Moment. Aber wird dieser plötzliche Ruhm die Haft überdauern, die ihn in Landsberg erwartet? Wird seine politische Zukunft zu Ende sein, wenn sich die schwere Tür der Festung hinter ihm schließt?

## Eine Zelle, eine Remington

Die Festung Landsberg mit ihrer massiven Tür aus Holz und Schmiedeeisen, dem Eingangsgebäude mit den wuchtigen Türmen, deren Zwiebelhauben an die der Kirchen in der Gegend erinnern, dem Wall, der sich bis zum Nachbarfeld erstreckt, dient als Gefängnis. Die langen Reihen vergitterter Fenster mit Blick auf den Wallgang zeigen an, dass hier die Gefangenen untergebracht sind. Und hier befindet sich auch die Zelle des Führers, im ersten Stock.

Als er im November 1923 in Landsberg ankommt, droht der Häftling Hitler, in eine schwere Depression zu verfallen. Er schreit, er heult, er wütet. Der Gefängnispsychologe, der ihn untersucht, beschreibt ihn als »Hysteriker« mit einem »Hang zu magisch-mystischer Denkweise«. Hitler erklärt: »Wenn ich einen Revolver hätte, würde ich den nehmen.« Er entschließt sich zum Hungerstreik, um Schluss zu machen.

Ein Vorsatz, der bereits am nächsten Tag vergessen ist. Denn wenn seine politische Lage ihn verzweifeln lässt, ist die persönliche dazu angetan, ihn zu beruhigen. Zunächst einmal deshalb, weil er nicht lange allein bleibt. Nach und nach treffen mehrere Vertraute ein: Rudolf Heß, Anhänger der ersten Stunde, Emil Maurice, sein Chauffeur, Hermann Kriebel, ein Funktionär der braunen Bewegung, und andere. An zweiter Stelle, weil diese Haftanstalt kaum Ähnlichkeiten mit einem klassischen Gefängnis hat: Hitler belegt eine Einzelzelle, einen ordentlichen, schlicht eingerichteten Raum, von dem aus er durch die Gitterstäbe einen schönen Blick auf die Landschaft hat. Zudem steht den Putschisten ein Tagesraum zur Verfügung, in dem sie sich jederzeit treffen können. Es ist bekannt, dass der Gefängnisdirektor Sympathien für Hitlers politische Ziele hegt und sich alle Mühe gibt, ihm die Haftzeit halbwegs angenehm zu gestalten.

Hitler und seine Gesinnungsgenossen müssen also auf nichts

verzichten und können es sich gut gehen lassen. Der Führer der NSDAP hat keine Zeit, trübsinnig zu werden. Laufend bekommt er Besuch. 489 Besuche verzeichnet das Register, durchschnittlich zwei pro Hafttag. Und schon bald nimmt ihn eine weitere Aktivität in Anspruch.

In einer am 10. Dezember 1923 über seinen Anwalt in einem Lokalblatt veröffentlichten Erklärung erwähnt Hitler eine baldige »Abrechnung«[6] mit seinen Feinden, ohne genauer zu erklären, welche Form die annehmen wird. Denkt er an ein Buch? Auf jeden Fall hat er die Idee, seinen Verleumdern zu antworten, und vor allem, sich zu seinem Putschversuch zu erklären, dessen Scheitern ihn belastet. Zunächst macht er sich daran, eine Klageerwiderung für seinen bevorstehenden Prozess zu entwerfen. Zu diesem Zweck lässt ihm der Bankmanager Emil Georg von Stauß eine Schreibmaschine der Marke Remington zukommen – das Beste, was es zu der Zeit gibt. In einer Landsberger Schreibwarenhandlung besorgt ihm ein Anhänger Papier sowie einen kleinen Tisch für 7 Mark. Zu Weihnachten 1923 schickt ihm Winifred Wagner, Schwiegertochter des Komponisten und glühende Bewunderin Hitlers, auf seinen Wunsch hin weiteres Papier sowie Büromaterial, Bleistifte, Radiergummis, Kohlepapier. »Ich wußte gar nicht, daß Hitler literarischen Ehrgeiz hatte«,[7] vertraut sie einer Freundin an, ohne zu wissen, wofür das alles bestimmt ist.

Auch als die Klageerwiderung fertiggestellt ist, lässt Hitler nicht locker, sitzt stundenlang über seine Remington gebeugt. Er befasst sich noch einmal ausführlich mit dem Bürgerbräu-Putsch, um dann den Weg zu beschreiben, der ihn aus dem Nichts an die Spitze einer Partei geführt hat, vermengt also Autobiographie und politische Streitschrift.[8] Einerseits will er sich nach dem gescheiterten Putsch rechtfertigen, andererseits braucht er ein Ventil für seine leidenschaftliche Lust an der Rede: Nach Aussagen von Mithäftlingen spricht er oft stundenlang, bis zur Erschöpfung seiner Zuhörer. Die bestärken ihren Führer jedenfalls darin, seine Ziele weiterzuverfolgen.

Hitlers Betätigungen werden schließlich durch seinen Prozess unterbrochen, der Mitte Februar beginnt. Am 1. April 1924 wird er vom Volksgericht beim Landgericht München wegen Hochverrats zu fünf Jahren Haft verurteilt. Eine milde Strafe, gemessen an der Schwere der Taten, erklärlich aber durch die Sympathie, die der Führer der NSDAP bei einem Teil der Obrigkeit, innerhalb des Polizeiapparats und der bayerischen Justiz genießt. Ach, die schwache Weimarer Republik …

Nach der Verkündung des Urteils kehrt der Chef der NSDAP in seine Zelle zurück. Der Todesstrafe ist er entgangen, hat aber lange Jahre der Haft in Aussicht. Also legt er sich noch mehr ins Zeug. Es »bot sich mir nach Jahren ununterbrochener Arbeit zum ersten Male die Möglichkeit, an ein Werk heranzugehen, das von vielen gefordert und von mir selbst als zweckmäßig für die Bewegung empfunden wurde«, schreibt er im Vorwort seines Buches. Stundenlang, tags wie nachts, tippt er seinen Text selbst in die Maschine oder diktiert ihn Rudolf Heß oder Emil Maurice. Einer langlebigen Legende zufolge soll die Zusammenarbeit mit Heß weiter gegangen sein und letzterer das Werk mitverfasst haben. Wie alle Legenden, die Hitlers Rolle schmälern und ihn zu einem bloßen Bauern im Schachspiel machen wollen, scheint sie ganz falsch zu sein: Er spricht, sein Untergebener tippt. Es gibt nur einen Führer.

Morgens liest Hitler im Tagesraum die Passagen vor, die er am Vortag verfasst hat. Sie werden kommentiert, gelobt und gepriesen. Der junge Chef der NSDAP, der gescheiterte Putschist, entpuppt sich als theoretischer Kopf: Er beeindruckt seine Haftgenossen. Draußen in den NSDAP-Truppen spricht es sich herum: Hitler schreibt etwas. Man bringt ihm alle möglichen Bücher vorbei, die ihm vielleicht nützlich sein könnten. Chamberlain, Nietzsche, Marx oder auch Bismarcks Erinnerungen. Ein Freund schenkt ihm *Grundriss der menschlichen Erblichkeitslehre und Rassenhygiene* von Eugen Fischer, einem berühmten Autor der Zeit.

Muss man in der Landsberger Haft die Geburt des Hitlerismus sehen? Aus genau welcher Zeit stammen eigentlich Hitlers Ideen? Den Historikern, an erster Stelle seinem Biographen Ian Kershaw[9] zufolge, hat er bereits vor seiner Haft, ja sogar vor 1914 und den Kriegserfahrungen, festgefasste Ansichten. Nach dem Krieg, im Kontakt mit der rechtsradikalen Bewegung, ihren Standardwerken, ihren Rednern und völkischen Zeitungen wie der *Freiheit*, reichern sich diese Ideen an, kristallisieren sich heraus. Hitlers Doktrin wird also nicht erst während der Haft geprägt: Als er nach Landsberg kommt, stehen seine prinzipiellen Überzeugungen fest und werden sich bis zu seinem Tod auch nicht fortentwickeln.[10] Aber im Gefängnis schieben sich seine Überzeugungen, seine Anstöße, seine Enttäuschungen wie auch seine kurzen politischen Erfahrungen in- und übereinander, bis sie schließlich, Seite um Seite, ein Buch bilden.

Damit stellt sich auch bald die Frage der Veröffentlichung. Mehrere Verleger haben ihm ihre Dienste angeboten. Hitler empfängt sie umso wohlwollender, als er nicht nur von politischen Motiven geleitet wird. Dem früheren Außenseiter ist klar, dass er, der weder Vermögen noch einen Beruf hat, bei seiner Entlassung aus dem Gefängnis Geld brauchen wird. Dennoch vergeht der Sommer und dann der Herbst, ohne dass die Diskussionen zu einem Ergebnis führen. Die Überarbeitung des umfangreichen Manuskripts ist weit vorangeschritten, in allernächster Zeit wird es fertig sein. Kurzzeitig hofft er, es im Feuilleton einer Zeitung unterbringen zu können, wie das gerade Mode ist, aber diese Idee wird letztlich verworfen. Egal, denn der Autor hat jetzt anderes im Sinn: Er versucht, auf Bewährung freizukommen.

Anfang Oktober 1924 richtet der Gefängnisdirektor Otto Leybold einen Bericht an die zuständigen Stellen: »Hitler zeigt sich als Mann der Ordnung, der Disziplin [...] Er ist genügsam, bescheiden und gefällig […] und weiß sich […] seinen Haftgenossen gegenüber eine gewisse Autorität zu sichern.« Weiter unten fügt er hinzu: »Hitler wird die nationale Bewegung in seinem Sinne neu zu entfachen suchen, aber nicht mehr wie früher mit gewalttätigen, im Notfalle gegen die Regierung gerichteten Mitteln, sondern in Fühlung mit den berufenen Regierungsstellen […] Er ist in den zehn Monaten der Untersuchungs- und Strafhaft ohne Zweifel reifer und ruhiger geworden, als er es war. Er wird nicht mit Drohung und Rachegedanken gegen die im entgegengesetzten Lager stehenden […] amtlichen Personen in die Freiheit zurücktreten […].« Kein Zweifel, dass Hitler seinen Einfluss auf Leybold geltend gemacht hat. »In Würdigung der hier gemachten Wahrnehmungen stehe ich nicht an zu sagen, daß Hitler nach seinem Gesamtverhalten im Strafvollzug sich der Bewilligung einer Bewährungsfrist würdig erwiesen hat«, schließt der Direktor. Trotz eines Berichts der Münchner Polizei, dem zufolge Hitler eine beständige Gefahr für die Sicherheit des Staates sei, kommt die bayerische Obrigkeit, die sich von Hitlers Verehrern widerstandslos vereinnahmen lässt, schließlich zu der Überzeugung, dass dieser gescheiterte Putschist und Chef einer in Auflösung begriffenen Partei zukünftig keine Gefahr mehr darstellen wird.

Am 20. Dezember 1924 überbringt der Direktor der Strafanstalt persönlich Hitler die Nachricht seiner Freilassung. Außerdem teilt er ihm mit, dass General Ludendorff, sein Mitverschwörer, angeboten hat, ihm ein Auto zur Abholung zu schicken. Hitler erwidert, er wolle sich lieber von einem Freund nach München begleiten lassen: dem Druckereiunternehmer Adolf Müller, mit dem er unverzüglich über die Veröffentlichung seines Buches sprechen möchte.

Am frühen Nachmittag, bei grauem Himmel und feuchtkaltem Wetter, verlässt Hitler seine Landsberger Zelle. Im Gepäck des entlassenen Sträflings befindet sich sein Typoskript aus maschinengeschriebenen und handschriftlich korrigierten Blättern, mit

Streichungen und so manchem Satz ohne Punkt und Komma, das sehr viel mehr als eine »Abrechnung« werden wird.

## Erste Veröffentlichungen

Gut ein Jahr nach seiner Verhaftung ist Hitler wieder auf freiem Fuß. Zuhause in München wird er von seinen Freunden gefeiert. Jetzt muss er nur noch einen Verleger finden. Da die Verhandlungen mit prestigeträchtigen Häusern gescheitert sind, im Allgemeinen aus finanziellen Gründen, gibt sich Hitler mit dem Kleinverlag der NSDAP zufrieden, dem Franz-Eher-Verlag. Zu Beginn des Jahrhunderts von Franz Eher gegründet, 1920 von den Nazis übernommen, publiziert er verschiedene Broschüren für ausgesuchte Kundschaft sowie die Parteizeitung *Völkischer Beobachter*.

Leiter des Eher-Verlags ist ein gewisser Max Amann. Der 35jährige ist alles andere als literarisch bewandert: nicht sonderlich intelligent, ein lausiger Redner und ebensolcher Schriftsteller, der dennoch eine Schlüsselfunktion im System der NSDAP innehat – in den 1920er Jahren, zu einer Zeit, als es noch kein Fernsehen gibt und das Radio ein für die Nazis unerreichbares Medium ist, sind gedruckte Produkte wie Zeitungen die wesentlichen Instrumente der Propaganda. Dieser bessere Handlanger verdankt seine Position allein der unverbrüchlichen Treue zu Hitler. Im Weltkrieg ist Amann als Vizefeldwebel zeitweilig Hitlers Vorgesetzter gewesen und begleitet seither dessen politischen Aufstieg: Gleich nachdem er sich an die Spitze der Partei gesetzt hatte, hat der Führer Amann die Leitung des Eher-Verlags anvertraut.

Als regelmäßiger Besucher in Landsberg hat der Verleger Hitler zugeredet, seine Autobiographie zu schreiben, hat ihm versichert, sie werde sich gut verkaufen und könne von seiner jüngsten Berühmtheit nur profitieren. Als Verleger, der scharf darauf ist, einen

Coup zu landen, hat Amann mit Enthüllungen über die Hintergründe des Putschversuchs gerechnet. Nach eigenem Eingeständnis – in seinen nach dem Krieg erschienenen Erinnerungen – enttäuscht es ihn ein wenig, dort nichts als Wiederholungen dessen zu finden, was er schon tausendmal aus dem Mund des Führers gehört hat. Das zeigt deutlich genug, wie sehr das Manuskript zu wünschen übrig lässt.

Im Juni 1924 und den folgenden Monaten haben verschiedene Zeitungen aus dem rechtsradikalen Spektrum die unmittelbar bevorstehende Veröffentlichung von Adolf Hitlers Buch angekündigt. Die aber verzögert sich notgedrungen: Mit seinen zahlreichen stilistischen Unbeholfenheiten, Wiederholungen und Ungenauigkeiten vermag das Manuskript Hitlers Vertraute nicht recht zu überzeugen. Hitler hat so geschrieben, wie er spricht, stellen sie fest, und sein Talent ist eben eher rednerischer als literarischer Natur. Mehrere Mitglieder aus Hitlers Leibgarde wechseln sich nun also ab, um den Text zu verbessern, aufzubereiten, am Stil zu feilen, Ideen und Gedankengänge deutlicher herauszuarbeiten. Rudolf Heß ist dank seiner höheren Bildung dabei, ebenso wie Ernst Hanfstaengl, der Deutsch-Amerikaner mit Harvard-Diplom, dann Amann und Müller, der Drucker der Partei. Doch hauptsächlich wird diese mühsame und wichtige Aufgabe von zwei eher ungewöhnlichen Persönlichkeiten besorgt: Joseph Stolzing-Cerny, Musikkritiker des *Völkischen Beobachters*, und der ehemalige Priester Bernhard Stempfle, aktuell politischer Redakteur und Herausgeber eines Provinzblattes.

Mehrere Wochen lang arbeitet die Truppe mit Feuereifer. Im Verhältnis zum ursprünglichen Text sind die Korrekturen zahlreich, sie ändern aber grundsätzlich nichts an den vom Autor vertretenen Ideen. Übrigens enthalten die späteren Ausgaben jedes Mal neue Überarbeitungen.

Im Katalog des Eher-Verlags, der die Veröffentlichung von Hitlers Buch ankündigt, ist zunächst aber nicht von *Mein Kampf* die Rede, sondern von *4 1/2 Jahre Kampf gegen Lüge, Dummheit und Feigheit.* Den Titel hat Hitler höchstpersönlich für sein Werk gewählt. Amann erklärt ihm, dass er weder besonders prägnant klingt noch verkaufsfördernd sein dürfte. Aller Wahrscheinlichkeit nach kommt Max Amann auf die Idee des kurzen, knappen Titels: *Mein Kampf.* Man kann sich nicht des Gedankens erwehren, dass diesem Buch mit einem anderen Titel womöglich ein anderes Schicksal beschieden gewesen wäre.

Am 18. Juli 1925, sieben Monate nach Hitlers Entlassung aus der Festung Landsberg, liegt das Buch in den Buchhandlungen aus, zu 12 Mark pro Exemplar, keine ganz unbedeutende Summe Geld. Gedruckt von der Firma M. Müller & Sohn in einer Auflage von 10 000 Exemplaren, die kistenweise in den Räumen des Eher-Verlags in der Thierschstraße 15 lagern, einem gutbürgerlichen Münchner Viertel. Die großformatige Ausgabe hat 400 Seiten, der Umschlag zeigt ein Schwarzweiß-Porträt von Hitler in dunklem Anzug, der die stechenden Augen direkt auf den Leser richtet. Auf einer breiten roten Banderole prangt der Titel. Unter dem Umschlag erscheint ein Einband aus dunkelroter Pappe mit einem geprägten Hakenkreuz. Der Titel in Frakturschrift, der eigentliche Text aber, um der leichteren Lesbarkeit willen, in Antiqua. Als Zugeständnis an internationale Regeln wird auf dem Deckblatt auf Englisch angegeben: *Copyright by Franz Eher Nachf. Printed in Germany.*

Inzwischen sitzt Hitler, der Gefallen am Schreiben gefunden hat, an der Fortsetzung von *Mein Kampf*; in den bayerischen Alpen hat man ihm dafür ein hübsches Landhaus zur Verfügung gestellt, Haus Wachenfeld, den späteren Berghof. Der zweite Band erscheint im Dezember 1926. Während der erste noch Autobiographie und politische Ideen vermischt, legt dieser das Hauptgewicht auf die politischen Zielsetzungen. Hitler behandelt hier das Wesen des nationalsozialistischen Staates, den er heraufbeschwört, die Ideologie der braunen Bewegung, ihre Organisation, ihre

Propaganda, ihre Außenpolitik. 1930 werden die beiden Bände übrigens zu einer einbändigen Ausgabe zusammengefasst. Mit seinem Dünndruck, seinem Taschenbuchformat, seinem dunklen Einband erinnert das Buch an eine Bibel.

Die »Nazi-Bibel«, so bezeichnet man seit seiner Veröffentlichung *Mein Kampf*.

# II

# In Adolf Hitlers Kopf

## Das Buch eines Autodidakten

»Ich habe die Gabe, die Probleme auf den einfachen Kern in ihnen zurückzuführen«, hat Hitler einmal gesagt und damit den Schlüssel zu seinem Erfolg geliefert.[1]

*Mein Kampf*, dieses dicke, stilistisch überladene, auf 700 dicht beschriebenen Seiten fixe Ideen einhämmernde Buch, liegt vom Format der »Mao-Bibel« weit entfernt. In einer Zeit des politischen Überschwangs, in der es nur so wimmelt von populistischen, rassistisch-rechtsradikalen Ideologien, stellt es einen wirkungsvollen Querschnitt her. Es macht in seiner einfachen Sprache Schriften und Theorien aller Art, die bis dahin vornehmen Kreisen vorbehalten waren, einem breiten Publikum verständlich: »Das ist insofern eine Art Zeitbild, ein Zeitbild, dass Hitler all das, was zu dieser Zeit auf dem politischen Markt der Rechten flottiert, zusammenfasst und zuspitzt. Und die Rechte [war] zu dieser Zeit ja vorwiegend noch eine Sammlung von älteren Herren, die sozusagen über die Massen regierten«, fasst der Historiker Ulrich Herbert zusammen.[2] Mit seiner Verve und seinen überspitzten Thesen kann sich Hitler von konkurrierenden Ideologen wie Arthur Moeller van den Bruck, Verfasser von *Das Dritte Reich*, abheben. Dieses Buch, von glühendem Nationalismus getragen, war zwar bemerkenswerter, doch auch moderater als *Mein Kampf*.

Hitler hingegen behauptet sich mit seiner absolut radikalen Redeweise. Er hängt mit seinen Bestrebungen und der Gewalttätigkeit seiner Ideen die Latte so hoch, dass er die erbittertsten Gegner der Weimarer Republik an sich zu ziehen weiß.

Der andere Trumpf, den *Mein Kampf* ausspielen kann, erschließt sich aus dem speziellen gesellschaftlichen Kontext, in dem das Buch veröffentlicht wird: Es bietet Antworten auf Fragen, die zahlreiche Deutsche umtreiben. Warum hat Deutschland den Krieg verloren? Warum ist das Land in eine politische Moderne abgeglitten, die die alte Ordnung fortgefegt und die Macht den Liberalen, Juden und Banken hingegeben, die Straße den Marxisten ausgeliefert hat?

Mit seinem Rückgriff auf die Thesen der radikalen Rechten in Deutschland öffnet sich *Mein Kampf* vielfältigsten Erwartungen: Antisemitismus und Antikommunismus kommen hier selbstverständlich auf ihre Kosten, der Hass auf Frankreich ist überschäumend, die Armee wird in einem fort aufrichtigst verteidigt und eine die sozialen Klassen aufhebende Form von Egalitarismus gesteht allen einen Platz in der Politik des nationalsozialistischen Vorhabens zu. Es kommt überdies all denen entgegen, die aus rassistischen und eugenischen Gründen in Besorgnis geraten könnten. Folglich richtet sich das Werk an ein breites Publikum und potenziell antagonistische Gesellschaftsschichten, an Arbeiter, Bauern und die Bürgerschicht, an Militärs, Monarchisten und die Veteranen, die sich in Hitlers Bahnen wiedererkennen, doch genauso an die Industriemagnaten, die in Hitler einen Mann der Ordnung erkennen, der sich darauf versteht, das Volk zu umgarnen. In diesem Buch findet jeder, was ihm gut und richtig erscheint.

Heutzutage kann man *Mein Kampf* nicht ohne die Vorstellung lesen, dass annähernd das gesamte darin enthaltene Programm ins Werk gesetzt worden ist; man muss unwillkürlich an die von seinem Autor begangenen Verbrechen denken. Ganz anders ist die Situation eines Zeitgenossen, der 1925 *Mein Kampf* aufschlägt. Er hat ein politisches Buch, ein Zeugnis brisanter Aktualität vor Augen.

»Als glückliche Bestimmung gilt es mir heute, daß das Schicksal mir zum Geburtsort gerade Braunau am Inn zuwies. Liegt doch dieses Städtchen an der Grenze jener zwei deutschen Staaten, deren Wiedervereinigung mindestens uns Jüngeren als eine mit allen Mitteln durchzuführende Lebensaufgabe erscheint!

Deutschösterreich muß wieder zurück zum großen deutschen Mutterlande, und zwar nicht aus Gründen irgendwelcher wirtschaftlichen Erwägungen heraus. Nein, nein: Auch wenn diese Vereinigung, wirtschaftlich gedacht, gleichgültig, ja selbst wenn sie schädlich wäre, sie müßte dennoch stattfinden. Gleiches Blut gehört in ein gemeinsames Reich. Das deutsche Volk besitzt solange kein moralisches Recht zu kolonialpolitischer Tätigkeit, solange es nicht einmal seine eigenen Söhne in einem gemeinsamen Staat zu fassen vermag. Erst wenn des Reiches Grenze auch den letzten Deutschen umschließt, ohne mehr die Sicherheit seiner Ernährung bieten zu können, ersteht aus der Not des eigenen Volkes das moralische Recht zur Erwerbung fremden Grund und Bodens. Der Pflug ist dann das Schwert, und aus den Tränen des Krieges erwächst für die Nachwelt das tägliche Brot.« (1/1) So lauten in *Mein Kampf* die ersten Worte des ersten Kapitels mit der Überschrift »Im Elternhaus«. Schon in den ersten Sätzen zeigen sich einige der wesentlichen Züge dieses Buches: der schwerfällige Stil, die übermäßigen Abschweifungen, das Fehlen einer strukturierten Argumentation, der emphatische Tonfall romantisierenden Anklangs, die Verflechtung biographischer Elemente mit politischen Aussagen, alles, was zu dieser merkwürdigen Mischform eines Plädoyers *pro domo* aus Prophezeiungen, Obsessionen und wissenschaftlicher Affektiertheit führt.

Nun ist der Autor von *Mein Kampf* weder ein Intellektueller noch ein schreibgewohnter oder sonst irgend diplomierter Mensch. Die Schule hat er früh und mit durchschnittlichen Noten verlassen. Intellektuelle und das in den Universitäten gelehrte

Wissen verachtet er. Die Welt der Ideen ist ihm allerdings nicht fremd. Auf verschiedenen Gebieten wie Kunst und Geschichte hält sich der Autodidakt für einen ausgemachten Experten. Er hat eine Menge Bücher gelesen. Als jemand, der wenig Schlaf braucht, verschlingt er auch nachts Werke zu unterschiedlichsten Themen und speichert die Informationen dank eines außergewöhnlichen Gedächtnisses. Als Angehöriger einer vom wissenschaftlichen Positivismus geprägten Generation interessieren ihn Politik und Geschichte ebenso sehr wie die Wissenschaften. Er liest die nationalistischen deutschen Autoren, er macht sich über Arthur de Gobineau, Houston Stewart Chamberlain, Gustave Le Bon, Georg von Schönerer, Werner Sombart oder auch Dietrich Eckart[3] her, sodass er in zahlreichen Sachbereichen, allen voran in Biologie und Medizin, die er besonders schätzt, fest gefügte Ansichten vertritt.

Jeder Schreibvorgang fügt sich aus Kenntnissen, Überlegungen und, bewusst oder unbewusst, aus psychischer Eigenart. Eine der gequältesten Psychen in dieser Hinsicht ist die des Schriftstellers Adolf Hitler. Dabei hat Hitler durchaus eine Zeit der sozialen Anerkennung und des Erfolgs erlebt, doch vor allem während der Jahre in Linz, Wien und nach dem Ersten Weltkrieg in München Frustrationen, Schwierigkeiten und das schmerzhafte Gefühl durchlitten, sein Leben zu verfehlen und aus den Misserfolgen nicht herauszukommen. Während in diesen Zeiten giftiger Hass, genährt von Verfolgungswahn, in ihm gärt, gelangt er zu der Überzeugung, dass die Misserfolge eine Ursache hätten: Die allgemeine Weltordnung, die Demokratie, der Sozialismus wie auch die Moderne mit ihrer Zerstörung der traditionellen Gleichgewichte. Und die Juden. Als er am Kriegsende in einem Lazarettbett die Nachricht von der Niederlage erfährt, kennt er, obwohl deutschjüdische Kameraden in den Schützengräben direkt neben ihm gelegen hatten, nur eine Reaktion: »Hätte man zu Kriegsbeginn und während des Krieges einmal zwölf- oder fünfzehntausend dieser hebräischen Volksverderber so unter Giftgas gehalten, wie Hunderttausende unserer allerbesten deutschen Arbeiter aus allen Schichten und Berufen es im Felde erdulden mußten, dann wäre das Millionenopfer der Front nicht vergeblich gewesen!« (2/344)[4] Der Antrieb für Hitlers Ziel, eine Doktrin schriftlich abzufassen, heißt zweifelsohne Ressentiment in Höchstform. Ressentiment, gewalttätige Instinkte und Wut dominieren Hitlers Weltanschauung. Sie bilden das Gerüst seines Denkens.

Aus der Remington eines vierunddreißigjährigen Mannes herausgespult, auf dem Holztisch einer Gefängniszelle entworfen und von einigen Vertrauten des Führers abgeschrieben, so entsteht also der Text, der sich entlang der jeweiligen Ereignisse zum einzigen ideologischen Bezugspunkt des Dritten Reiches entwickeln wird. Über das Wesen dieser Schriften – die einen halten sie für einen Ausdruck von Logorrhoe, den anderen gelten sie als Zeugnis eines präzise entwickelten nationalsozialistischen Programms[5] – ist lebhaft diskutiert worden. Doch hat sich unter Historikern mehrheitlich ein Konsens herausgebildet. Sie sehen Hitlers Buch inzwischen weniger als ein politisches Programm im traditionellen Sinn, sondern tatsächlich als ein ernst gemeintes politisches Vorhaben an: ein in seinen Absichten klares, bezüglich der Mittel seiner Umsetzung jedoch vage gehaltenes Vorhaben. Nicht mehr und nicht weniger.

Anders als man erwarten sollte, datiert diese Entdeckung aus jüngerer Zeit als sich annehmen ließe. Wie Ian Kershaw in seiner Hitler-Biographie schreibt: »Noch lange nach dem Zusammenbruch des Dritten Reiches glaubte man allgemein, daß die Hitlersche Botschaft aus nichts als den rohen Phrasen eines machthungrigen Demagogen bestanden hätten und daß der Mann hinter der Botschaft – ähnlich dem klassischen Tyrann früherer Zeiten – selbst keine ernsthaften Gedanken gehabt hätte. Inzwischen wird jedoch allgemein anerkannt, daß hinter dem vagen missionarischen Appell eine Reihe miteinander verbundener Ideen steckte – so widerwärtig und irrational diese auch waren –, aus denen Hitler bis Mitte der zwanziger Jahre eine zusammenhängende Ideologie entwickelt hatte«.[6]

## Die »Kampf«-Doktrin

*Mein Kampf* nährt sich an Gefühlen, die damals die gesamte westliche Welt erregen: stürmische nationalistische Leidenschaft, Hass auf die demokratische Moderne und den Liberalismus, bei gleichzeitig aber unbedarftem Glauben an die Wissenschaften. Aus der Feder Hitlers fließen sie in die Form eines romantisch eingefärbten, auf die Vorherrschaft Deutschlands abgestellten Ultranationalismus, eines biologistischen Szientismus, der neodarwinistisch das Leben als einen Kampf begreift, in dem nur die Stärksten überleben, und schließlich der Verarbeitung von Theorien Arthur de Gobineaus, dem zufolge die Rassen nicht gleich sind und deshalb gegeneinander um die Weltherrschaft kämpfen.

»Alle großen Kulturen der Vergangenheit gingen nur zugrunde, weil die ursprünglich schöpferische Rasse an Blutvergiftung abstarb.« (1/305) »Die Blutsvermischung und das dadurch bedingte Senken des Rassenniveaus ist die alleinige Ursache des Absterbens aller Kulturen« (1/313), schreibt Hitler. Seiner Ansicht nach ist die überlegene die weiße Rasse mit dem germanischen Volk an der Spitze, das von großen blonden – bei ihm »Arier« genannten – Menschen verkörpert unentwegt durch andere Rassen bedroht wird.

Hieraus leiten sich seine politischen Prinzipien ab: Der Deutsche, dies höhere Wesen, muss eines Tages der »Herr der Erde« werden. Seine Herrschaft wird sich allein durch Krieg und zu Lasten namentlich der Feinde des deutschen Volkes durchsetzen, deren für den deutschen Lebensraum benötigten Länder daher erobert werden müssen. Einem großdeutschen Reich will er

Österreich ebenso wie die deutschen Minoritäten in Polen und der Tschechoslowakei eingliedern. Um diese Ziele zu erreichen, muss Deutschland sich in einen totalitären, auf dem Prinzip der Ungleichheit der Völker basierenden Staat verwandeln und über die Reinheit der arischen Rasse wachen. Hitler verherrlicht das deutsche Volk als eine rassisch homogene, ideale Gemeinschaft, die aus lauter im Verbund eines gemeinsamen Willens lebenden Individuen besteht und fortwährend von Auslöschung oder Teilung bedroht ist. Das so verherrlichte Deutschland wandelt sich auf diese Weise zum Synonym für die Menschheit. Außerhalb dieser Gemeinschaft gibt es nur Barbaren oder minderwertige Wesen. »Daß aber diese Welt dereinst noch schwersten Kämpfen um das Dasein der Menschheit ausgesetzt sein wird, kann niemand bezweifeln. Am Ende siegt ewig nur die Sucht der Selbsterhaltung. Unter ihr schmilzt die sogenannte Humanität als Ausdruck einer Mischung von Dummheit, Feigheit und eingebildetem Besserwissen, wie Schnee in der Märzensonne« (1/142), bekennt er.

Seite an Seite also mit Vorstellungen, die einem fast primitiven Obskurantismus entlehnt sind, tritt die politische Moderne des Nationalsozialismus in Erscheinung. Hitler beschreibt die Organisationsprinzipien eines zukünftigen Nazi-Staates. Nichts bleibt unbedacht: Institutionen, Religion, Bildung, Armee, Diplomatie, Urbanistik, eine – eugenische – Gesundheitspolitik. »Die Forderung, daß defekten Menschen die Zeugung anderer ebenso defekter Nachkommen unmöglich gemacht wird, ist eine Forderung klarster Vernunft [...] Denn hier wird man, wenn nötig, zur unbarmherzigen Absonderung unheilbar Erkrankter schreiten müssen – eine barbarische Maßnahme für den unglücklich davon Betroffenen, aber ein Segen für die Mit- und Nachwelt« (1/270), heißt es weiter.

Wenn er Ziele schildert, spricht er zuweilen auch von seinen Methoden. So beschreibt er in aller Ausführlichkeit seine Vorstellung von Propaganda: »Die Aufnahmefähigkeit der großen

Masse ist nur sehr beschränkt, das Verständnis klein, dafür jedoch die Vergeßlichkeit groß. Aus diesen Tatsachen heraus hat sich jede wirkungsvolle Propaganda auf nur sehr wenige Punkte zu beschränken und diese schlagwortartig so lange zu verwerten, bis auch bestimmt der Letzte unter einem solchen Worte das Gewollte sich vorzustellen vermag.« (1/190) Und ähnlich weiter unten: »Das Volk ist in seiner überwiegenden Mehrheit so feminin veranlagt und eingestellt, daß weniger nüchterne Überlegung als vielmehr gefühlsmäßige Empfindung sein Denken und Handeln bestimmt.« (1/193) Sogar die Politik wird an der physischen Bedingung der Arier festgemacht, auf die er seine besondere Aufmerksamkeit richtet: »Der völkische Staat hat in dieser Erkenntnis seine gesamte Erziehungsarbeit in erster Linie nicht auf das Einpumpen bloßen Wissens einzustellen, sondern auf das Heranzüchten kerngesunder Körperbildung der geistigen Fähigkeiten. (Hier aber wieder an der Spitze die Entwicklung des Charakters, besonders die Förderung der Willens- und Entschlußkraft, verbunden mit der Erziehung zur Verantwortungsfreudigkeit), und erst als letztes die wissenschaftliche Schulung.« (1/41)

Einen Bereich allerdings vernachlässigt Hitlers Analyse: die Wirtschaft. Zu dem Zeitpunkt nämlich wird er bereits von Geschäftsleuten und Industriellen unterstützt und will sich ihre Gunst nicht verscherzen. Das »soziale« Element seines nationalsozialistischen Programms befindet sich also auf dem Rückzug. Von 1934 an kümmert sich Hitler darum, die Statthalter der antikapitalistischen Linie in der NSDAP zum Schweigen zu bringen, und leugnet auch seine Verbindung zu deutschen Großindustriellen wie Krupp oder Thyssen nicht.

Der internationalen Politik widmet Hitler dagegen zahlreiche Seiten. Wenn er manchmal das traditionelle Register des Bismarck'schen Allianzenspiels[7] zieht, behandelt er hier vorrangig die ideologische Dimension, um dann seine Vorstellung vom

Krieg als einer Tugend an sich kundzutun: »Im ewigen Kampfe ist die Menschheit groß geworden – im ewigen Frieden geht sie zugrunde.« (1/142) Und weiter unten schreibt er: »Demgegenüber müssen wir Nationalsozialisten unverrückbar [...] an unserem außenpolitischen Ziele festhalten, nämlich dem deutschen Volk den ihm gebührenden Grund und Boden auf dieser Erde zu sichern [...] Und diese Aktion ist die einzige, die vor Gott und unserer deutschen Nachwelt einen Bluteinsatz gerechtfertigt erscheinen läßt« (2/313). Hitler beabsichtigt also, die von den beiden Feinden Deutschlands, von Frankreich und dem bolschewistischen Russland ausgehende Bedrohung aus dem Weg zu räumen. Beide Länder beschreibt er als »verjudet« und will daher gnadenlos gegen sie Krieg führen. Zu diesem Zweck empfiehlt er vor allem eine strategische Allianz mit Italien und England. Mit letzterem könnte sich Deutschland die Welt teilen: die Meere dem Vereinigten Königreich, der Kontinent an Deutschland. Der Kampf gegen Frankreich stellt auch ein Mittel zur Expansionssicherung nach Westen dar. »[...] allerdings unter der Voraussetzung, daß Deutschland in der Vernichtung Frankreichs wirklich nur ein Mittel sieht, um danach unserem Volke endlich an anderer Stelle die mögliche Ausdehnung geben zu können. Heute zählen wir achtzig Millionen Deutsche in Europa! Erst dann aber wird jene Außenpolitik als richtig anerkannt werden, wenn nach kaum hundert Jahren zweihundertfünfzig Millionen Deutsche auf diesem Kontinent leben werden [...].« (2/393) Auch ein mögliches Abkommen mit England hindert Hitler nicht daran, auf die Angelsachsen zu schimpfen, dass sie sich die Herrschaft über »dieses Land sichern« wollen.

Zu Zeiten, als Hitler noch der Putschist im Gefängnis ist, schreibt er bereits mit der an Wahnwitz grenzenden Überzeugung, die er niemals aufgeben wird und seinen größten Trumpf ausmacht: »Deutschland wird entweder Weltmacht oder überhaupt nicht sein.« (2/316)

## Eine »banale, schreckliche« Judenbesessenheit

Die wesentlichste aller Vorstellungen in der Gesamtanlage von Hitlers Weltanschauung, der Schlussstein in seinem schrecklichen Gedankengebäude, macht ganze zwei Worte aus: »die Juden«. Kein Wunder, dass »Jude« in *Mein Kampf* das am häufigsten vorkommende Wort ist, noch vor »Deutschland«, »Rasse«, »Krieg«, »Marxismus«, »Frankreich« oder auch »Nationalsozialismus«. »Jude« taucht 373-mal auf.[8]

Bezug auf die »Juden« wird fortlaufend genommen. Er findet sich in langen Analysen der Niederlage von 1918, der verabscheuten Weimarer Republik, Frankreichs, der Vereinigten Staaten, der Kommunisten. In dieser Hinsicht wirkt Hitlers Haft wie ein mächtiger Brutkasten. Bei seiner Entlassung aus dem Gefängnis erklärt Hitler seinen Vertrauten, dass er sich bisher viel zu gemäßigt gezeigt habe. Er sei sich während seiner Arbeit an *Mein Kampf* über die Judenfrage klar geworden. Sie stelle nicht nur für das deutsche Volk, sondern für alle Völker ein Problem dar, denn »Juda ist die Weltpest«.[9]

Die Juden gefährden die arische Rasse, in Hitlers Augen das schlimmste ihrer Verbrechen. »Der schwarzhaarige Judenjunge lauert stundenlang, satanische Freude in seinem Gesicht, auf das ahnungslose Mädchen, das er mit seinem Blute schändet und damit seinem, des Mädchens, Volke raubt. Mit allen Mitteln versucht er die rassischen Grundlagen des zu unterjochenden Volkes zu verderben. So wie er selbst planmäßig Frauen und Mädchen verdirbt, so schreckt er auch nicht davor zurück, selbst im größeren Umfange die Blutschranken für andere einzureißen. Juden waren und sind es, die den Neger an den Rhein bringen, immer mit dem gleichen Hintergedanken und klaren Ziele, durch die dadurch zwangsläufig eintretende Bastardierung die ihnen verhaßte weiße Rasse zu zerstören, von ihrer kulturellen und politischen Höhe zu stürzen und selber zu ihren Herren aufzusteigen.« (1/344 f.)

So tief sitzt der Antisemitismus in Hitler, so absolut greift er bei ihm, dass er die Juden in seiner Vorstellung entmenschlicht und aus ihnen eine eigene, nahezu tierhafte Gattung neben der der Menschen macht. Genau dieses den Zeitgenossen von der Nazi-Propaganda eingehämmerte Bild wird später die Nazi-Henker überzeugt haben, sie würden tatsächlich die Menschheit schützen oder Schädlinge abtöten, wenn sie die jüdische Bevölkerung bis hin zu ihren Neugeborenen wie Vieh ausrotten.

»Den gewaltigsten Gegensatz zum Arier bildet der Jude [...] Denn wenn auch der Selbsterhaltungstrieb des jüdischen Volkes nicht kleiner, sondern eher noch größer ist als der anderer Völker, wenn auch seine geistigen Fähigkeiten sehr leicht den Eindruck zu erwecken vermögen, daß sie der intellektuellen Veranlagung der übrigen Rassen ebenbürtig wären, so fehlt doch vollständig die allerwesentlichste Voraussetzung für ein Kulturvolk, die idealistische Gesinnung. Der Aufopferungswille im jüdischen Volke geht über den nackten Selbsterhaltungstrieb des einzelnen nicht hinaus. Das scheinbar große Zusammengehörigkeitsgefühl ist in einem sehr primitiven Herdeninstinkt begründet, wie er sich ähnlich bei vielen anderen Lebewesen auf dieser Welt zeigt. Bemerkenswert ist dabei die Tatsache, daß Herdentrieb stets nur so lange zu gegenseitiger Unterstützung führt, als eine gemeinsame Gefahr dies zweckmäßig oder unvermeidlich erscheinen läßt. Das gleiche Rudel Wölfe, das soeben noch gemeinsam seinen Raub überfällt, löst sich bei nachlassendem Hunger wieder in seine einzelnen Tiere auf. Das gleiche gilt von Pferden, die sich des Angreifers geschlossen zu erwehren suchen, um nach überstandener Gefahr wieder auseinanderzustieben.« (1/317ff.)

In Hitlers Augen stellen die Juden nicht allein eine Bedrohung der Rassenreinheit dar. Im Einklang mit vielen seiner Zeitgenossen, darunter dem Nazi-Theoretiker Alfred Rosenberg, der nachweislich Einfluss auf ihn ausübt,[10] verkörpern die Juden den Kapitalismus, die Weltfinanz und den politischen Liberalismus wie den Marxismus und den Progressismus und die Gewerkschaftsbewegung, allesamt zutiefst verabscheut von den Nazis. Kein Widerspruch, denn Hitler glaubt offensichtlich – und auch da nicht als einziger – an die Existenz einer internationalen jüdischen Verschwörung zur Errichtung ihrer Weltherrschaft, an die »Schlußziele des jüdischen Kampfes, die sich nicht nur in der wirtschaftlichen Eroberung der Welt erschöpfen, sondern auch deren politische Unterjochung fordern.« (1/340) Die jüdischen Literaten gingen, so heißt es, Hand in Hand mit den jüdischen Arbeitergewerkschaftlern, die jüdischen Orthodoxen mit den assimilierten Juden, die Bankiers mit den polnischen *Schtetl*-Schluckern, und alle zusammen geeint in ihrem Willen, die Völker zu zerstören.

Es »[…] organisiert der Jude seinen Angriff zur Eroberung [der Welt]. Er sieht die heutigen europäischen Staaten bereits als willenlose Werkzeuge in seiner Faust, sei es auf dem Umweg einer sogenannten westlichen Demokratie oder in der Form der direkten Beherrschung durch russischen Bolschewismus.« (2/298)

So glaubt Hitler also an die Richtigkeit einer berühmten Fälschung, der »Protokolle der Weisen von Zion«,[11] von denen man zum damaligen Zeitpunkt ungefähr seit 20 Jahren weiß, dass sie von der russischen Geheimpolizei komplett erfunden worden sind. »Wie sehr das ganze Dasein dieses Volkes auf einer fortlaufenden Lüge beruht, wird in unvergleichlicher Art in den von den Juden so unendlich gehaßten ›Protokollen der Weisen von Zion‹ gezeigt. Sie sollen auf einer Fälschung beruhen, stöhnt immer wieder die ›Frankfurter Zeitung‹ in die Welt hinaus: der beste Beweis dafür, daß sie echt sind. Was viele Juden unbewußt tun mögen, ist hier bewußt klargelegt. Darauf aber kommt es an. Es ist ganz gleich, aus wessen Judenkopf diese Enthüllungen stammen, maßgebend aber ist, daß sie mit geradezu grauenerregender Sicherheit das Wesen und die Tätigkeit des Judenvolkes aufdecken und in ihren inneren Zusammenhängen sowie den letzten Schlußzielen darlegen. Die beste Kritik an ihnen jedoch bildet die Wirklichkeit. Wer die geschichtliche Entwicklung der letzten hundert Jahre von den Gesichtspunkten dieses Buches aus überprüft, dem wird auch das Geschrei der jüdischen Presse sofort verständlich werden. Denn wenn dieses Buch erst einmal Gemeingut des Volkes geworden sein wird, darf die jüdische Gefahr auch schon als gebrochen gelten.« (1/325f.)

Der Historiker Edouard Husson erkennt in diesem sich in seiner Radikalität jeglicher Vernunft widersetzenden Antisemitismus eine Erklärung für den Widerhall, den *Mein Kampf* bei einem Teil der deutschen Bevölkerung findet: »Die tiefe Logik in diesem Buch liegt in der Antwort, die Hitler auf alle Fehlschläge, auf seine persönlichen und auf die Deutschlands bereithält: Es sind immer die Juden. Wenn er die Aufnahmeprüfung für die Wiener Kunstakademie nicht besteht, ist das der Fehler der Juden; wenn Deutschland den Ersten Weltkrieg verloren hat, liegt die Ursache in einer jüdischen Verschwörung. Autobiographie und Kollektivschuld miteinander zu vermischen, ist seine Stärke. Das verführt viele Deutsche: Sie erkennen sich in ihm auf persönlicher und individueller Ebene wieder«.[12]

In den Augen eines Lesers von 1925 ist *Mein Kampf* lediglich ein »banales und schreckliches« Buch, wie es auch Konrad Heiden, Hitlers erster Biograph, zu Recht bezeichnet hat. Banal, weil es in der Welt der radikalen Rechten damals kursierenden und durch allerhand Schrifttum und Reden bekannt gewordenen Thesen, Utopien und Vorhaben aufgreift. Einer radikalen deutschen Rechten, die sich mit einem Wort: *völkisch*, beschreibt. Die *völkische* Bewegung verherrlicht die Bindung an den deutschen Boden und die Einheit eines deutschen, auf Abstammung und Blut gegründeten Volkes, richtet sich gegen Aufklärung, Demokratie, Juden, Slawen, erfindet für Deutschland mythische Ursprünge, strebt nach Gewalt, heiligt die Kraft und redet einem gewissen Paganismus des Wort. Zu Beginn des Jahrhunderts gegründet, erlebt die völkische Bewegung mit der Schaffung zahlreicher

Tageszeitungen, Ligen, Vereinigungen und Parteien, unter ihnen die NSDAP, eine rege Entwicklung. Banal auch die auf dem Rassismus aufbauende Weltanschauung. Hitler nimmt beispielsweise die antisemitischen Thesen eines Houston Stewart Chamberlain auf, der die »jüdische Rasse« als »das die Menschheit verderbende Prinzip« betrachtet. Chamberlains Einfluss findet sich in einer ganzen Reihe zeitgenössischer Bücher wieder, in Deutschland, versteht sich, aber auch in Frankreich aus der Feder von George Montandon[13] oder Henry Ford in den Vereinigten Staaten.

Was Hitler schreibt, ausgenommen natürlich die biographischen Aspekte, entspringt also nicht der kranken Einbildungskraft eines Monsters, das über Deutschland und die Welt hereingebrochen ist. *Mein Kampf* ist zum größten Teil das Spiegelbild – und das Produkt – seiner Zeit. Gewiss, Hitler treibt seinen Antisemitismus zum Äußersten. Trotzdem enthüllt *Mein Kampf* diese wichtige Wahrheit: Dieses Buch ist nicht bloß das Zeugnis eines besessenen Psychopathen, der aus unerfindlichen persönlichen Gründen beschlossen hatte, das jüdische Volk zu beseitigen; es ist das Zeugnis eines gewohnheitsmäßigen Hasses in der westlichen Welt, einer uralten Feindseligkeit. In einem eigenen Kapitel berichtet Hitler, ausgehend vom Römischen Reich, über die Geschichte der Juden in Europa und zitiert alle traditionellen antisemitischen Gemeinplätze, etwa den geizigen Juden, den Wucherer, der die Arbeit der anderen ausschlachtet, den Fälscher, den Protegé der Mächtigen, hinterhältig, lügnerisch, schmutzig, sexuell pervers, Hasser aller Nicht-Juden, Anhänger fremder, satanischer Rituale, Drahtzieher hinter den Kulissen, der die Völker spaltet, um sie besser zu beherrschen. So steht zu Beginn des Prozesses, der in Auschwitz enden soll, der klassische, in Europa verwurzelte Antisemitismus, wie er, geprägt durch die Jahrhunderte, von Christentum und Monarchien angefacht worden ist. Hitler heizt ihn bis zur Weißglut an, und die Ereignisse werden die Welt schließlich ins Entsetzen stürzen. *Mein Kampf* präsentiert sich damit nicht allein als das

Buch des Dritten Reiches: Es ist ein Brevier des Hasses, das ins finstere Antlitz des Westens geschrieben steht.

Antisemitismus aber auch Rassismus, Sozialdarwinismus, Antiparlamentarismus, Feindseligkeit gegenüber jeglicher Form von demokratischer Organisation, Antimarxismus, Bellizismus, Expansionismus, Sehnsucht nach einer traditionellen und autoritären Gesellschaftsordnung: All diese Ideen liegen in jener Zeit in der Luft, nicht bloß in Deutschland, sondern mehr oder weniger ausgeprägt in allen europäischen Ländern. Im Deutschland der 1920er Jahre mag *Mein Kampf*, wie Heiden sich ausdrückt, auch deshalb »banal« erscheinen, weil der Wunsch nach Rache und Verherrlichung gängige Gefühle der Deutschen sind. Anders gesagt, zu dem Zeitpunkt, als *Mein Kampf* im Eher-Verlag die Druckerpresse verlässt und in den Buchhandlungen auftaucht, ist die überwiegende Zahl der Zeitgenossen bereits positiv darauf eingestimmt.

Es ist jedoch nicht nur ein »banales«, sondern mit seinen selbst für die damalige Zeit extremen Gewalttätigkeit auch ein »schreckliches« Buch: ein abgrundtiefer Hass, ein kalter Hass, methodisch gewandet, klar und deutlich, absolut. *Mein Kampf* banalisiert den Schrecken und kündet doch auch von etwas anderem: vom Einsatz aller Ressourcen eines Staates im Kampf gegen die Juden, im Dienst einer globalen, definitiven Lösung der Judenfrage, die mit dem Verschwinden der »jüdischen Rasse« zum Abschluss kommen soll. Dieser Kampf kennt in Hitlers Geist keine Grenzen, weder politische noch moralische, noch geographische. In den langen Passagen voller Lobesworte an die Adresse Japans (übrigens eine Vorwegnahme der Allianz von 1936 zwischen den beiden Ländern) betont er, dass die »derzeitige Entwicklung dem arischen Einfluß zu verdanken ist«, und »sogar Japan«, fügt er gleich hinzu, »von den Juden bedroht ist«. »Nun weiß der Jude zu genau, daß er in seiner tausendjährigen Anpassung wohl europäische Völker zu unterhöhlen und zu geschlechtslosen Bastarden zu erziehen vermag, allein einem asiatischen Nationalstaat von der

Art Japans dieses Schicksal kaum zuzufügen in der Lage wäre. [...] So sucht er den japanischen Nationalstaat noch mit der Kraft ähnlicher Gebilde von heute zu brechen, um sich des gefährlichen Widersachers zu entledigen, ehe in seiner Faust die letzte staatliche Macht zu einer Despotie über wehrlose Wesen verwandelt wird.« (2/299) »Die Vernichtung Deutschlands war nicht englisches, sondern in erster Linie jüdisches Interesse, genau so wie auch heute eine Vernichtung Japans weniger britisch-staatlichen Interessen dient, als den weit ausgreifenden Wünschen der Leiter des erhofften jüdischen Weltreichs.« (2/298)

Im Hinblick auf die Juden kündigt Hitler kein präzises Programm an. Beiläufig teilt er auf einer Seite mit: »Nur die gesammelte konzentrierte Stärke einer kraftvoll sich aufbäumenden nationalen Leidenschaft vermag der internationalen Völkerversklavung zu trotzen. Ein solcher Vorgang ist und bleibt aber ein blutiger.« (2/312) Hitler wendet das Wort »Ausrottung« an, er nutzt es jedoch, um die Ziele der Juden zu beschreiben: »Der Jude geht seinen Weg, den Weg des Einschleichens in die Völker und des inneren Aushöhlens derselben, und er kämpft mit seinen Waffen, mit Lüge und Verleumdung, Vergiftung und Zersetzung, den Kampf steigernd bis zur blutigen Ausrottung der ihm verhaßten Gegner.« (2/324) Um nicht selbst ausgerottet zu werden, sollte man also den anderen ausrotten: In den 1940er Jahren wird das Regime diese Logik bis an ihren Endpunkt treiben. Dieser radikale Antisemitismus läutet in der Tat eine Flucht nach vorn ein, in die sich der Nazi-Staat zur gegebenen Zeit stürzen wird, wenn er sich auf den Führer beruft und die »Endlösung« beschließt.

Bezüglich der einzusetzenden Mittel weicht Hitler zunächst noch aus, doch er skizziert schließlich in groben Umrissen seine Politik von morgen: »der Jude«, schreibt Hitler, »geht [...] seinen verhängnisvollen Weg weiter, so lange, bis ihm eine andere Kraft entgegentritt und in gewaltigem Ringen den Himmelsstürmer wieder zum Luzifer zurückwirft.« (2/325)

# III

# Wie *Mein Kampf* Hitler zum Führer macht

## *Mein Kampf* versus *Das Kapital*

1925 ist Hitlers Buch erschienen, doch für ihn ist dessen potenzieller Erfolg an der Ladenkasse in diesem Jahr nicht das Wichtigste. Sein Werk bedeutet vor allem eine persönliche Propagandamaßnahme. Das riskante Spiel eines Politikers, der sich in einer besonders prekären Lage befindet. Während seiner Haft hat sich die höchst uneinheitliche völkische Bewegung weiter gespalten. Es gibt Dutzende Gruppierungen – und an ihrer Spitze ebenso viele kleine »Führer« –, völkische Blätter, rassistische Gurus, nationalistische Propheten. Schlimmer noch, selbst innerhalb der NSDAP kommt es zu Streit und Brüchen. So haben sich verschiedene Nazi-Größen der ersten Garde wie Gregor Strasser, Julius Streicher oder Erich Ludendorff an die Spitze von Grüppchen gesetzt, die sie überhaupt nur gegründet hatten, um ihr Prestige zu mehren. Die norddeutsche NSDAP rebelliert gegen die Münchner Führung. Kurz, die Autorität und die politische Linie des Führers werden allenthalben angefochten.

Bevor er darangehen kann, Deutschland von seinen Ideen zu überzeugen, muss Hitler also erst einmal die eigenen Anhänger mobilisieren. Diese Absicht bringen die letzten Worte seines Buches in Form einer Mahnung deutlich zum Ausdruck: »Ein Staat, der im Zeitalter der Rassenvergiftung sich der Pflege seiner besten rassischen Elemente widmet, muß eines Tages zum Herrn der Erde werden. Das mögen die Anhänger unserer Bewegung nie vergessen, wenn je die Größe der Opfer zum bangen Vergleich mit dem möglichen Erfolg verleiten sollte.« (2/354) 1925 scheint »der mögliche Erfolg« gefährdet, die NSDAP macht eine schwere Zeit durch: Hitler erhofft sich von seinen Truppen erneute Zuversicht in das Unternehmen, das er in Gang gesetzt hat. Er erwartet von seinen Mitstreitern, dass sie sich genauso für die Partei und für das Land aufopfern wie für ihn.

Erschwerend kommt dazu, dass nach dem gescheiterten Putsch seine Partei, die NSDAP, reichsweit bis Februar 1925 verboten worden ist. Und schließlich wird ihm nach seinem Auftritt im Bürgerbräukeller zur Neugründung der Partei ein zweijähriges Redeverbot auferlegt, auch wenn die Obrigkeit in München, seinem Revier, nicht allzu streng auf dessen Einhaltung pocht. Was ihm sein Umsturzversuch an Positivem eingebracht hatte – dass er bekannt geworden war, an Prestige gewonnen hatte –, hat zudem nicht lange vorgehalten. Unter diesen Umständen will er sich, um wieder ins Spiel zu kommen, auf sein Buch stützen.

Mitte Februar 1925, als die NSDAP endlich aufs Neue vom bayerischen Staat zugelassen ist, ereignet sich das, was einen Wendepunkt in Hitlers Karriere darstellt. Auf einer Versammlung am 26. und 27. Februar im Bürgerbräukeller – in Abwesenheit zahlreicher abtrünniger oder sektiererischer Parteigrößen wie Alfred Rosenberg oder Ernst Röhm – fordert er die Anhänger der NSDAP zum Zusammenschluss unter seiner Führerschaft auf. Die Kontrolle über die Partei in Bayern wiederzuerlangen, das ist für ihn der erste Schritt zur Rückkehr nach oben. Es gelte, die alten Querelen zu vergessen, betont er. Ausnahmsweise geht er nicht auf das Thema Juden ein, sondern wählt eine ganz besondere Stoßrichtung: Er verspricht den Sieg gegen den Marxismus. Dies sei ein durchaus realistisches Ziel für die NSDAP, allerdings unter einer Bedingung: wenn nämlich der marxistischen Doktrin eine andere, nämlich die seine, entgegengesetzt werde.

Hitlers Argumentation ist fadenscheinig, vermag aber sein Publikum zu überzeugen. Um gegen die Marx'schen Hausgötter anzukämpfen, braucht man einen braunen Marx, anders gesagt Adolf Hitler höchstpersönlich, den Verfasser von *Mein Kampf*. Indem er sich als Schriftsteller präsentiert, verändert Hitler sein Image und entsteigt dem Sumpf, in dem er sich bisher bewegt hat. Von jetzt an ist er nicht mehr ein bloßer Marktschreier, ein Prahlhans, ein gescheiterter Putschist: Er nimmt den Nimbus an, den einem das geschriebene Wort verleiht, und zeigt sich als ein neuer Theoretiker. Am Saalausgang verteilen seine Leute Reklamezettel, in denen die Veröffentlichung seines Buches angekündigt wird, inklusive Preisangabe.

Die Hochrufe, die an diesem Abend im Bürgerbräukeller ertönen, markieren den Beginn seiner Eroberung der völkischen Bewegung. *Mein Kampf* verleiht dem früheren Landsberger Häftling einen neuen Status. Ihm zur Seite stehen die alten Getreuen, von denen ihn einige bis zum Untergang des Dritten Reiches begleiten werden: Himmler, Höß, Göring, Röhm, Frank, Goebbels, Rosenberg, die Partisanen der ersten Stunde, so bedeutsam für die späteren Erfolge. Nach dem missglückten Putsch hatten sie mehr oder weniger an ihrem Führer gezweifelt und sehen sich nun dank dieses Buches, das den neuen Geist einer politischen Bewegung begründet, in ihren Überzeugungen bestärkt.

Höß erklärt, er sei sich in Landsberg, als er Hitler sein Werk schreiben sah, dessen wahrer Größe bewusst geworden. Joseph Goebbels allerdings ist nicht von vornherein für Hitler. Mitglied der NSDAP seit 1922, befürwortet Goebbels eine eher »sozialistische« Linie und hat sich während der Haft des Parteichefs auf die Seite von Gregor Strasser geschlagen, einem internen Gegner Hitlers. Goebbels, der promovierte Philosoph, ist einer der wenigen Intellektuellen in der NSDAP. Doch als er im Juli 1925 *Mein Kampf* liest, ist er regelrecht begeistert. Seinem Tagebuch vertraut er an: »Ich lese Hitlers Buch zu Ende. Mit reißender Spannung! Wer ist dieser Mann? Halb Plebejer, halb Gott! Tatsächlich der

Christus, oder nur der Johannes?« Am 6. November desselben Jahres liest er das Buch noch einmal, ohne Unterbrechung, in einem Tag und einer Nacht. Von da an sieht er Hitler als »Genie« an, wechselt auf seine Seite und hilft ihm, Strasser auszuschalten. Selbst Alfred Rosenberg, ein Nazi-Theoretiker von ganz anderem Kaliber,[1] findet Gefallen an diesem schneidigen Kerl und seinem Umgang mit der Ideologie.

*Mein Kampf*, in Landsberg entstanden, hat sich allerdings aus einem anderen Grund als entscheidend erwiesen, einem Grund, dessen sich nur Hitler bewusst ist. Indem er seine Ideen und Pläne schriftlich niedergelegt hat, ist ihm plötzlich aufgegangen, bis zu welchem Punkt all das auf dem Erscheinen eines Führers beruht, eines »Retters Deutschlands«, imstande, diese Aufgabe ins Werk zu setzen. Und genau da, beim Schreiben, hat sich ihm das Offensichtliche offenbart: Er ist der Führer, den Deutschland erwartet. Bis dahin war er in dieser Hinsicht unsicher gewesen, war so weit gegangen, Ludendorff seine Ergebenheit zu bekennen oder zu erklären, dass er nichts weiter tue als dem Diktator den Weg zu ebnen, den das Land erwarte. In Landsberg hat sich Hitler schließlich – theoretisch – selbst davon überzeugt, dass er der Führer ist, trägt fortan dazu bei, seinen eigenen Mythos aufzubauen, erachtet es als Vorsehung, dass er selbst dazu da ist, Deutschland zu retten.[2] Er glaubt daran, die Eigenschaften des »Theoretikers« und des »Mannes der Tat« in sich zu vereinen, der dieses Gedankengut umsetzt. Daraus zieht er eine unerschütterliche Gewissheit, die ihm angesichts seiner Gegner in der völkischen Bewegung und später der Weimarer Demokratie die nötige Kraft gibt. Diese Kraft nährt seine Reden, motiviert seine Entscheidungen, verleiht ihm eine beispiellose manichäische Fähigkeit, mit der er jeden Versuch des Widerspruchs zu schwächen und seine Ansichten durchzusetzen vermag.

Ohne sein Buch hätte er auch nach der Entlassung aus Landsberg mit großen Problemen zu kämpfen gehabt: Hitler hat *Mein*

*Kampf* genauso gemacht, wie *Mein Kampf* Hitler gemacht hat. Ein Jahr später, bei der Bamberger Führertagung am 26. Februar 1926, wird er die gesamte Partei zurückgewonnen und endlich seine Konkurrenten ausgeschaltet haben. Nach diesem Triumph bei seinen Gesinnungsgenossen kann der Autor von *Mein Kampf* den Marsch zur Macht vorbereiten. Doch in den Augen der breiteren Öffentlichkeit ist er noch längst keine Größe: Er herrscht über eine Bewegung aus Splittergruppen, die nicht mehr den Ruf hat, den sie zu den großen Zeiten der Bierhallen-Politik hatte.

## Vom Büchlein zum Bestseller

»Die herbe Wirklichkeit wird von sich aus nur zu viele Einschränkungen herbeiführen. Gerade deshalb aber muß der Mensch erst recht versuchen, dem letzten Ziel zu dienen, und Fehlschläge dürfen ihn von seiner Absicht [... nicht] abbringen [...]. Deshalb ist es aber erst recht notwendig, den Rechenmeistern der derzeitigen realen Republik den Glauben an ein ideales Reich gegenüberzustellen« (2/75) – mit diesen Worten hat er in Landsberg die Schlüsse aus dem gescheiterten Putsch gezogen. Nun ist, so gesehen, die Lage allerdings nicht mehr günstig für ihn. Zwei Wochen vor seiner Haftentlassung hat die völkische Bewegung bei den Parlamentswahlen in Bayern – immerhin eine Bastion des Ultranationalismus – weniger als 5 Prozent der Stimmen auf sich vereinigt, während sie sieben Monate zuvor auf 33 Prozent gekommen war. Im übrigen Deutschland sind die Ergebnisse noch niedriger. Bei den Reichstagswahlen 1928 erzielt die NSDAP nur 2,6 Prozent der Stimmen, ein Ergebnis, welches das Ende des braunen Abenteuers hätte bedeuten können, so hat es den Anschein.

Dass Hitler in Haft ist, kann nicht die einzige Erklärung für diesen Absturz sein, zumal die Tendenz sich auch nach seiner Entlassung und seiner erneuten Übernahme der Macht in der Partei fortsetzt. Dafür gibt es vielmehr konjunkturelle Gründe. Während die Nazis von der Krise profitiert haben, verbessert sich nun die sozialpolitische Lage im Land. Die zwischenzeitlich ins Wanken geratene Republik richtet sich wieder auf, in Deutschland wächst das Vertrauen in die Kraft der Demokratie. Die radikalen Töne der NSDAP klingen also weniger verlockend. Diese Jahre nutzen sie für den Aufbau einer Parteiorganisation; eine mühevolle Arbeit, in aller Heimlichkeit, die sich endlich einmal auszahlen soll. Die Nazis, eine Zeit lang Prediger in der Wüste, gewinnen nach und nach Mitstreiter für ihre Sache, die wiederum neue Sympathisanten rekrutieren. Sie bilden Truppen, die entschlossen und imstande sind, den Schlag zu führen, wenn es nötig ist. Hitler hat zwar immer noch Redeverbot, verfügt aber jetzt über einen Text, der an seiner Stelle spricht. Die bayerische Polizei fragt sich sogar, ob nicht auch das Buch gegen dieses Verbot verstößt, und zieht in Betracht, dessen Verbreitung für illegal zu erklären. Ein Bericht wird in Auftrag gegeben, der allerdings zu dem Schluss kommt, dass hier juristisch nichts zu machen sei. *Mein Kampf* wird nicht verboten.

In den Zeitungen der rechtsradikalen Bewegung, am Rand von Parteitreffen, mit Plakaten und Flugblättern macht die NSDAP groß Reklame für *Mein Kampf*. So versichert im Dezember 1925 eine Werbung im *Völkischen Beobachter*, *Mein Kampf* bedeute für jeden Nationalsozialisten das »schönste Weihnachtsgeschenk«. Es ist nicht bekannt, wie viele Menschen in diesem Jahr ein Exemplar unter dem Christbaum finden. Aber wie dem auch sei, das Buch verkauft sich auf Anhieb ziemlich gut.

Ende 1925 sind 9473 Exemplare abgesetzt worden, sodass gleich eine zweite Auflage gedruckt wird. Um die angestrebte Leserschaft zu vergrößern, geht der Eher-Verlag so weit, folgenden Appell an die Nazi-Gegner zu veröffentlichen: »Jeder Deutsche, der politisch eingestellt ist, muß auch seinen Gegner kennen. Nur dann ist er berechtigt, über ihn zu urteilen. Kennst du Adolf Hitler?« Aber gekauft wird das Buch vor allem von den Anhängern der Partei, von Sympathisanten, den Mitgliedern der völkischen Bewegung. Sie kaufen das Buch, weil sie Hitler unterstützen, nicht aus gegenteiligen Gründen. 12 Mark für ein Exemplar hinzulegen ist zu einer Zeit, in der die Folgen der wirtschaftlichen Krise noch immer spürbar sind, nun mal keine Selbstverständlichkeit.

Da der Kauf von *Mein Kampf* als Symbol der Zustimmung zum Nationalsozialismus angesehen wird, beginnen die Gegner der Nazis, von der »Nazi-Bibel« zu sprechen. Eine Strategie, das Buch abzuwerten, wie sie meinen. Aber die Nazis verwahren sich nicht gegen diese Bezeichnung. Als beide Bände zu einem zusammengefasst und im Taschenbuchformat verkauft werden, im Dünndruck und mit einem dunklen Umschlag, ähnelt *Mein Kampf* ja tatsächlich einer Bibel.[3] Zudem wird das Werk als »Unterstützerausgabe« aufgelegt, in rotes Leder gebunden, von 1 bis 500 durchnummeriert und zum Preis von 100 Reichsmark angeboten. Eine Art Luxusbibel. Auf diese Weise können reiche Sympathisanten der Sache der Nazis dienen.

Nun ist das Werk nicht nur Symbol der Zustimmung zum Nationalsozialismus, sondern natürlich auch ein politischer Text: Wiewohl zahlreiche Anhänger *Mein Kampf* sicher nicht von vorn bis hinten gelesen haben, muss doch jeder, der in der Partei Karriere machen will, das Ideengut des Meisters kennen und imstande sein, nach bestem Wissen und Gewissen daraus zu zitieren. So gilt das Buch als Referenz für die Nazi-Doktrin.

1929, am Vorabend der Weltwirtschaftskrise, sind vom ersten Band 23000 und vom zweiten 13000 Exemplare verkauft worden. Heutzutage würde man von einem anständigen Buchhandelserfolg sprechen. Mit der NSDAP scheint es in dieser Zeit immer weiter bergab zu gehen, sodass über den kleinen Kreis von Nazis hinaus *Mein Kampf* keine besondere Aufmerksamkeit erzielt.

Man spöttelt höchstens über die Hirngespinste dieses »böhmischen Gefreiten«, wie Hitler mit Spitznamen genannt wird.

Doch mit der Krise von 1929 ändert sich plötzlich alles: Die bisherige Splitterpartei NSDAP wird 1930 zweitstärkste politische Kraft im Reichstag. Und erhebt Anspruch auf 6,4 Millionen Stimmen.

Die Finanzkrise, die auf den Schwarzen Freitag folgt, destabilisiert die europäischen Volkswirtschaften. Deutschland, dessen Wirtschaft seit dem Weltkrieg großen Schwankungen ausgesetzt ist, bekommt die Folgen mit voller Wucht zu spüren: wahnwitzige Inflation und extrem hohe Arbeitslosigkeit. Gleichzeitig zerfällt die Regierung: Das Weimarer Modell wird von allen Seiten in Frage gestellt. Nun wenden sich die Wähler der NSDAP oder der KPD zu. Kommunistische und nationalsozialistische Agitation schaukeln sich gegenseitig hoch. Ein Teil der konservativen Eliten – noch gezeichnet von den revolutionären Unruhen des vergangenen Jahrzehnts, das Schreckgespenst des Bolschewismus vor Augen – beginnt nun seinerseits, Hitler in positivem Licht zu sehen.

Das macht sich auch bei den Verkaufszahlen von *Mein Kampf* bemerkbar: Im Laufe eines einzigen Jahres, 1930, gehen 54000 Exemplare über den Ladentisch. Im selben Jahr reagiert der Eher-Verlag auf die veränderte Lage, indem er eine »Volksausgabe« herausbringt, eine Taschenbuchversion, die beide Teile zu einem günstigen Preis vereint. Bis Anfang 1932 haben sich insgesamt 80000 Exemplare davon verkauft.

1932 folgt eine politische Krise auf die andere. Der Formulierung des Historikers Joachim Fest zufolge sind Hitler und Konsorten mehr denn je die Nutznießer dessen, was ihren Erfolg begründet hat: der »großen Angst«, die Deutschland bewegt. Angst vor dem Abstieg, Angst vor dem Bolschewismus, Angst vor dem Neuen. Zum Jahresende ist der Absatz auf 230000 Exemplare gestiegen. Allein im Januar 1933, in dessen Verlauf die Reichstagswahlen stattfinden, kaufen nicht weniger als 13000 Deutsche das Buch.[4] Der Eher-Verlag in München lässt fleißig nachdrucken und vergrößert sich: Die Nachbargebäude werden hinzugekauft. Max Amann, Mitstreiter wie Geschäftemacher, reibt sich die Hände. Die Aussicht auf einen Erfolg bei den bevorstehenden Wahlen bedeutet einen noch glänzenderen kommerziellen Erfolg.

Die Nazis prangern den angeblich protzigen Lebensstil, den luxuriösen Geschmack der Regierenden von Weimar an, ereifern sich etwa über das Millionenvermögen, das Reichskanzler von Papen besitzen soll. Dagegen betont die NSDAP, sie wolle sich nicht am Volk bereichern. So kündigt Hitler öffentlich an, er werde im Falle des Wahlsieges auf sein Gehalt als Kanzler verzichten, ein Versprechen, das er auch hält. Gerade bei den kleinen Leuten, die infolge der Krise verarmt sind, findet diese geschickt eingesetzte Rhetorik großen Anklang.

In Wahrheit ist der Führer bereits jetzt ein wohlhabender Mann. Ein Gehalt hat er wirklich nicht nötig, da er von jedem verkauften Buch 10 Prozent des Ladenpreises erhält, ab 1933 sogar 15 Prozent. Mit dem Geld aus diesen Verkäufen ersteht er 1933 den Berghof, der nach dem Ausbau zu seinem heimlichen zweiten Regierungssitz wird und 1944 sogar als Führerhauptquartier dient. Nach der Machtübernahme macht die auch dank des neuen Regimes in schwindelerregende Höhen schießende Auflage des Buches seinen Autor reich. Wie Max Amann 1947 bezeugt, dürfte *Mein Kampf* dem Führer 15 Millionen Reichsmark eingebracht haben, umgerechnet mehr als 20 Millionen Euro.

Jahrzehnte später, 1996, führt die Freigabe eines Berichts des OSS, des Vorgängers der CIA, auf die Spur eines Teils der Honorareinnahmen. In diesem Bericht wird die Existenz eines Kontos enthüllt, das Amann für Hitler bei der UBS in Genf eröffnet hat, auf dem Millionen Mark seit Kriegsende schlummern …[5]

Aber das Buch ist nicht nur für seinen Verfasser einträglich: Es füllt auch die Parteikasse, was den Wahlkämpfen in den entscheidenden 1930er Jahren hilft, selbst wenn deren Finanzierung aus unterschiedlichen Quellen stammt – man geht davon aus, dass vonseiten großer Unternehmen Millionen geflossen sind. Es füllt aber auch die Kasse des Eher-Verlags und die Taschen von Max Amann. Der Sieg der Nazis 1933 erweist sich als profitabel für Hitlers einstigen militärischen Vorgesetzten, der auf großem Fuß lebt und ein Imperium aufbaut. Als Präsident der Reichspressekammer hat er die Zeitungen und Verlage fest im Griff und häuft ein beträchtliches Vermögen an.[6] 1942 stehen 75 Prozent der deutschen Presseorgane unter seiner direkten Kontrolle. Der Eher-Verlag, einst ein Kleinstverlag im Dienst einer Splittergruppe, zählt nun 35 000 Mitarbeiter.

Bertolt Brecht hat es auf den Punkt gebracht, als er Hitler als Arturo Ui darstellte, den gierigen Gangster an der Spitze einer Bande von kleinen Gaunern. Das Bild ist weniger historisch als dramaturgisch, aber in einer Hinsicht auf jeden Fall präzise: *Mein Kampf* ist für Hitler eine Goldgrube.

## Eine »Verschwörung am helllichten Tag«

»Das […] weiß ich, wenn ich 1924 geahnt hätte, Reichskanzler zu werden, dann hätte ich das Buch nicht geschrieben.« Diese erstaunliche Eröffnung soll Hitler 1938 gegenüber einem seiner Getreuen, Hans Frank, gemacht haben, wie der in seinem nach dem Krieg veröffentlichten Tagebuch berichtet. Verschiedenen Zeugen zufolge scheint er diesen Gedanken nicht nur einmal geäußert zu haben.

Das mag einen überraschen, wenn man bedenkt, mit welcher Leidenschaft Hitler sein Buch in Angriff genommen und welchen Stolz er daraus gezogen hat. Aber es ist durchaus nachvollziehbar. »Ich wende mich dabei mit diesem Werk nicht an Fremde, sondern an diejenigen Anhänger der Bewegung, die mit dem Herzen ihr gehören und deren Verstand nun nach innigerer Aufklärung strebt«, schreibt der Führer im Vorwort seines Buches Mitte der 1920er Jahre. Verfasst in der Zurückgezogenheit einer Zelle, nach einer schmählichen Niederlage, ersonnen als ein politisches Projekt, dessen Verwirklichung fern und utopisch erscheinen mag, das die Ambitionen, die Vorstellungen, ja sogar die Strategien seines Autors offenlegt, könnte *Mein Kampf* jetzt, da die Macht so nahe ist, in den Händen seiner Feinde zu einer Waffe werden.

*Mein Kampf* ist tatsächlich eine »Verschwörung am helllichten Tag«, so die von dem französischen Philosophen Alexandre Koyré geprägte Formulierung.[7] In den Worten des Politologen Josselin Bordat ist »dieser Text, diktiert im Beisein einer Zuhörerschaft von ein paar Fanatikern, die ideologische Stütze eines totalitären Regimes. Es ist ein Text, der einen Plan zur Eroberung der Weltherrschaft enthüllt, wo solche Pläne doch gewöhnlich im Verborgenen geschmiedet werden. Hier aber handelt es sich um einen Plan zur Eroberung der Weltherrschaft, der von einem totalitären Regime in Millionen von Exemplaren verteilt wird.«[8] Seit sich die Machtfrage stellt, ist sich Hitler dieser Problematik sehr bewusst.

Hitlers Haltung zu dem Thema lässt sich mit folgendem Beispiel illustrieren: Nach der schweren Niederlage bei den Reichstagswahlen 1928 glaubt er sich von seinen Mitbürgern falsch verstanden und verfasst ein weiteres Manuskript, das später als »Hitlers Zweites Buch« bekannt werden wird. Auf rund 200 Seiten führt er noch eingehender als in *Mein Kampf* seine außenpolitischen Visionen aus, prophezeit einen Endkampf um die Weltherrschaft zwischen den Verbündeten Deutschland und England und den Vereinigten Staaten. Ebenso präzisiert er seine Absicht, im jüdisch-bolschewistischen Russland »Lebensraum« zu erobern.

Zum ersten Mal spricht sich der Eher-Verlag gegen eine Veröffentlichung aus – mit dem Argument, ein weiteres Werk werde dem ersten schaden, das sich nur noch schleppend verkauft. Aber mit den Wahlerfolgen von 1930 geht es auch mit *Mein Kampf* wieder aufwärts, und nun schlägt der Verlag Hitler vor, den Text herauszubringen. Doch der lehnt ab: Die Aussicht darauf, eines Tages zu regieren, ist nicht mehr ganz unrealistisch, und er hat den Eindruck, bereits zu viel gesagt zu haben. Das Manuskript kommt also nie aus dem Safe heraus, wo es aufbewahrt bleibt, geschützt vor fremden Augen.[9] Genau wegen dieser Befürchtung, zu viel von seinen Absichten verraten zu haben, wird Hitler, als er Reichskanzler geworden ist, darum kämpfen, den Zugang zu seinem Text im Ausland zu beschränken. Hat er Grund zu der Befürchtung, durchschaut zu werden? Hätte eine ausreichend sorgfältige, aufmerksame Lektüre von *Mein Kampf* vor den erschreckenden Zielen seines Verfassers warnen können? Hätte sie diese »Verschwörung am helllichten« Tag enthüllen können?

Victor Klemperer, der zum Protestantismus übergetretene Philologe, der am Ende nur mithilfe seiner »arischen« Frau der Deportation entkommen kann, hat das ganze Dritte Reich hindurch im inneren Exil gelebt und dabei unermüdlich die Gedanken niedergeschrieben, zu denen ihn die entsetzliche Welt um ihn herum bewegte. 1947, als Ergebnis dieser einsamen Arbeit in den dunkelsten Stunden der Nazi-Herrschaft, veröffentlicht er ein Meisterwerk: *LTI, Notizbuch eines Philologen.* Darin schreibt er: »Es wird mir immer das größte Rätsel des ›Dritten Reiches‹ bleiben, wie dieses Buch in voller Öffentlichkeit verbreitet werden durfte, ja mußte, und wie es dennoch zur Herrschaft Hitlers und zu zwölfjähriger Dauer dieser Herrschaft kommen konnte, obwohl die Bibel des Nationalsozialismus schon Jahre vor der Machtübernahme kursierte.«

## Die Zweifel der Gegner des Nationalsozialismus

Während in München die Pressen des Eher-Verlags heißlaufen und Hitler vor den Toren der Macht ankommt, wirkt die Opposition ihm gegenüber gespalten, wehrlos und unfähig, die braune Welle aufzuhalten, die droht, das Land zu überschwemmen. Alle, die den Nazis feindlich gesinnt sind, die Politiker, die Journalisten, haben große Mühe, diesen Hitler, seine Ideen und Absichten zu verstehen. Obwohl *Mein Kampf* seit mehreren Jahren unübersehbar ist.

Seit seiner Veröffentlichung im Jahre 1925 stößt *Mein Kampf* außerhalb des völkischen Dunstkreises auf Desinteresse oder aber auf Arroganz und Sarkasmus. »Hitler nennt sein Buch ›eine Abrechnung‹ [...] – nach dem Zusammenbruch seiner Bewegung [hätte er] vor allem mit sich selbst abrechnen müssen«, schreibt das Berliner *Tagebuch*. Die *Neue Zürcher Zeitung* kommentiert: »Wir glauben nach der Lektüre dieser Biographie, dass seine Unwandelbarkeit dem unfruchtbaren Trotz und der Verlegenheit des künstlich emporgetragenen, nur zu Exzessen, nicht zu überlegener Politik gereiften Agitators entspringt, der die Welt nicht mehr versteht.« Nachdem sie die Hauptthesen von *Mein Kampf* zusammengefasst hat, befindet die *Frankfurter Zeitung*: »Die Freunde konstruktiver Politik werden das Buch Hitlers zur Hand nehmen und daraus sehen, wie recht sie mit allem hatten, was sie dachten. Die Zeit ist weitergeschritten; Hitler aber ist [...] erledigt.«[10] Das Satireblatt *Simplicissimus* begnügt sich mit einer scharfen Karikatur, in der ein schwächlicher, grimassierender Hitler sein Buch an vollgefressene Bürger verteilt.

Das Desinteresse gegenüber *Mein Kampf* endet allerdings, als die NSDAP ihre ersten Wahlerfolge erzielt. Othmar Plöckinger, der Pionier auf diesem Gebiet, hat die Rezensionen in Zeitungen, die verschiedenen Abhandlungen und sonstigen Publikationen untersucht und ist zu zwei Schlüssen gekommen: In dem Maße, wie die Nazis an Macht gewinnen, mehren sich die Texte, in denen *Mein Kampf* als eine wichtige Quelle für Informationen über Hitler erscheint. Aber ihre Verfasser unterschätzen im Allgemeinen die Bedeutung des Buches und konstatieren nur in seltenen Fällen, dass die darin enthaltenen Ideen Wirklichkeit werden könnten.

Die Ersten, die *Mein Kampf* ernsthaft studieren, sind nicht die politischen Gegner, sondern die staatlichen Organe. Aufstieg und Stärke der Nazis erscheinen ihnen beunruhigend, also fordern sie Berichte an, um deren Absichten und die von ihnen ausgehende Bedrohung einschätzen zu können. Diese Berichte berufen sich insbesondere auf das Werk des Führers. So erscheint in dem hundertseitigen Bericht, den die preußische Polizei 1930 erstellt, *Mein Kampf* als die wesentliche Quelle für Erkenntnisse über die politischen Ziele der NSDAP. »Der Parteiführer Hitler hat sich zwar [...] in öffentlichen Äußerungen, offenbar aus taktischen Gründen, von einer offenen Propagierung der Gewaltanwendung im allgemeinen zurückgehalten. Indes zeigen zahlreiche Anhaltspunkte, daß er, wie er es in seiner Schrift ›Mein Kampf‹ niedergelegt hat [...], auch weiterhin zum gewaltsamen Vorgehen gegen den bekämpften republikanischen Staat entschlossen ist«, schließt der Berichterstatter, ohne jedoch konkrete Maßnahmen zu empfehlen.[11] Ein Beispiel für ähnliche Berichte, die zu ähnlichen Ergebnissen kommen. So geht es hoch bis ins Außenministerium, wo man sich 1931 angesichts der Unruhe, die Hitler im Ausland hervorruft, über seine außenpolitischen Ziele berät und dabei ebenfalls ausdrücklich auf *Mein Kampf* beruft. Doch all diese Untersuchungen sind zu kaum etwas nütze, da der Staat dank dem Schutz, den das allgemeine Wahlrecht der NSDAP zugesteht, nicht aktiv werden kann.

Die nichtstaatlichen Kommentatoren finden im Allgemeinen, das Buch enthülle mehr Biographisches als Programmatisches, mehr Anekdotisches als Politisches. Die Lektüre von *Mein Kampf* führt zu Schlussfolgerungen wie der: »Hitler mag niemanden. Er hat nur einen einzigen Instinkt: die Menschen zu beherrschen.«

Also konzentriert man sich eher auf die Details als darauf, sich ein Gesamtbild zu machen, so etwa der Deutsche Beamtenbund, der, gestützt auf ein Zitat aus dem Buch, die Anhänger der Partei warnt, der Nationalsozialismus stelle eine Gefahr für die Beamtenschaft dar. Oder wie das SPD-nahe Blatt, das festhält, was dieses Werk zur Lage der Frau sagt. Bei den Sozialdemokraten oder den Mitgliedern der katholischen Zentrumspartei wird der extreme Rassismus des Buches im Allgemeinen als nachrangig gegenüber den sozialen und institutionellen Vorstellungen betrachtet, die darin entwickelt werden. Die – mächtigen – Kirchen, die katholische wie die protestantische, treibt die Frage um, was Hitler über das Thema Religion schreibt. So besorgt sie angesichts der Feindseligkeit gegenüber dem Christentum sind, wie es in *Mein Kampf* und in den Reden ranghoher Nazis zum Ausdruck kommt, so gleichgültig zeigen sie sich hinsichtlich Rassismus und Antisemitismus. Ein Pastor schreibt in einem Brief an seine kirchlichen Vorgesetzten über *Mein Kampf*: »Das braucht mit persönlichem Judenhaß nichts zu tun zu haben, es ist gewissermaßen ein fachlicher Judenhaß ...« und bagatellisiert damit das Thema.

Zu erfahren, was die Christen von *Mein Kampf* halten, ist keine Nebensache: Als es gilt, sich der Euthanasie der unheilbar »Geisteskranken« entgegenzustellen, ja sogar sich zu weigern, die Kruzifixe in den bayerischen Klassenzimmern abzuhängen, tun die Kirchen das mit Entschiedenheit und Erfolg. Auf die antisemitischen Verfolgungen dagegen reagieren die einzigen Institutionen, die es neben dem Generalstab der Wehrmacht im Dritten Reich wagen können, sich Hitler zu widersetzen, die Kirchen nämlich, nur zaghaft. Tatsächlich hat der Vatikan, dessen uneindeutige Haltung gegenüber dem Nationalsozialismus bekannt ist, sich geweigert, *Mein Kampf* auf den Index zu setzen, im Gegensatz etwa zu Rosenbergs *Mythos des 20. Jahrhunderts*, wie Unterlagen aus den Archiven des Heiligen Offiziums enthüllen, die 2003 öffentlich gemacht wurden. Innerhalb der Kirchen werden nur wenige kritische Stimmen laut wie die von Pastor Becker, der seinen Oberhirten ihre Unfähigkeit vorwirft, auf den Rassismus, die Brutalität, den Schrecken und die Lügen zu reagieren, aus denen sich diese »neue Ideologie« zusammensetzt.

In Deutschland gibt es nicht allzu viele warnende Stimmen, aber es gibt sie. In einem 1932 erschienenen Essay erklärt der Politikwissenschaftler Sigmund Neumann, der später in die USA emigrieren wird, es sei schwer einschätzbar, was eine NSDAP an der Macht bedeuten könnte, da sie ja noch nie die Regierung gebildet habe; die Lektüre von *Mein Kampf* lasse allerdings darauf schließen, dass man auf eine »Durchpolitisierung aller Lebensbezirke« zugehe, obwohl auch in seinen Schriften der Antisemitismus als bloßes Randthema abgehandelt wird.[12] Der Journalist Siegfried Mette, einer der scharfsichtigsten Beobachter des politischen Lebens in Deutschland, beschreibt im Frühjahr 1932 den fanatischen Antisemitismus als die Basis des Hitler'schen Denksystems und warnt vor dem kollektiven Selbstmord, zu dem seine außenpolitischen Pläne führen würden. Doch diese kleine Schrift findet kaum ein Echo, im Gegensatz zu dem Buch von Theodor Heuss, *Hitlers Weg*, einem zu der Zeit beachtlichen Erfolg im Buchhandel. Heuss, ein Gegner des Nationalsozialismus, zitiert darin mehrmals aus *Mein Kampf*, kommt aber zu dem Schluss, dass im Vergleich zu den radikalen Ansichten in seinem Buch der Chef der NSDAP vernünftig geworden sei.

Manche Analytiker der linken Opposition zeigen sich hellsichtiger als die anderen. So greift eine von August Siemsen verfasste SPD-Broschüre zahlreiche Zitate aus dem Text heraus und stellt klar: »Diese Sprache ist so deutlich, daß nur wenig Kommentar nötig ist.« Im folgenden Jahr findet eine andere Broschüre, *Hitler gegen die Lebensinteressen Deutschlands. Der beabsichtigte Krieg gegen Frankreich, Rußland und die Randstaaten*, große

Verbreitung, die vor Hitlers Kriegsplänen gegen Russland und Frankreich warnt. Der Verfasser drückt abschließend seine Ratlosigkeit hinsichtlich der Gründe aus, die den Führer der NSDAP dazu gebracht haben, solche Pläne derart offen zu formulieren: »Da stimmt etwas nicht bei Herrn Hitler«, folgert er und bezeugt so seine Verwirrung angesichts eines bislang unbekannten Phänomens.

Aufseiten der Kommunisten, der wichtigen politischen Kraft an den Urnen wie auf der Straße, wird *Mein Kampf* kaum zur Kenntnis genommen; die KPD betrachtet die NSDAP tatsächlich als eine Partei ohne Anschauungen, ohne Prinzipien, als bloße Marionette der reaktionären deutschen Bourgeoisie. Warum sich also die Mühe machen und ihren Referenztext studieren? Die KPD, die den Nationalsozialismus nur als sekundären Gegner betrachtet – Hauptfeind ist die Sozialdemokratie –, ändert ihre Meinung erst spät: Einige der prominenten kommunistischen Vertreter decken schließlich auf, was die Nazis fälschlich als sozialistische Politik bezeichnen, mit Zitaten aus *Mein Kampf* zum Nachweis.

Die jüdischen Zeitungen und die sonstigen Publikationen, von denen es in dieser aktiven und gut organisierten jüdischen Gemeinschaft viele gibt, werden offenbar in ihrer ganzen Aufmerksamkeit und all ihren Möglichkeiten der Empörung von den alltäglichen antisemitischen Gewalttätigkeiten in Anspruch genommen, die den Aufstieg des Nationalsozialismus begleiten. Alle wissen sehr wohl, dass der Aufstieg der Nazis zur Macht einen extremen staatlichen Antisemitismus zur Folge hätte, eine grausame Unterdrückung, den Ausschluss aus der Gesellschaft. Aber genau wie die politischen und intellektuellen Kreise tut sich die Mehrzahl der Juden schwer, zwischen den Zeilen des Buches die Umrisse einer neuartigen Radikalität zu erkennen. Wie so viele andere denken und hoffen sie, dass die Nazis zur Vernunft kommen werden, wenn sie erst einmal an der Macht sind.

Manche sehen im Nationalsozialismus ohnehin nur ein Fortschreiben des an sich unverständlichen antisemitischen Wahnwitzes. Warum sich mit noch so einem antisemitischen Buch befassen, wo die Nazi-Reden doch schon omnipräsent sind, in den Zeitungen, im Radio und bei den Versammlungen?

Je näher Hitler der Macht kommt, desto mehr Aufmerksamkeit schenken seine Gegner und das politische Personal der Weimarer Republik seinen Schriften. Aber wie soll man dieses seltsame Buch interpretieren, das nicht den Mustern des politischen Denkens und der üblichen politischen Praxis entspricht? Anders gesagt, wie soll man dieses radikal neuartige, außerordentliche Machwerk einschätzen – weder ein Programm im eigentlichen Sinn noch eine richtige Biographie, romantisch und zugleich politisch? Und wie kann ein Buch, dessen Inhalt für jeden rational Denkenden an Wahnvorstellungen grenzt, schon gefährlich sein? Verdient dieses allzu verrückte, allzu vulgäre, von einer fast lächerlichen Leidenschaft erfüllte Buch überhaupt mehr als Desinteresse? Dass sie mit allen möglichen Ansichten und politischen Ausrichtungen vertraut sind, hat die Eliten der Weimarer Republik nicht hellsichtiger werden lassen; die alten Denkgewohnheiten haben sie eher blind gemacht. Wie Plöckinger zusammenfassend konstatiert: »Das war eine Frage, die man auch immer wieder gestellt hat, sehr unterschiedliche Interpretationen zum Teil. Würde er das wirklich wahrmachen, was er schreibt, oder ist das nur das Buch eines Propagandisten der Zwanzigerjahre, und die Politik würde dann ganz anders ausschauen.

Dort hat man durchaus gelegentlich sich auch etwas lustig gemacht darüber, dass, was er sich vorstellt, ist nicht machbar, das sind Hirngespinste, die in der realen Politik nicht umsetzbar waren, bis hin zu durchaus warnenden Stimmen: eine Partei und ein Parteiführer, die in der Praxis so radikal vorgehen, wären durchaus auch in der Lage, hier sehr radikale Maßnahmen zu setzen.«[13]

Der Historiker Karl Lange hat seinerzeit eine Umfrage unter Hitlergegnern durchgeführt: Vor Januar 1933 erklären 11 von 120 befragten Personen, sie hätten *Mein Kampf* vollständig gelesen, 16 teilweise. Nach 1933 werden es 61 sein, die das Buch ganz oder teilweise gelesen haben. Doch selbst wenn sie es gelesen haben, schlussfolgert Lange, so haben sie es im Allgemeinen nicht geglaubt. Dabei hatten sie doch 1933 die Reklame in der Nazi-Presse gesehen, die es sinngemäß so auf den Punkt brachte: Nur wer *Mein Kampf* gelesen hat, kennt Hitler und seine Bewegung. Dieses Buch legt den Grundstein und definiert die Ziele des Nationalsozialismus. Man hätte davon ausgehen müssen, dass auch die Nazi-Propaganda die Wahrheit sagen könnte.

Hitlers Befürchtung, zu viel gesagt zu haben, hat sich als nichtig erwiesen. In gewisser Weise hat die Strahlkraft der in *Mein Kampf* enthaltenen Behauptungen seine Zeitgenossen eher verblendet als erleuchtet. Schlimmer noch, die »Zurschaustellung« von *Mein Kampf*, zu Tausenden bei Nazi-Treffen verteilt, hat seine Tragweite bagatellisiert. Man muss sich vor nachträglichen Urteilen hüten, die den historischen Umständen nicht gerecht werden, und darf die Komplexität jener Zeiten nicht unterschätzen, die eine korrekte Interpretation von *Mein Kampf* so ungeheuer schwierig macht. Aber im Grunde kann man nicht anders als erschüttert sein über die Parallelen zwischen diesem Buch und Hitlers Schicksal: Beider Geschichte lässt sich zusammenfassen als eine ungeheure und permanente Unterschätzung.

Viel später, im Jahre 1942, als Hitler sein Land unter der Knute hält und nur noch ganz wenige Menschen es wagen, sich ihm zu widersetzen, verbreiten ein paar mutige junge Leute, die Studenten der Weißen Rose in München, ein Flugblatt, das mit folgenden Worten auf *Mein Kampf* eingeht: »ein Buch, das in dem übelsten Deutsch geschrieben worden ist, das ich je gelesen habe, dennoch ist es von dem Volke der Dichter und Denker zur Bibel erhoben worden«. In diesem Flugblatt zeichnen die Geschwister

Scholl und ihre Kameraden den Aufschwung des Nationalsozialismus nach: »Wenn sich nun am Anfang dieses Krebsgeschwür des deutschen Volkes noch nicht allzu sehr bemerkbar gemacht hatte, so nur deshalb, weil noch gute Kräfte genug am Werk waren, es zurückzuhalten.

Wie es aber größer und größer wurde und schließlich mittels einer letzten gemeinen Korruption zur Macht kam, das Geschwür gleichsam aufbrach und den ganzen Körper besudelte, versteckte sich die Mehrzahl der früheren Gegner, flüchtete die deutsche Intelligenz in ein Kellerloch, um dort [...] allmählich zu ersticken.«

# IV

# Das Buch des Dritten Reichs

## Ein Märchen

»Hitler ist Reichskanzler. Wie ein Märchen!«, notiert am 31. Januar 1933 Goebbels in sein sorgfältig geführtes Tagebuch.[1] Die NSDAP ist mit 33,1 Prozent der Stimmen zur stärksten Partei Deutschlands geworden. Reichspräsident Generalfeldmarschall Hindenburg hat Hitler in einer Koalitionsregierung soeben zum Reichskanzler ernannt. »Wir werden ihn mühelos unter Kontrolle halten«, denken sich die Konservativen von Papen, Schacht und andere. »Der da ein Reichskanzler! Allenfalls mache ich ihn zum Postminister, dann kann er mich auf den Briefmarken von hinten lecken«, so der alte, bereits kranke Hindenburg *privatim*.

Hitler als Reichskanzler, damit setzt nun eine kritische Phase ein. Auch wenn die Freiheiten von Tag zu Tag stärker eingeschränkt werden und Anfang Februar 1933 der Reichstagsbrand[2] die Repression erhöht, liegt Deutschland noch nicht unter dem totalitären Stiefel und bleibt formal demokratisch. Im März soll neuerlich gewählt werden. Hitler ist im Unterschied zu anderen Diktatoren der Moderne auf legale Weise an die Macht gelangt, nicht durch einen Glücksfall, sondern am Ende eines langwierigen demokratischen Wahlvorgangs. Den Marsch der Nazis an die Macht haben Abstimmungen, Stimmauszählungen und Wahlkämpfe und keine blutigen Schlachten gesäumt. Das heißt, mehr als in jedem anderen totalitären oder autoritären Regime spielt die öffentliche Meinung eine befremdliche Rolle. Damit erhebt sich umso bohrender die Frage nach der Verantwortung des deutschen

Volkes für den Aufstieg Hitlers an die Macht und nach dem, was es von den Hitler'schen Absichten wusste.

Die Nazi-Presse ermuntert mit klaren Worten zur Lektüre von *Mein Kampf*. Am 31. Januar 1933 lässt der Eher-Verlag in den *Völkischen Beobachter* eine Werbeannonce mit dem Titel »Das Buch des Tages: *Mein Kampf* von Adolf Hitler« drucken. Und in großen Lettern: »Was wird Hitler tun? fragen sich heute Millionen Deutsche. Um das zu erfahren, braucht ihr nur sein Buch zu lesen. Ihr lernt seine Ziele und sein Wollen kennen. Ob Freund oder Feind, niemand kann dann noch gleichgültig gegen sein Buch bleiben.« Mit anderen Worten, das Nazi-Regime antwortet öffentlich auf die Fragen der Bürger, die die genaue politische Bedeutung dieses zehn Jahre alten Buches begreifen wollen. Am 11. Dezember 1933 gibt der *Völkische Beobachter* bekannt: »[...] aber dann war es nötig, daß der große Seher aufstand [...] für heute und morgen und für alle Zeiten in einem Werke das Grundsätzliche der nationalsozialistischen Weltanschauung niederlegte [...] ist es heute [...] unentbehrlich für die Millionen [...] in die letzten Tiefen unseres Wollens einzudringen [...] Es war uns die Bibel des Nationalsozialismus, es werde jetzt die Bibel des deutschen Volkes [...].«

Und richtig, Hitlers Wahlsieg wirkt sich sichtbar auf die Verkaufszahlen aus. 1933 kaufen eine Million Deutsche das Buch, und zwar freiwillig, noch bevor der Staat seine große Kampagne zur Propagierung und Verkaufsförderung des Werkes anfährt. Gegen Jahresende halten unter Einrechnung der 300000 Käufer vor 1933 1300000 Deutsche *Mein Kampf* in ihren Händen.

Doch Besitz bedeutet nicht zwangsläufig schon Lektüre. Von 1933 an kann sich aber niemand mehr, der das Buch sein eigen nennt, der Kenntnis entziehen, dass das Buch zwar kein ausgesprochenes Programm vorlegt, wohl aber zumindest der Schlüssel zum Verständnis des Nationalsozialismus ist. Es fällt daher schwer zu glauben, diese Million Menschen, der angeboten wird, in die »Tiefen unseres Wollens« vorzudringen, hätte weder Neugier noch den Reflex oder den Willen verspürt, das Buch wenigstens aufzuschlagen. Lässt man denn angesichts einer Macht, deren tiefere Gesetzmäßigkeiten zweifelhaft und von daher angsterregend hätten erscheinen können, ein Buch im Regal stehen, von dem das Regime von sich aus schon beteuert, dass es *erhellend* sei?

Wir werden auf die Frage zurückkommen,[3] um zu erfahren, ob diese Millionen Menschen mit *Mein Kampf* in ihrem Besitz es in den Anfangszeiten des Dritten Reiches oder den Folgejahren auch gelesen und verstanden haben. Zunächst bleibt, die Kaufwelle von 1933 deutet sehr wohl darauf hin, dass das Werk für das breite Publikum nicht bloß einen symbolischen Gegenstand, nicht bloß einen Propagandaartikel darstellt. Dieses Buch wird gekauft, weil es Antworten gibt.

Während *Mein Kampf* sich zum Tagesbestseller entwickelt, die Lagerhäuser des Eher-Verlages in München ständig mit dem Druck des drohenden Ausverkaufs kämpfen und der Verlag ununterbrochen nachdrucken lässt, werden die letzten dieses Namens würdigen Wahlen abgehalten. Am 5. März 1933 gewinnt die NSDAP 43,9 Prozent der Stimmen, etwa 12 Millionen Wähler. Am 22. März öffnet das KZ in Dachau, am 23. März erhält Hitler die volle Macht, am 7. April schließen die ersten Rassengesetze die Juden aus den öffentlichen Funktionen aus, am 22. Juni wird die SPD verboten und am 14. Juli die NSDAP zur Einheitspartei erklärt, am 12. November verlässt Deutschland im Anschluss an ein Referendum den Völkerbund, Vorgänger der heutigen UN.

Das Vorhaben, das in *Mein Kampf* angekündigt ist, wird Wirklichkeit.

## »Das Buch des deutschen Volkes«

Kaum an die Macht gelangt, werfen die Nazis ihre Propagandamaschinerie an. Sie wollen das Werk des Führers unters Volk bringen. Alle Möglichkeiten des modernen Marketings werden eingesetzt. Die Zahlen der Anzeigen in den Tageszeitungen steigen um ein Vielfaches. Ein auffallendes Beispiel zeigt die fett schwarz umrandete Anzeige von *Mein Kampf* neben der Anzeige für eine Singer-Nähmaschine. Auch das Kino wird nicht vergessen. In den Lichtspielhäusern läuft ein Propagandafilm. Man sieht nacheinander gewöhnliche Deutsche, von der Hausfrau und Mutter über den Arbeiter und den Bauern bis zum Greis, alle vertieft in die Lektüre des Buches. »*Mein Kampf* ist der Grundstein für das deutsche Haus, für immer das Lebensbuch des deutschen Volkes«, skandiert rhythmisch zu Musik die Stimme aus dem Hintergrund. Plakate werden gefertigt, und anlässlich der alljährlich organisierten »Woche des deutschen Buches« tauchen Wandreklamen auf, die zwei, drei Meter hohe Exemplare abbilden.

Über die gesamte Zeit des Dritten Reiches treibt der Eher-Verlag, mittlerweile ein bewaffneter Arm des Regimes geworden, die Deutschen zum Kauf von *Mein Kampf*, wenn sie nicht ohnehin schon geradewegs dazu gezwungen werden. So drückt eine politische Entscheidung die Verkaufszahlen nach oben: Von 1936 an äußert der Innenminister offiziell »seinen Wunsch«, jedem Brautpaar möge ein Exemplar von *Mein Kampf* überreicht werden. Genau genommen sind es die Gemeindeverwaltungen, die das Buch im Eher-Verlag kaufen und danach an die jungen Brautleute verteilen. Ins Buchinnere hat sich üblicherweise folgender Spruch eingeschlichen: »Dem jungen Paar mit allen guten Wünschen überreicht durch das Standesamt von …« Zwischen 800 000 und vier Millionen Exemplare sollen auf diese Weise verteilt worden sein. So kann man in einem Familienalbum auf ein Schwarzweißfoto stoßen, in dem ein etwas verlegenes junges Paar auf den Treppenstufen des Rathauses den Fotografen anlächelt. Die Braut ist in ein langes weißes Kleid mit pelzverbrämtem Kragen gekleidet, der Bräutigam trägt einen dunklen Anzug mit einer Blume am Revers. Ein Hochzeitsfoto wie viele andere, bis auf ein Detail: der Mann hält ein Exemplar von *Mein Kampf* in seinen Händen. Dabei ist er kein Nazi. Tausende Aufnahmen wie dieses hier verstauben auf den Speichern.

Der Grund für diese Entscheidung ist, wie Othmar Plöckinger nachweist, nicht frei von prosaischen Hintergedanken: Der Eher-Verlag hat inzwischen mit einer Situation der Überproduktion zu kämpfen und sucht nach Mitteln und Wegen, um die Bestände abzustoßen. Den Gemeinden, wäre anzumerken, steht es immerhin frei abzulehnen. Was übrigens einige auch tun, unter dem Vorwand, sie hätten nicht genug Geldmittel. So zum Beispiel der Leipziger Oberbürgermeister Karl Goerdeler, der im Juli 1944 am Hitlerattentat mitwirken wird.

Eher-Verlag und Reichsverwaltung drängen auch die öffentlichen Bibliotheken zum Buchkauf, desgleichen die Mitglieder der NSDAP. Von den inzwischen zehn Millionen Parteigenossen wird eine minimale Kenntnis von *Mein Kampf* verlangt. Die Behörden üben ihrerseits allen möglichen Druck auf die Beamten aus, damit sie das Buch kaufen. Wer in der Wehrmacht eine größere Anzahl Beamte befehligt, unterliegt zwar keiner Pflicht zum Besitz von *Mein Kampf*, doch verfügt der Reichswehrminister Werner von Blomberg: »Es würde eine Unmöglichkeit bedeuten, wenn heute noch ein Offizier nicht einmal das grundlegende Buch ›Mein Kampf‹ des Führers gelesen haben sollte«.[4] Er trägt sich sogar mit dem Gedanken, alle Soldaten zur Lektüre des Buches zu verpflichten. Angesichts der geringen Begeisterung auf sämtlichen Ebenen der militärischen Führung muss er sich allerdings damit begnügen, es nur von allen Militärbibliotheken ankaufen zu lassen.

Unternehmen, die auf Anklang beim Regime bedacht sind, erwerben ganze Lager, um das Buch ihren Angestellten anzubieten. Krupp organisiert Zeremonien für die Überreichung des Buches; in der Commerzbank wird einem Beschäftigten bei seiner Verabschiedung in den Ruhestand feierlich ein Exemplar des Buches überreicht – mit dem kleinen Eintrag: »Herrn … mit Dank für viele Jahre treuer Mitarbeit«. Im Juli 1934 ordnet die Leitung der Reichsbahn an, den Angestellten möge ein Exemplar des Buches zum Zeugnis ihrer Verdienste ausgehändigt werden.

Der Eher-Verlag bemüht sich sodann, sein Angebot breiter zu fächern. Bis zum Herbst 1944, dem Zeitpunkt für die letzte Drucklegung des Buches, werden zig verschiedene Ausgaben die Druckerpressen verlassen. Außer der klassischen kartonierten Ausgabe gibt es Taschenbuchausgaben, Luxusausgaben – in Leder oder auch in Leinenflechtarbeit gebunden –, Prestigeausgaben mit Marmordeckel für die Nazi-Eliten und die besonders für Soldaten entwickelten Feldausgaben mit einer Auflage von 850 000 Exemplaren. Die Preise sind allen Käuferschichten angepasst, von nur ein paar Mark für die Taschenbuchausgabe, 5,70 Mark für die kartonierte Ausgabe, 24 Mark für ein Luxusexemplar in Leder oder dann mehrere hundert Mark für die prunkvollsten Ausgaben.

Keiner wird vergessen. Sogar an die Menschen mit körperlicher Behinderung, die – im Gegensatz zu den geistig Behinderten – nicht als »Volksschädlinge« gelten, denkt manch mildtätige Seele: Von 1933 an wird *Mein Kampf* in einer sechsbändigen Ausgabe in Blindenschrift aufgelegt. Ein merkwürdiges Objekt, das man heute in der Bayerischen Staatsbibliothek von München einsehen kann.

Am 13. Februar 1939 verkündet ein Rundschreiben der Parteikanzlei: »Die weitmöglichste Verbreitung des Buches ›Mein Kampf‹ ist vordringlichste Pflicht aller Stellen der Partei, ihrer Gliederungen und angeschlossener Verbände. Es ist anzustreben, daß eines Tages jede deutsche Familie, auch die ärmste, des Führers grundlegendes Werk besitzt«.

Kein Wunder also, dass sich die Verkaufszahlen überschlagen. 1938 feiert ein Plakat »Das Buch der Deutschen« und erhebt Anspruch auf bereits 4 Millionen verkaufte Exemplare. In einer

Rede vor Repräsentanten aus Kunst und Literatur gerät der Reichspropagandachef Goebbels in Verzückung: »Und heute mutet es uns fast wie ein Wunder an, daß dieses Werk von einem Einsamen, auf dem kleinen Tisch in einer Festungszelle geschrieben, zum größten Bucherfolg aller Zeiten geworden ist.« Am Ende des Dritten Reiches werden gemäß den von Othmar Plöckinger ermittelten Zahlen um 12450000 Exemplare von *Mein Kampf* verkauft worden sein. Eine kolossale Zahl, weit höher, als man bisher veranschlagte, denn die Historiker hatten sich bisher auf 10 Millionen verkaufte Exemplare verständigt.

## Will Hitler wirklich gelesen werden?

Stets bestrebt, die Leserschaft zufriedenzustellen und die Verkäufe zu steigern, offeriert der Eher-Verlag kleine Broschüren mit Auszügen aus *Mein Kampf*. Während dieser Handel blüht – es werden 500000 Exemplare von *Das Volk und die Rasse: Auszüge aus Mein Kampf*, eine 1936 veröffentlichte Broschüre von ungefähr 50 Seiten abverkauft –, trifft Hitler eine auf den ersten Blick überraschende Entscheidung: Er lässt jede Teilveröffentlichung seines Buches untersagen. Der Verkauf der Broschüren wird eingestellt.

Der Chef des Dritten Reiches will beim breiten Publikum eine zu genaue, vertiefende Lektüre seines initiatorischen Textes augenscheinlich vermeiden. Er möchte Herr seiner Politik bleiben, frei, um nötigenfalls geschickt zu lavieren.

Wie bereits erwähnt, beunruhigt ihn die Vorstellung, sein Buch könnte zu weite Verbreitung finden. Seine kolportierte Äußerung – »Das […] weiß ich, wenn ich 1924 geahnt hätte, Reichskanzler zu werden, dann hätte ich das Buch nicht geschrieben«[5] – nimmt im Licht verschiedener Faktoren im Dritten Reich eine besondere Bedeutung an.

Zunächst durch das Wesen des Nazismus. Wiewohl jede Opposition, jede Kritik am Regime, jeder unpassende Satz gewaltsam unterdrückt wird, unterliegt hingegen niemand dem Zwang, Nazi zu werden. »Bei ihrer erfolgreichen Manipulation der öffentlichen Meinung bedurften die Nationalsozialisten keines umfassenden Terrors gegen die Bevölkerung, um das Regime zu etablieren. Sie brauchten Terror kaum in dem Umfang anzuwenden, wie die Macher der großen modernen Revolutionen etwa in Frankreich, Russland oder China. Viele Deutsche sagten ja, nicht weil sie seelenlose Automaten gewesen wären, sondern weil sie sich von den Vorteilen Hitlers und den ›positiven‹ Seiten der neuen Diktatur überzeugt hatten«, stellt der Historiker Robert Gellately fest,[6] während Martin Broszat von »der Verbindung von diktatorischer Staatsmacht und plebiszitärer weltanschaulicher Massenbewegung«[7] spricht, die auf die öffentliche Meinung bedacht und in auffälliger Weise um die Popularität ihres Chefs bemüht sei. Das also ist das spezifische und im historischen Rückblick auch schwer fassbare Wesen des totalitären Nazismus. Im Gegensatz beispielsweise zum sowjetischen Kommunismus, der – mit Ausnahme des speziellen Falls der Jugend, den wir später noch einmal aufgreifen werden – eine Gesellschaft vollendeter Kommunisten formen will, ruht das Nazi-Regime auf der freiwilligen Anhängerschaft: Niemand ist gezwungen, Mitglied der NSDAP zu werden, und niemand ist grundsätzlich verpflichtet, *Mein Kampf* zu lesen. Das Buch zu verbreiten, zielt auf Überzeugung hin, nicht darauf, die Massen zur Hitler'schen Ideologie zu bekehren. Von der breiten Masse wird keinesfalls erwartet, dass sie das Buch passagenweise herunterzubuchstabieren oder gar auswendig herzusagen weiß. *Mein Kampf* stellt vor allem ein durchdachtes, auf überzeugte Nazis ausgerichtetes Propagandawerkzeug dar.

In Wirklichkeit drückt sich in der massiven Verbreitung des Buches ein Kult der Persönlichkeit – mit Hitler als Kultfigur – aus.

Das Buch des Führers ist ein Symbol der Anhängerschaft und der Liebe zum »Chef des neuen Deutschland«.

Dieser Kult entsteht nicht allein durch Propaganda: über nahezu die gesamte Zeit seines Regimes hin genießt Hitler enorme Popularität. Wäre zwischen Ende 1933 und Ende 1943 ein Referendum durchgeführt worden, hätte ihn die Mehrheit der Deutschen, soviel scheint sicher, wiedergewählt. Zu diesem Schluss kommen die Historiker. Allen voran zeigt Ian Kershaw in seinem grundlegenden Werk *Der Hitler-Mythos*, dass Hitler mit den Jahren in wachsendem Maß von seinem Volk vergöttert wird. 44 Prozent der Deutschen haben bereits 1933 für Hitler gestimmt. Danach »gewann Hitler in den folgenden drei Jahren vor dem Hintergrund einer scheinbar vollständigen Wiederbelebung der deutschen Gesellschaft jene ›Mehrheit der Mehrheit‹ für sich, die 1933 nicht für ihn gestimmt hatte«, schreibt der englische Historiker.

Als weitere Gründe für dieses Phänomen zählen seine Erfolge in der Außenpolitik, die Deutschland wieder im Glanz erstehen lassen, und seine Umsetzung des Sozialstaats. Doch sind die Deutschen in ihrer großen Mehrheit keine radikalen Antisemiten, sie wollen auch keinen Krieg und hängen damit den Hauptthesen von *Mein Kampf* nicht an. Ob es nun um die Besetzung des Rheinlands, den Anschluss[8], die Sudetenkrise[9] oder den der Offensive von 1941 vorausgehenden Sitzkrieg geht, die Deutschen zeigen sich entsetzt über die Vorstellung eines Krieges und wollen Frieden, wie es die Freudenbekundungen in München oder Berlin nach der Unterzeichnung des Münchner Abkommens bezeugen. Zur selben Zeit behauptet Hitler von einer Rede zur nächsten, dass er sich nur und vor allem Frieden wünsche, dass er keinen Krieg mit den Westmächten möchte.

Während des Frankreichfeldzugs oder des mörderischen Überfalls auf die UdSSR wünscht sich die deutsche Bevölkerung, wenn auch stolz über die Leistungen der Armee und empfänglich für den Machtaufstieg Deutschlands, deshalb nicht weniger einen raschen Frieden.[10] Auch da bemüht sich der an der Volksstimmung orientierte Führer zu erklären, dass er sich Frieden über alles wünsche und sich das Land nur gegen seine Aggressoren verteidige. Der Wirklichkeit zum Trotz erklärt er, die UdSSR habe Deutschland angegriffen. »Das massenwirksame Propaganda-Image Hitlers war, so unwahrscheinlich dies klingt und so sehr es seiner wirklichen Gesinnung widersprach, nicht nur das einer um die Wiederbelebung der deutschen Größe, sondern auch um die Erhaltung des Friedens besorgten Führers«, schreibt Kershaw.[11] In diesem Hiatus offenbart sich eine klare Strategie des Führers. Während er vom Frieden spricht wie bei der Ratifizierung des Münchner Abkommens von 1938, hält er zum selben Zeitpunkt vor den Chefredakteuren der Nazi-Presse eine geheime Rede. »Nur unter der fortgesetzten Betonung des deutschen Friedenswillens und der Friedensabsichten war es mir möglich, dem deutschen Volk Stück für Stück die Freiheit zu erringen und ihm die Rüstung zu geben, die immer wieder für den nächsten Schritt als Voraussetzung notwendig waren«, vertraut er ihnen an.[12] »Diese Leute wollen ja alle nicht mehr Krieg und Größe. Aber *ich* will den Krieg. Mir wird jedes Mittel recht sein«, soll er vor Getreuen geäußert haben, unter ihnen Hermann Rauschning, ein Nazi-Chef, der später in die Opposition überwechselt.[13] Von diesen Äußerungen wissen die Deutschen nichts.

Hitler befürchtet also, der um seine Person entstandene Mythos könnte erschüttert werden, wenn die Deutschen zu viel Aufmerksamkeit auf den Inhalt seines Buches richten, auf jene Seiten, in denen seine kriegerischen Absichten durchscheinen, auf denen er die Apologie des Krieges betreibt und den Deutschen »schreckliche Kämpfe« und die »Tränen des Krieges« prophezeit.

Es wird nun verständlicher, warum sich der Führer gegen die auszugsweise Veröffentlichung seines Buches sträubt. Sie würde ihn dem prüfenden Blick des breiten Publikums aussetzen. *Mein Kampf* soll ein Ganzes, ein Kultobjekt, eine Art Bibel bleiben, und seine Lektüre gesteuert erfolgen. Eine Verschwörung am helllichten Tag, sicher, deren Überbelichtung jedoch eher *blenden* denn die Absichten ihres Autors *erhellen* soll. Doch selbst wenn *Mein Kampf* zu viel von diesen Absichten enthüllte, könnten die Leser sie trotzdem gleichgültig verkennen, im Herdentrieb aus Angst vor Unterdrückung verdrängen oder vor den Schwierigkeiten, ein undurchsichtiges Regime in seinen Absichten auszuloten, resignieren. Solche Reaktionen wären für Hitler die Gewähr, schließlich doch nach Lust und Laune zu regieren und seine Landsberger Ideen ins Werk zu setzen. Das also heißt Nazi-Totalitarismus: die Fähigkeit, über die Hirne der Bevölkerung bis an die Schwelle zu verfügen, an der sich eventuelle Widersprüche zwischen der »Nazi-Bibel« und den offiziellen Reden von selber auflösen.

## Ein pädagogisches Werkzeug

Bei einem Besuch in Siemensstadt während des Wahlkampfes am 10. 11. 1933 sieht sich Hitler der Feindseligkeit eines Teils der Arbeiterschaft gegenüber. Die Belegschaft buht ihn aus und hindert ihn an seiner Rede. Erbost schreit er ihnen entgegen: »ich weiß […] Und wenn links und rechts Verbockte dastehen und sagen: ›Aber uns bekommt ihr nie‹, dann sage ich, das ist uns gleichgültig, aber eure Kinder bekommen wir!«

Einige Zeit später fällt eine der symbolträchtigsten Entscheidungen: Landsberg wird öffentlich zur »Hauptstadt der Reichsjugend« bestimmt, und im Lauf der Jahre werden Tausende junger Leute auf Pilgerfahrt durch den Ort defilieren. Das Buch des Führers wird ihnen üblicherweise auf dem großen Marktplatz der Stadt, manchmal unmittelbar vor dem Gefängnis, feierlich überreicht. Es kommt aber auch vor, dass die jungen Leute bis in die Zelle des Führers gebracht werden. Dort unter Hitlers Foto neben seinem Bett und dem kleinen Tisch mit der auf ihm thronenden

Remington-Schreibmaschine wird ihnen das Buchexemplar überreicht. Sogar ein Propagandafilm, *Der Marsch zum Führer*, wird dort gedreht. Er zeigt die Hitlerjugend – dieser Organisation anzugehören, wird den jungen Deutschen zunächst nur mit großem Nachdruck empfohlen, ab 1938 sind sie dazu verpflichtet – in ganzen Kolonnen Deutschland durchqueren und in Landsberg zusammentreffen, wo sie im Schein von Fackeln mit der Hand auf dem Buch den Treueeid leisten.

Die einfachen Deutschen in überzeugte Nazis zu verwandeln, hat das Regime nie interessiert. Die Jugend hingegen wird als Eldorado angesehen, das es um jeden Preis zu erobern gelte. Den neuen Deutschen formt man in einem Alter, in dem er tatsächlich anpassungsfähig ist. Einigen Ausdruck dafür geben der Lebensborn, die Zentren zur Erzeugung »arischer« Säuglinge, und die Rekrutierung der Hitlerjugend.

Im Übrigen erklärt Hitler in seinem Buch, bis zu welchem Punkt ihm die Indoktrinierung der Jugendlichen wesentlich erscheint, und erörtert sogar ausführlich verschiedene Methoden, um dies zu erreichen. »Vor allem wenden wir uns an das gewaltige Heer unserer deutschen Jugend. Sie wächst in eine große Zeitwende hinein, und was die Trägheit und Gleichgültigkeit ihrer Väter verschuldete, wird sie selbst zum Kampfe zwingen. Die deutsche Jugend wird dereinst entweder der Bauherr eines neuen völkischen Staates sein, oder sie wird als letzter Zeuge den völligen Zusammenbruch, das Ende der bürgerlichen Welt erleben.« (2/39) »Sicher aber geht diese Welt einer großen Umwälzung entgegen. Und es kann nur die eine Frage sein, ob sie zum Heil der arischen Menschheit oder zum Nutzen des ewigen Juden ausschlägt. Der völkische Staat wird dafür sorgen müssen, durch eine passende Erziehung der Jugend dereinst das für die letzten und größten Entscheidungen auf diesem Erdball reife Geschlecht zu erhalten.« (2/63)

In dieser Sichtweise wird die Bildung zur entscheidenden Frage.

»Es soll kein Knabe und kein Mädchen die Schule verlassen, ohne zur letzten Erkenntnis über die Notwendigkeit und das Wesen der Blutreinheit geführt worden zu sein« (2/64), schreibt Hitler.

Die Nazi-Behörden versuchen nun also, *Mein Kampf* in die Schulen einzuführen. Nicht ohne Schwierigkeiten. So gelingt es ihnen nicht, das Buch auf die Liste der Werke setzen zu lassen, deren Ankauf durch die Schulbibliotheken Pflicht ist. Doch wenn auch die Lehrerschaft noch einigermaßen Herr der Inhalte ihres Unterrichts bleibt, in dem Maße, wie sich die Gesellschaft gleichschalten lässt, wie die Lehrer selber in den Griff der Nazi-Lehrerverbände geraten, dringt *Mein Kampf* schließlich doch in die Schulklassen ein.

1934 ordnet das Reichserziehungsministerium an, das Buch möge in den Darstellungen über Vererbung und Demographie Erwähnung finden. Darüber hinaus weisen auch die schulischen Lehrbücher – unter dem Zwang, germanisch »korrekte« Stoffe zu unterrichten – häufig Zitate aus *Mein Kampf* auf.

Wie für die Erwachsenen kommt auch für die Jugend zahlreicher Ersatz für *Mein Kampf* auf den Markt. Diese kürzeren, spezieller zugeschnittenen Ausgaben bieten sich anstelle der trockenen Lektüre an, die ein Text von 700 Seiten für ein junges Publikum bedeuten mag. Eine Broschüre von Paul Sommers, *Erklärungen zu Mein Kampf*, herausgegeben 1933, ist eigens für den schulischen Rahmen bestimmt. Es werden Bilderbücher für Kinder gedruckt, die Zitate aus Hitlers Buch enthalten. Um die Forderung nach Lebensraum zu stützen, wird die *Bauernsaga* zur Lektüre ausgegeben, ein Fresko, das unter dem unmittelbaren Eindruck von *Mein Kampf* die deutsche Siedlungsgeschichte erzählt, oder das Bilderbuch *Trau keinem Fuchs auf grüner Heid und keinem Jud auf seinen Eid*, das der Jugend die antisemitischen Theorien Hitlers nahebringt. Andere Bilderbücher wie *Mutter, erzähl uns Adolf Hitler* von Johanna Haarer greifen die idealisierte Autobiographie auf, wie sie Hitler in seinem Buch schildert.

Bei den Jugendlichen trumpft *Mein Kampf* in Gestalt einer verkürzten, zugänglichen Form: denn erzählt das Werk nicht im Grunde die Kindheitsgeschichte und die Bildungsjahre eines jungen Mannes? In jedem Fall bezweifeln die Nazis nicht, dass es sich hierbei um hervorragendes pädagogisches Material handelt. Als sie sehr viel später 1940 Luxemburg besetzen, das damit deutsches Territorium wird und nun dringend gleichgeschaltet werden muss, schicken die Behörden am 22. Mai 1941 ein Rundschreiben an die Schulen: »Auf Anordnung des Gauleiters sind sämtliche Lehrkräfte verpflichtet, das Buch des Führers *Mein Kampf* bis zum 1.VI.41 zu kaufen. Bis zum 1.IX.41 ist mir eine schriftliche ehrenwörtliche Erklärung jeder einzelnen Lehrkraft vorzulegen, daß sie es gelesen hat.«[14] Ebenso geschieht es in den beiden annektierten Gebieten Elsass und Lothringen, wo das Werk – grundsätzlich – in den Schulkanon eingegliedert ist.

In der Hitlerjugend erlebt *Mein Kampf* seinen strahlendsten Erfolg. Millionen Mitglieder der Organisation nehmen einmal wöchentlich an Heimatabenden, einer Art Abendschule, teil: Die Ausbilder zitieren dort häufig aus dem Buch und erzählen verschiedene Episoden aus dem Leben des Führers. Auch dass Auszüge aus *Mein Kampf* gemeinsam gelesen werden, kommt vor. Die Ortsgruppen der Hitlerjugend mit den meisten Verdiensten nehmen ihrerseits an mehrtägigen Seminaren teil, in denen *Mein Kampf* ein wichtiges Studienobjekt abgibt.

In den 1930er Jahren läuft die Rekrutierung der Hitlerjugend auf Hochtouren, ohne dass die Rolle von *Mein Kampf* in diesem Ausbildungsprozess damit genau ermessbar wäre. Die Begeisterung der deutschen Jugend für Hitler, die Kinder, die ihre Eltern denunzieren, die Jugendlichen, die sich gegen Kriegsende für ihren Führer aufopfern wollen, legen Zeugnis dafür ab.

## Der Führer des vollendeten Nationalsozialisten

Hermann Göring kokettiert mit der Kamera. Der Reichsluftfahrtminister posiert vor einer meterhohen Marmornachbildung von *Mein Kampf*. Mit dieser Geste möchte er seine Verehrung für das Werk seines Herrn ausdrücken. Das Foto wird 1935 im *Völkischen Beobachter* abgedruckt. Im selben Jahr erklärt der zukünftige Reichsmarschall in einer Rundfunkrede: »*Mein Kampf* ist unsere Bibel«. Und nimmt damit eine Redewendung auf, die lange Zeit eine sarkastische Bemerkung der Nazi-Opposition gewesen war.

Neben der Jugend bilden die Nazi-Sympathisanten und die militanten Nazis die andere soziale Gruppe, in der sich der Einfluss von *Mein Kampf* am deutlichsten niederschlägt.

Im Inneren der Partei und den verschiedenen Nazi-Organisationen steht das Buch natürlich als unumgänglicher Bezugspunkt im Mittelpunkt des Geschehens. Es taucht im Programm zahlreicher Ausbildungsseminare der Parteizellen, der Schulungslager, auf. In diesen Ausbildungslagern stellen sich regelmäßig Parteimitglieder der NSDAP ein, die immerhin auf ungefähr zehn Millionen Anhänger angewachsen ist. Wie die Untersuchungen des Nürnberger Prozesses belegen, waren öffentliche Lesungen von *Mein Kampf* angeordnet, nach Zeugenangaben erfolgte aber eher selten die Lesung des gesamten Buches. Desgleichen wird das Werk häufig in den Truppenreden der Befehlshaber von SA und der SS zitiert und ist in verschiedenen Rekrutierungsprüfungen Gegenstand der Befragung. Kurz gesagt, es liegt im Zentrum des Regimes. Jeder gute Nationalsozialist, jeder junge Mann oder jede junge Frau mit Ambitionen und Karrierewünschen ist es sich schuldig, das Buch gut zu kennen, wenn sie es nicht ohnehin schon zur Gänze durchgelesen haben.

Weniger als ein Werkzeug für den massiven Propagandaeinsatz, zielt *Mein Kampf* taktisch auf die »Papiernazis«. Das sind die treibenden Kräfte des Nationalsozialismus, die kleinen Intellektuellen und andere Kleinbürger mit hinreichend Bildung, um einen Text von 700 Seiten zu lesen. Die dickfelligen Naturen begnügten sich mit Zitatsammlungen und Auszügen, wie sie von Zehntausenden der »kleinen Führer«, die Deutschland flächendeckend kontrollierten, gelesen werden. Im März 1933 erlässt der neue Ministerpräsident des Volksstaates Hessen einen Regelkodex, der fortan bei Schriftstellern und Journalisten Anwendung finden solle, die in dem neuen Reich ihr Arbeitsrecht ausübten. Wer nicht *Mein Kampf*, besagt eine dieser Vorschriften, auf seinem Arbeitstisch stehen habe, der fehle gegen seinen Pflichten an Volk und Beruf.

Darüber hinaus stellt *Mein Kampf* das Geschenk der Wahl dar, das sich die Regimekader bei verschiedenen Anlässen überreichen: Weihnachten, Beförderung, Geburten, wie es die vielen nach dem Krieg aufgefundenen Exemplare mit Widmungen bezeugen. Hitler selbst verschenkt sehr häufig handsignierte Exemplare seines Buches an Menschen, die er belohnen möchte.

Welchen Einfluss hat *Mein Kampf* auf die Nazi-Eliten ausgeübt? Bei dieser Frage muss die nahezu heilige Aura, die das Werk innerhalb der Bewegung umgibt, in Beziehung zu den besonderen Machtstrukturen des Dritten Reiches gesetzt werden.

1934 wird das Prinzip der Autorität innerhalb des Nazi-Regimes theoretisch gefasst: »ist es die Pflicht eines jeden, zu versuchen, im Sinne des Führers ihm entgegen zu arbeiten«. Es ist das nationalsozialistisch juristische Führerprinzip, das darin besteht, »dem Führer entgegen zu arbeiten«, wie es Kershaw beschreibt.[15] Jeder Verantwortliche verfügt über einen gewissen Handlungsspielraum, über eine gewisse Autonomie, an ihm ist es dann, die Entscheidungen zu treffen, die mit der vom Führer definierten Linie übereinstimmen. Regionalleiter, hohe Beamte in besonderem Vertrauensverhältnis, Parteiführer oder die Verantwortlichen des Staates im Staat, den die SS darstellt, sie alle gehorchen de facto diesem Prinzip, das im Verlauf der Jahre und in dem Maße erstarkt, wie der Staat wächst.

Hitlers Willen – den er namentlich in seinem Buch ausgedrückt hatte – zu interpretieren, ohne dass er ihn klar ausspräche, wird in diesem Rahmen wesentlich. Es ist ein Faustpfand für Machtgewinn, denn die verschiedenen Verwaltungen liefern sich untereinander heftige Konkurrenzkämpfe. Entgegen einer überkommenen Vorstellung ist das Nazi-Regime ziemlich schlecht organisiert, vor allem in der Zeit kurz nach Kriegsausbruch, als sich Deutschland unerwartet einem riesigen territorialen Zuwachs gegenübersieht, den es nun zu verwalten gilt. Anstatt eine kohärente Struktur aufzubauen, gründet Hitler punktuell in dem Maße, wie sich die Schwierigkeiten einstellen, ex novo neue Verwaltungen, die sich je nachdem gegenseitig ergänzen, untereinander Konkurrenz machen oder doppeln.

Eine der Möglichkeiten, den Willen des Führers zu interpretieren, besteht darin, den Text heranzuziehen, von dem es heißt, dass er diesen Willen ausdrückte. So bekämpfen sich die Regimeanhänger gegenseitig also mit Zitaten aus *Mein Kampf*. Da die Verwaltungen aber, wie Plöckinger aufdeckt, wenn es ihnen um die Abfassung von Gesetzen oder Befehlen geht, sich immer eifriger auf *Mein Kampf* berufen, um rivalisierenden Organisationen den Boden unter den Füßen wegzuziehen, sieht sich die Nazi-Partei schließlich zur Einrichtung einer Kommission gezwungen, die zwischen dem, was aus dem Buch stammt, und dem, was der Phantasie eines hastigen Exegeten entsteigt, unterscheiden soll.

Den Wünschen des Führers entgegenarbeiten: Nirgendwo ist dies virulenter, als wenn es darum geht, die Vernichtung der Juden ins Werk zu setzen. Hitler gibt keine präzisen Direktiven. Die meisten jüngeren Arbeiten, schreibt Philippe Burrin im Juni 1997 in *Le Monde diplomatique*, verwerfen die Idee eines alleinigen Befehls von Hitler. Für sie stellen sich die Weichen allmählich in die Vernichtung um auf einen Pfad gepflastert mit Initiativen vor Ort und Ad-hoc-Entscheidungen an der Spitze. Ein Pfad, der sich von Anfang 1941 bis in die Jahresmitte 1942 hineinzieht, als die Massenvergasungen in Auschwitz einsetzen und SS-Chef Heinrich Himmler schließlich befiehlt, auch die Juden im arbeitsfähigen Zustand zu vernichten. So zeige sich klar, bis an welchen Punkt der Genozid das Ergebnis vielfältiger, oft bruchstückhafter Beiträge war, die sich lediglich aufsummiert, sich regelrecht zusammengesetzt hätten, schließt Philippe Burrin.[16]

*Mein Kampf* und Hitler beeinflussen die gesamte Kette der Vernichtung. Wenn die historischen Ereignisse – Kriegseintritt der USA und der Feldzug gegen Russland – die Radikalisierung der antijüdischen Politik verursachen, so ist das diese Radikalisierung begründende genau das in *Mein Kampf* dargelegte Leseraster: Eigentlich würden die Juden die Handlungen der Vereinigten Staaten entscheiden und Russland und der Kommunismus unter ihrem Machteinfluss stehen und die Menschheit bedrohen. Himmler, der die Massaker anordnet, Göring, der Heydrich beauftragt, »für die Judenfrage die Endlösung« umzusetzen, die vielen Hunderte von Beamten, die in die Organisation der Schoah verwickelt sind, alle kennen sie den Willen des Führers von Deutschland. Und seine Wünsche zählen mehr als alles andere. So wird 1944 die Judenvernichtung als vordringlicher gegenüber militärischen Überlegungen behandelt: Die Deportationszüge zu den Lagern erhalten Vorrang gegenüber den Armeekonvois, zu einem Zeitpunkt, an dem das Land dem Druck der alliierten Mächte gegenübersteht.

Hitler wird bis zum Ende seinen in *Mein Kampf* dargelegten Vorstellungen treu bleiben.[17] Er will die Juden ausschalten, koste es, was es wolle, zuweilen sogar gegen die Ansichten einiger seiner Getreuen, die ihm aus strategischen Gründen zu einer gewissen Zurückhaltung raten.[18]

Man sollte sich natürlich vor zu einfachen Erklärungen hüten: *Mein Kampf* stellt nur ein Element unter vielen im Nazi-System dar. Der zum Dissidenten gewordene, vormalige Nazi Otto Strasser hat von mehreren Offizieren berichtet, die ihm gestanden hätten, niemals das Werk gelesen zu haben. Einige SS-Führer sähen in ihm nicht mehr als einen wenig stichhaltigen Propagandatext und zögen ihm Alfred Rosenbergs in ihren Augen weitaus seriöseren *Mythos des 20. Jahrhunderts* vor.[19] Überdies sei die Ideoloie – wie die Philosophin Hannah Arendt hervorgehoben hat – keineswegs die einzige Komponente des Totalitarismus. Beim Eichmann-Prozess in Jerusalem werden die Befragungen ergeben, dass Eichmann, einer der Hauptbeteiligten an der »Endlösung«, nicht ein einziges Mal das Buch des Führers aufgeschlagen haben soll. »Sein Eintritt 1932 in die SS geschieht weder als Frucht einer über lange Zeit hin gereiften Überlegung noch infolge einer tiefen ideologischen Übereinstimmung. Er wird Nazi, ohne zu wissen, warum, und er wird sich in ein exemplarisches und banales Erzeugnis des Dritten Reichs wandeln«, stellt in der Nachfolge von Hannah Arendt die Historikerin Annette Wieviorka in *Der Eichmann-Prozess* fest.[20]

Gleichwohl scheint es, wenn auch ohne Anspruch auf wissenschaftliche Wahrheit, mehr als wahrscheinlich, dass *Mein Kampf* insofern dazu beigetragen hat, das Denken der vielfältig Mitwirkenden an der »Endlösung« zu beeinflussen, als er ihnen die ideologischen Gründe für ihre Verbrechen an die Hand gegeben hat. 1946 täuscht sich das Nürnberger Gericht nicht über den ideologischen Wert des Werks: Es nutzt *Mein Kampf* wie einen Beweis zu Lasten der Angeklagten, der Führergestalten des Nazi-Regimes.[21]

## *Mein Kampf* in einer Synagoge

Am 10. November 1938, am Abend der »Kristallnacht«, trifft ein behördlicherseits organisiertes Pogrom die jüdische Gemeinde von Baden-Baden im Südwesten Deutschlands. Wie überall im Land werden Geschäfte zerstört, Menschen belästigt oder gedemütigt, dutzendweise getötet, dann zu Tausenden verschleppt. In Baden-Baden beschließen bewaffnete Nazis, sich an einem grausamen Spiel zu vergnügen. Sie versammeln ihre Getreuen in der alten Synagoge der Stadt. Die Handlanger der Nazis zwingen Doktor Flehinger, eine angesehene Persönlichkeit der jüdischen Gemeinde, zur *Teba* zu gehen, hinter der gewöhnlich der Rabbi steht, und von dort den Juden der Stadt aus *Mein Kampf* vorzulesen. Die »Nazi-Bibel« verdrängt die heiligen Texte des Judaismus, das scheint in den Augen der damals anwesenden Nazis ein schätzenswertes Symbol zu sein. Zur Krönung ihres Werkes lassen sie das Gebäude räumen und stecken es in Brand. Der größte Teil der Anwesenden wird in die Konzentrationslager von Dachau oder Buchenwald verschleppt.

In den folgenden Tagen und Wochen fliehen Tausende deutsche Juden. Sie brauchen *Mein Kampf* gewiss nicht zu lesen, um den fanatischen Antisemitismus der Nazis kennenzulernen und ihn qualvoll zu erleiden. Seit es die Rassengesetze und die anderen Diskriminierungen und den Hass gibt, den der *Völkische Beobachter* und der *Stürmer* in ihren schmutzigen Karikaturen täglich ausgießen, wissen die Juden, dass sie bedroht sind. Doch ebenso wie die Gegner des Regimes haben nur wenige eine Ahnung von den die Vernichtung der europäischen Juden ideologisch rechtfertigenden Argumenten in *Mein Kampf*.

In dieser Hinsicht ist Georges Loingers Zeugnis interessant. Der elsässische Jude sieht aus nächster Nähe den aufkommenden Nationalsozialismus auf der anderen Rheinseite mit an. Im Gegensatz zu vielen seiner Glaubensbrüder ist er politisch wach und gehört einer zionistischen Jugendorganisation an. Schon seit Beginn der 1930er Jahre rief der Leiter seiner Gruppe, Doktor Weill, die jungen Juden zusammen. Einmal schwenkte er ein Buch in seinen Händen, das er von einem Aufenthalt in Deutschland mitgebracht, von dem die Gruppe aber noch nie gehört hatte. »Das Buch ist von einem ganz besonderen Deutschen, einem abgrundtiefen Antisemiten geschrieben worden. Ich habe das Buch in heller Angst gelesen. Das Buch ist furchterregend, das schrecklichste, das ich bisher gelesen habe. Ein Mann mit weitreichenden Ambitionen, ein machtvoller Redner, der es zweifelsohne weit bringen wird, es ist ein gefährlicher Mann.« Einige Jahre später nimmt Loinger flüchtende deutsche Juden auf, die auf ihrem Weg nach Westen das Elsass passieren. »Einige von ihnen sagten zu uns: ›Was, hier bleiben? Aber habt ihr denn nicht *Mein Kampf* gelesen? Er wird Krieg machen. Er wird kommen, und er wird hierher kommen, wir wollen nicht in Straßburg bleiben‹«. Loinger wird jedoch nicht fliehen. »Dieses Buch war eine dramatische Warnung, die voll und ganz hätte ernst genommen werden sollen«, sagt er. Und auf die Frage, ob er damit andeuten wolle, dass es schwergefallen wäre, die Bedeutung von *Mein Kampf* zu verstehen, schießt es aus ihm heraus: »Es war vielmehr schwer, es gelten zu lassen. Zu verstehen, na ja … Man braucht es nur zu lesen«. – »Was gelten zu lassen?« – »Die Folgen … Man zog nicht den unvorstellbaren Schluss daraus …«.

Eine unvorstellbare Schlussfolgerung, in der Tat. Umso mehr als sich das Regime nur das einzige Mal vor dem Krieg in der »Kristallnacht« in großem Ausmaß physisch an den Juden vergreift. Hitler erkennt, dass die ordnungsliebende deutsche Bevölkerung – hat Goethe nicht geschrieben: »Ich will lieber eine Ungerechtigkeit begehen als Unordnung ertragen«? – diese auch international geächteten Ausschreitungen missbilligt. Und da ihm außerdem klar zu Bewusstsein kommt, dass die wiedererkämpfte Machtstellung als Thema mehr hermacht als der Antisemitismus, hat er sich nach 1933 in seinen antisemitischen Äußerungen erheblich gemäßigt, wie es Hitlers Biograph Ian Kershaw darstellt.

Die Maschinerie, die die Schoah vorbereitet und in Gang zu setzen beginnt, fällt nicht massiv ins Auge – die zahllosen Demütigungen, die Gesetze, die die Juden aus dem öffentlichen Raum ausschließen. Die zukünftige Vernichtung der Juden aus der Politik des Regimes gegenüber den Juden herauszulesen, fällt schwer. Viele unter ihnen fühlen sich bestärkt in ihrem Glauben, dass die Nazis sich auf verbale Gewalt, antisemitische Gesetze, auf eine strikte Apartheid beschränken werden.

Nur wenige Juden, die ersten jüdischen Opfer Hitlers, haben begriffen, dass in *Mein Kampf* die Rechtfertigung der Judenvernichtung zu lesen und ihre Form angekündigt war. Wenige unter ihnen haben überhaupt das Buch aufgeschlagen, weil sie nicht wussten, welchen Wert sie diesem Propagandawerk beimessen sollten. Wie die gewöhnlichen Deutschen und die Regimegegner sahen sich die Juden einer Verschwörung am helllichten Tag gegenüber, einer Verschwörung, die die Vorstellungskraft überstieg. Wenn sie erkennen, dass das in *Mein Kampf* beschriebene Vorhaben Wirklichkeit wird, wird es für viele unter ihnen schon zu spät sein.

# V

# Ein Buch geht um die Welt

## Die ersten Übersetzungen

Nazideutschland sei nicht nur ein Besorgnis erregendes Land, sondern auch ein universelles Rätsel, schreibt 1933 ein entmachteter englischer Abgeordneter in sein Tagebuch. Es ist Winston Churchill, der mit diesen Worten das Gefühl zusammenfasst, das in den westlichen Demokratien vorherrscht, seit der einstige Weltkriegssoldat den Regierungssitz eingenommen hat. Wer ist Hitler? Was will er? Was wird dieser Extremist, dieser Agitator jetzt tun – jetzt, da er Reichskanzler geworden ist? Soll man ihm glauben, als er am 17. Mai 1933 vor dem Reichstag erklärt, die deutsche Regierung sei »überzeugt, daß es heute nur eine große Aufgabe geben kann: den Frieden der Welt zu sichern«?

Nun interessiert sich alle Welt für das emblematische Buch des neuen deutschen Regierungschefs. Dutzende Verleger fragen beim Eher-Verlag die Übersetzungsrechte an. Der Münchner Verlagsleiter, stets die Rendite im Blick, ist grundsätzlich für solche Geschäfte, aber aus Gründen der Staatsräson zu einer gewissen Vorsicht verpflichtet: Hitler möchte seine Vorstellungen und Absichten dem Ausland nicht unkontrolliert präsentieren.

Ab 1933 verkauft der Eher-Verlag die Übersetzungsrechte in 14 Länder. Spanien, Ungarn, China, Japan, Holland, Dänemark und Schweden haben bald ihren eigenen *Mein Kampf* in der Landessprache. 1934 erscheint die brasilianische Ausgabe unter dem Titel *Minha Luta*, wird umgehend zum Erfolg und zählt in den 1930er Jahren nicht weniger als drei Auflagen. Die erste Übersetzung von *Mein Kampf* ins Arabische kommt ebenfalls 1934 heraus: In Bagdad veröffentlicht die Zeitung *Le Monde arabe* in ihrem Feuilleton Auszüge[1] daraus. Doch auf Wunsch des Autors werden all diese Versionen von ganzen Passagen gesäubert, die sich auf die Außenpolitik beziehen. Die radikalen Auslassungen über Rasse und Rassenhygiene, über die Juden und die Schwarzen werden dagegen im Allgemeinen nicht zensiert: Der Führer findet, dass diese Ideen weniger strategische Interessen berühren als etwa seine Appelle, Österreich zu annektieren oder Lebensraum für die Deutschen zu gewinnen.

Das Regime ist durchaus stolz darauf, dass die Gedanken des Führers im Ausland gelesen werden, und macht dies zum Verkaufsargument. 1936 erscheint in der deutschen Presse eine Werbung des Eher-Verlags, auf der verschiedene fremdsprachige Ausgaben – besonders die italienische, englische und amerikanische – zusammen mit folgendem Slogan abgebildet sind: »Ein Buch geht um die Welt«.

## *My Battle, My Struggle, Mein Kampf*

*Mein Kampf* geht um die Welt, das schon, aber unter Kontrolle. Während das Buch im Inland eine Art Kultobjekt bleiben soll, muss im Ausland die Publikation überwacht werden. Die zuständigen Stellen richten ihre Aufmerksamkeit insbesondere auf die Übersetzungen, die in England und in den Vereinigten Staaten erscheinen – zwei Großmächte, die für Hitler von entscheidender Bedeutung sind. Der neue Reichskanzler befürchtet, sie könnten sich seinen Expansionsplänen in Europa widersetzen, und will sich ihrer Neutralität versichern. In seinem Buch äußert sich Hitler nicht extrem hart gegenüber England, er stellt diesem Land sogar ein Bündnis gegen Frankreich in Aussicht. Etwas schärfer ist sein Ton gegenüber den USA, deren Liberalismus und Profitstreben er verabscheut und die er für ein Land hält, das in den Händen der Juden und der Bankiers gefangen sei. Nun befürchtet er allerdings, seine kriegerischen Absichten könnten diese beiden Länder alarmieren, die beide sehr auf Stabilität in Europa bedacht sind. Im Juli 1933 startet die Londoner *Times* eine bissige Kampagne, bei der lange Auszüge aus *Mein Kampf* – »Schwarzbuch der Menschlichkeit« genannt – veröffentlicht werden. Unter Anführung von Zitaten prangert die Zeitung die »böswilligen Absichten« seines Verfassers an. Um die Öffentlichkeit zu beschwichtigen, entscheidet der Eher-Verlag daher im Oktober desselben Jahres, die Herausgabe einer offiziellen Version für Großbritannien zu genehmigen, die zuvor von besonders polemischen Passagen gesäubert worden ist.

Seit einiger Zeit führen mehrere englische und amerikanische Verlage mit dem Eher-Verlag Verhandlungen um die Übersetzungsrechte für das Buch, überzeugt, dass es einen Markt dafür geben wird. Sie setzen auf das Interesse der Amerikaner und der Engländer am »Phänomen Hitler« und auf deren Informationsbedürfnis. Und gleichzeitig lassen sie auch nicht die hitlerfreundliche Leserschaft außer Acht. Die antisemitischen, rassehygienischen Ideen und der Sozialdarwinismus haben ja auch Anhänger in diesen Ländern, wo es sogar Sympathisanten der nationalsozialistischen Bewegung gibt – den Engländer Oswald Mosley zum Beispiel, den Herzog von Windsor oder den Amerikaner Charles Lindbergh –, wie natürlich auch Bürger deutscher Abstammung, die ebenfalls von den Nazi-Ideen fasziniert sind.

1933 erhalten schließlich zwei angesehene Verlagshäuser, Houghton Mifflin in New York und Hurst & Blackett in London, das Recht, *Mein Kampf* auf Englisch herauszubringen. Die Übersetzung, die beide Häuser zugrunde legen, hat ein Engländer namens Edgar Dugdale besorgt. Er ist glühender Verfechter der zionistischen Bewegung und Nazi-Gegner. Schon 1931 hat er sich darangemacht, *Mein Kampf* zu übersetzen, und sobald er von den Plänen der Verlage erfährt, bietet er ihnen seinen Text zur kostenlosen Nutzung an, damit die Öffentlichkeit Kenntnis von einem Buch nehmen kann, das er beängstigend findet. Die beiden Verlage bringen dann aber eine Fassung heraus, in der alle Hitler störenden Passagen vertuscht sind, ganz nach den Vorgaben des Eher-Verlags. Max Amann hat seinen Kollegen nämlich genau angegeben, welche Textstellen er nicht veröffentlicht haben will.

1933/34 erscheint *My Battle* in den USA und *My Struggle* in Großbritannien. In England ist das öffentliche Interesse sofort groß: Hurst & Blackett verkaufen im Erscheinungsjahr 18000 Exemplare, in den Folgejahren allerdings nur ein paar Tausend.

Der amerikanische Verlag, dessen Absätze anfangs bescheidener sind – kaum mehr als 5000 Exemplare nach Erscheinen –, hat 20000 Dollar für die Übersetzungsrechte bezahlt, eine für die damalige Zeit hohe Summe. Darüber hinaus muss er sich der Kritik stellen, die sein Coup nach sich zieht. Mehrere Mitglieder der New Yorker Schulaufsichtsbehörde wollen den Verleger vom Wettbewerb um städtische Aufträge ausschließen, weil er sich »an einem Propagandaunternehmen im Dienste eines gemeinen Gangsters« beteiligt habe. Am Ende einer heftigen Debatte lehnt der Ausschuss es ab, dem Antrag zu folgen, und stellt klar, es sei »der größte Dienst, den man der Menschheit und insbesondere Deutschland erweisen kann, *Mein Kampf* in aller Öffentlichkeit auszustellen, damit jedermann sich davon überzeugen kann, dass dieses Buch ein Kondensat der Unwissenheit, der Dummheit und der Plumpheit ist«.

Roger Scaife, einer der Leiter von Houghton Mifflin, schickt Präsident Roosevelt ein Exemplar des Buches mit einem Briefchen, in dem er ihm die laufenden Diskussionen erklärt: »Ich muss Ihnen gestehen, dass wir mit diesem Buch Probleme ohne Ende haben, Hunderte von Juden protestieren, und zwar nicht nur kleine Fische, obwohl ich mit Freude feststelle, dass uns zahlreiche jüdische Intellektuelle geschrieben haben, um uns zu unserer Entscheidung zu beglückwünschen.«

Auch wenn man dem Verleger zweifellos keine Sympathien für die nationalsozialistische Idee unterstellen kann, bleibt *My Battle* dennoch eine gekürzte, vom Eher-Verlag zensierte Fassung. Hitlers Gegner versäumen es nicht, darauf hinzuweisen, sodass Stackpole, ein amerikanischer Kleinverlag, 1938 beschließt, eine vollständige Übersetzung der »Nazi-Bibel« zu veröffentlichen, ohne die Zustimmung des Autors einzuholen. Der Verlagsleiter ist nämlich auf ein abenteuerliches juristisches Argument verfallen: Da Hitler offiziell staatenlos war, als er Urheberschutz für das Buch anmeldete, fällt er nicht unter den Schutz des US-amerikanischen Gesetzes zum Copyright, das dem Grundsatz der Gegenseitigkeit zwischen den Staaten unterliegt. Der Eher-Verlag protestiert, Houghton Mifflin reicht Klage ein.

Während die richterliche Entscheidung noch aussteht, kommt im Februar 1939 die Stackpole-Ausgabe auf den Markt. Houghton Mifflin, der offizielle Verleger, will sich das Geschäft nicht wegnehmen lassen und bringt seinerseits eine damit konkurrierende ungekürzte Fassung heraus, mit deren Ausführung er in aller Diskretion den Verlag Reynal & Hitchcock beauftragt. Nun macht sich ein ganzes Team von antinazistisch eingestellten Akademikern, darunter etliche Juden aus Deutschland, an die Übersetzung.

Die beiden Herausgeber der vollständigen Ausgabe liefern sich nun einen harten Wettbewerb, in dem sich jeder verpflichtet, einen Großteil der eigenen Gewinne an Flüchtlingsorganisationen zu spenden, wobei Reynal es schafft, *Mein Kampf* beim *Book of the Month Club* unterzubringen, was seinen Absatz erheblich steigert: 30000 verkaufte Exemplare im ersten Monat. Die wachsende Unsicherheit in Europa ist vermutlich die beste Werbung, die es dafür überhaupt geben kann.

Doch am 9. Juni 1939 entscheidet das Gericht schließlich großmütig, dass staatenlose Autoren unter amerikanischen Autorenschutz fallen, und verurteilt Stackpole dazu, sein Buch vom Markt zu nehmen. Innerhalb von drei Monaten hat diese Version trotz allem 12000 Käufer gefunden. Der Eher-Verlag seinerseits verpflichtet sich, die Hälfte der Prozesskosten zu erstatten.[2]

Eines haben die Machenschaften des Eher-Verlags in den 1930er Jahren jedenfalls zur Folge: Der New Yorker Verlag Houghton Mifflin hat die vollständige Übersetzung erst im Jahre 1939 vermarktet und wird sie erst 1943 unter eigenem Namen veröffentlichen. Der englische Verleger wiederum bringt erst 1940 eine vollständige Fassung heraus. Die Menschen in zweien der Länder, die in dem kommenden Krieg eine Hauptrolle spielen werden, können *Mein Kampf* also erst mit großer Verspätung in der originalen, nicht um Hitlers expansionistische Überlegungen gekürzten Version kennenlernen.

Den 50000 Engländern, die sich 1938, in dem Jahr, als sich die internationalen Spannungen zuspitzen, dieses Buch vornehmen, steht also nur die politisch korrektere, vom Eher-Verlag zugelassene Version zur Verfügung. Die Winkelzüge der kommerziellen Erwägungen und die Machenschaften der Nazis haben über alle politische Vernunft triumphiert.

## Das Lieblingsbuch der großen Staatsmänner?

»Niemals zuvor hatten so viele Menschen so wenigen so viel zu verdanken«, lauten Churchills berühmte Worte an die Adresse der Kampfflieger, Englands Retter im Zweiten Weltkrieg. Man könnte sie durchaus auch auf einige der Staatsmänner übertragen, die in der Vorkriegszeit und den darauf folgenden Jahren das Schicksal der Welt in Händen hielten: Männer wie Churchill, Stalin, Roosevelt oder de Gaulle. Daher kommt dem, was diese Männer wussten, welche Informationen sie besaßen, um ihre Entscheidungen zu treffen, und wie sie Hitlers Pläne einschätzten, eine ganz besondere Bedeutung zu. Es ist also kein ganz unwichtiger Befund, dass sie alle *Mein Kampf* gelesen oder zumindest quergelesen und ernst genommen haben. Im Gegensatz zur breiten Masse der Bevölkerung hatten sie unzensierte Versionen zur Verfügung und konnten Dienstleistungen des Regierungsapparates und von Übersetzern in Anspruch nehmen, genau wie alle politisch Verantwortlichen, Militärs oder Diplomaten jener Zeit.

Stalin hält das Buch früh in Händen und erkennt darin den eisernen Willen des Führers. Und der sowjetische Tyrann weiß am besten, dass man die Konsequenzen daraus nicht einfach beiseiteschieben kann. Dass es Hitler mit seinen Absichten ernst meint, daran hat er eigentlich nie gezweifelt und deshalb ja Annäherungsversuche gegenüber den westlichen Demokratien gemacht. Doch dann führt er dieses geniale und schreckliche Manöver aus, den deutsch-sowjetischen Nichtangriffspakt, um sich dem Druck vonseiten der Nationalsozialisten zu entziehen …

Präsident Roosevelt, der lange vor den meisten seiner Landsleute von der nationalsozialistischen Bedrohung überzeugt und entschlossen ist, Amerika in den Krieg gegen das Reich zu führen, hat *Mein Kampf* 1933 ebenfalls gelesen, und zwar, da er fließend Deutsch spricht, auch im Original. Auf dem Vorsatzblatt seines persönlichen Exemplars, das in der New York FDR Presidential Library ausgestellt ist, findet sich folgende handschriftliche Notiz: »Diese Übersetzung ist dermaßen gesäubert, dass sie ein völlig falsches Bild davon gibt, was Hitler wirklich ist oder sagt – Im deutschen Original sieht das ganz anders aus.«

Wie gesagt, auch de Gaulle hat es gelesen, und zwar bereits Mitte der 1930er Jahre. Michel Marcq, ein Résistance-Kämpfer, schreibt in seinen Erinnerungen, der General habe ihn zehn Tage nach seiner berühmten Radioansprache vom 18. Juni 1940 mit den Worten empfangen: »Haben Sie *Mein Kampf* gelesen? Weil Hitler nicht stark genug ist, nach London zu gehen, wird er sich auf Moskau stürzen.« Maurice Schumann, einer der führenden Köpfe der Résistance, erzählt Ähnliches von einer Unterhaltung mit dem Oberhaupt des Freien Frankreichs. »Als ich in London eintraf, fragte de Gaulle mich als Erstes: ›Haben Sie *Mein Kampf* gelesen?‹ Ich entgegnete ihm: ›Nein, mein General.‹ – ›Na, dann müssen Sie es lesen, denn dann wissen Sie, was das nationalsozialistische Deutschland ist.‹«[3]

Ein anderer prominenter Vertreter seiner Zeit, dessen Rolle – für sein Tun ebenso sehr wie für sein Lassen – nicht unterschätzt werden sollte, weiß die Bedeutung dieser neuen Bibel einzuschätzen: Eugenio Pacelli. Der zukünftige Papst Pius XII, der fließend Deutsch spricht, ist Nuntius in Deutschland, als er 1934 *Mein Kampf* liest. Obwohl ihn die Lektüre schockiert, tritt er vor Papst Pius XI dafür ein, Hitlers Werk nicht auf den Index zu setzen: Es gehe darum, sich dem Führer nicht frontal entgegenzustellen, um die antikatholische Politik des Reiches nicht weiter anzustacheln. Um dieses Zieles willen wagt der Vatikan nur leise Kritik am Nationalsozialismus und seiner antijüdischen Politik, verurteilt die Bibel des Dritten Reiches nicht durch eine so harte Maßnahme wie die Indizierung. Dennoch drängt sich der Gedanke auf, dass genau dieser Akt einen gewissen Einfluss auf die Millionen deutscher Katholiken hätte haben können.

David Ben Gurion, der spätere Baumeister des Staates Israel, liest das Buch 1934 und zieht folgenden eindeutigen Schluss: »Hitlers Politik bringt die gesamte Judenheit in Gefahr.« Daher sieht er seinen Willen, eine jüdische Heimstatt zu errichten, durch die Nazi-Bedrohung bestätigt.

Und damit zu einem Mann, der mehr als alle anderen das Schicksal der ganzen Welt in den Händen hält und den Widerstand gegen den Nationalsozialismus verkörpert: Winston Churchill. Während die anderen Staatsmänner *Mein Kampf* unter strategischen und militärischen Gesichtspunkten gelesen haben, ist er der Einzige, der den Text in seiner tiefsten Bedeutung erfasst, der Einzige, der spürt, dass sich darin die wesentlichen Elemente von Hitlers Persönlichkeit und seinen Absichten finden.

## Eine berühmte Stimme erhebt sich

»Churchills immer wiederkehrende Warnungen vor dem kommenden Unwetter waren schon so gewohnt wie die Stimme des Muezzin, der die Stunde des Gebets verkündet«, notiert Philip Guedalla, einer seiner ersten Biographen, irgendwann in den 1930er Jahren.

Als Hitler Reichskanzler wird, ist Sir Winston, der ehemalige Minister, kaltgestellt und nichts weiter als ein einfacher Abgeordneter, der sich meist auf seinen hübschen Landsitz Chartwell zurückzieht. Nun hätte dieser querköpfige Konservative, wie so manche seiner Landsleute, sich eine Weile vom Sänger des »neuen Deutschlands« betören lassen können, aber nein: Wie sein Biograph François Kersaudy berichtet, hat er bereits 1925 Auszüge aus *Mein Kampf* gelesen, und weiß seither, was er davon zu halten hat. Als die NSDAP 1932 auf die Macht zusteuert, studiert er das Werk mit größter Aufmerksamkeit.

Es gibt wenige Politiker jener Zeit, denen die Lektüre von *Mein Kampf* so wichtig war. In seinen Memoiren, die er am Ende des Zweiten Weltkriegs verfasst, bemerkt er: »Als [Hitler] schließlich zur Macht gelangte, gab es kein Buch, das ein eingehenderes Studium durch die politisch oder militärisch führenden Männer der alliierten Mächte verdient hätte. Es stand alles darin.«

Außerdem beschreibt er, welche Wirkung die Lektüre auf ihn hatte: »Es war der neue Koran von Glaubensbekenntnis und Krieg: schwülstig, wortreich und formlos, aber von seiner Sendung getragen.«

Ganz anders als etwa de Gaulle, der in *Mein Kampf* vor allem einen Ausdruck des Pangermanismus sieht, begreift Churchill das eigentliche Wesen Hitlers mit seinem Totalitarismus, seinen rassischen Obsessionen, seiner Weltanschauung, seiner Menschenverachtung, seiner Lust an der brutalen Gewalt, seinem Verlangen, die »jüdische Rasse« auszurotten, die »infolge ihrer Universalität pazifistisch und kosmopolitisch« sein müsse. Für Hitler sei »der Pazifismus […] die größte Todsünde; denn er bedeutet die Kapitulation der Rasse im Existenzkampf.« »Die Hauptthese von ›Mein Kampf‹ ist einfach«, so Churchill: »Der Mensch ist ein kämpfendes Tier; daher ist die Nation, als eine Gemeinschaft von Kämpfern, eine Kampfeinheit. Jeder lebende Organismus, der den Existenzkampf aufgibt, ist zum Erlöschen verurteilt. Eine Nation oder Rasse, die den Kampf einstellt, ist ebenso zum Untergang verurteilt […] Nur brutale Gewalt vermag die Fortdauer der Rasse zu gewährleisten.« Insbesondere erkennt er Hitlers tief verankerten Antisemitismus, der ihn ebenfalls von seinen Zeitgenossen unterscheidet. Eine umso wichtigere Analyse, da gerade die Negierung der Menschenrechte, derer die Nazis sich rühmen, Churchill so erschüttert und ihn davon überzeugt, dass man mit Hitler keinen Umgang pflegen kann.

Wie so manche seiner Landsleute hätte Churchill meinen können, man solle versuchen, Hitler zu beschwichtigen, und mit ihm verhandeln, da seine Ziele im Wesentlichen auf das europäische Festland gerichtet seien und somit keine vitalen Interessen des Vereinigten Königreichs berührten. Hitler seinerseits entwickelt in den 1930er Jahren einen Duktus, der darauf angelegt ist, die Engländer zu umgarnen. Und viele von ihnen fallen darauf herein.

Lloyd George, der frühere Premierminister, heißt Hitler etwa als einen großen Staatsmann willkommen. Der britische Botschafter in Deutschland bezeichnet das Dritte Reich als eine wohlwollende Diktatur. Und Neville Chamberlain, der amtierende Premierminister, Verfechter und Pate der Appeasement-Politik gegenüber Deutschland, ist höchst angetan von der Persönlichkeit des Führers.

Churchill begnügt sich nicht damit, *Mein Kampf* zu studieren, das er als »eisernen Bestand seiner Politik« betrachtet. Der Abgeordnete verfügt über Berichterstatter und Informanten mitten im britischen Staatsapparat wie auf der ganzen Welt. 1932 unternimmt er eine Reise nach Deutschland, von der er mit der Überzeugung heimkehrt, dass der Aufstieg des Nationalsozialismus, den er dort erlebt hat, viele Länder in ihren Grundfesten erschüttern oder sogar gänzlich vernichten werde. Und er konstatiert: »Tiefe Besorgnis herrschte in Frankreich, wo man über die Umtriebe Hitlers und die Vorbereitungen Deutschlands in weitem Ausmaß unterrichtet war«.[4] Also kämpft er darum, England, das wie Frankreich abgerüstet hat und vor allem den Frieden will, wieder zu bewaffnen.

Nun steht Churchill allerdings nicht völlig allein da. Ein anderer Engländer studiert *Mein Kampf* mit größter Aufmerksamkeit: Am 26. April 1933 – drei Monate, nachdem Hitler Reichskanzler geworden ist –, sendet Horace Rumbold, der britische Botschafter in Deutschland, der seit Jahren Hitlers Aufstieg verfolgt, eine Sonderdepesche an den Premierminister. Er meldet seiner Regierung, das Buch sei sehr ernst zu nehmen; er persönlich schätze, dass Hitler sich immer wieder auf Beteuerungen seiner friedlichen Absichten verlegen werde, um im Ausland ein Gefühl der Sicherheit zu erzeugen. Rumbold schreibt auch, der neue Reichskanzler werde nicht auf die Kernpunkte seines Programms verzichten, sondern versuchen, seine Gegner in einen komatösen Zustand zu versetzen, sodass sie sich einer nach dem anderen übertölpeln ließen. Der Botschafter versichert, Hitler verfolge ein reiflich durchdachtes politisches Programm mit dem Ziel, Deutschland militärisch auf den Kriegsfall vorzubereiten, bevor seine Gegner eingreifen könnten. Außerdem teilt er mit, Hitlers fanatischer Antisemitismus entspringe dessen tiefster Überzeugung, und dies sei die Säule seiner Regierungspolitik.

In den Ruhestand versetzt, zieht sich der alte Baron Rumbold kurze Zeit später auf sein Gut in Yorkshire zurück und überlässt das Amt einem wesentlich weniger hellsichtigen neuen Botschafter.

Desgleichen zitieren im November 1936, während einer Sitzung des Unterhauses, die Herzogin von Atholl, eine konservative Unterstützerin der spanischen Volksfront, und der Abgeordnete Richard Pilkington die aggressivsten Passagen[5] aus *Mein Kampf*. Dennoch trifft sich drei Wochen nach den Olympischen Spielen in Berlin, die der französische Botschafter François-Poncet vergeblich zu boykottieren empfohlen hat, Hitler mit Lloyd George, der beeindruckt berichtet, Hitler träume nicht von einem Deutschland, das eine Bedrohung für Europa darstelle. Die Deutschen hätten alles Interesse daran verloren, in einen Krieg gegen England einzutreten.

Selbst Churchill ist nicht vor Anfällen von Zweifeln gefeit. »Wir vermögen nicht zu sagen, ob Hitler der Mann ist, der einmal wieder einen neuen Krieg auf die Welt losläßt, in dem die Zivilisation unwiederbringlich erliegen wird, oder ob er einst in die Geschichte eingeht als der Mann, der dem großen germanischen Volk die Ehre und den inneren Frieden wiedergab, der es froh, nützlich und stark in die vorderste Reihe der europäischen Völkerfamilie zurückführte«, schreibt er in *Große Zeitgenossen*, einem 1937 veröffentlichten Essay, der 1938 in Amsterdam auf Deutsch erscheint. Doch als er die deutsche Haltung untersucht, sieht er die erste von beiden Möglichkeiten bestätigt. Er begreift, dass Hitler, entgegen einer weitverbreiteten Vorstellung, nicht heute so, morgen so handelt, sondern seine Schachfiguren strategisch verschiebt, dass er niemals in die Staatengemeinschaft zurückkehren wird und dass er einen ganz bestimmten Plan verfolgt. Als Deutschland im März 1938 Österreich annektiert, konstatiert Churchill mit einem Eintrag in sein Tagebuch den Vollzug dessen, was in *Mein Kampf* offengelegt sein, womit Hitler die nach Treu und Glauben geknüpften Bande mit den Völkern Großbritanniens und Frankreichs zerrissen habe, obwohl die sich doch so sehr bemüht hätten, seinen Worten zu glauben.

# VI

# Der Duce veröffentlicht den Führer

## Mussolini – unvermutet Hitlers Literaturagent

Venedig, 14. Juni 1934. In der Hitze jenes Frühsommers erwartet der Duce den Führer auf dem Rollfeld des kleinen Flughafens von Nicelli. Mussolini und der neue Reichskanzler werden sich zum ersten Mal begegnen. Für Hitler ist es sogar die erste offizielle Auslandsreise. Als die Junkers JU-52 mit dem aufgeprägten Hakenkreuz zum Stillstand kommt, geht Mussolini in blitzender, knapp sitzender Paradeuniform seinem berühmten Besucher entgegen. Er schüttelt Adolf Hitler lange die Hand. Neben dem prächtig aussehenden Mussolini gibt der Deutsche in unscheinbarem Zivil unter kittfarbenem Regenmantel eine blasse Figur ab. Er fühlt sich sichtlich unwohl, steht beeindruckt dem Duce gegenüber, der seit 1922 an der Macht ist und jetzt den Gipfel seines Ruhmes erreicht hat. In Hitlers Augen ist der Duce der hehre Erstgeborene, der als Wegbereiter des Faschismus und der sozialen und nationalen Revolution wie ein Mythos vor ihm steht.

Ein »großer Mann«, für den Hitler in *Mein Kampf* seine »tiefste Bewunderung« eingesteht. 1924 in Landsberg beschrieb er den neuen Herrn in Rom folglich auch als jemanden, »der in heißer Liebe zu seinem Volke mit den inneren Feinden Italiens nicht paktierte, sondern ihre Vernichtung auf allen Wegen und mit allen Mitteln erstrebte. Was Mussolini unter die Großen dieser Erde einreihen wird, ist die Entschlossenheit, Italien nicht mit dem Marxismus zu teilen, sondern, indem er den Internationalismus der Vernichtung preisgab, das Vaterland vor ihm zu retten. Wie jämmerlich zwergenhaft erscheinen dagegen unsere deutschen Auch-Staatsmänner, und wie muß einen der Ekel würgen, wenn diese Nullen mit ungezogenster Eingebildetheit sich unterstehen, den tausendmal Größeren zu kritisieren […]!« (2/346)

Diese Begegnung mit dem Chef der faschistischen Partei Italiens hatte sich der Führer der NSDAP seit langem gewünscht. Schon bevor er ins Reichskanzleramt einzog, hatte er um eine Unterredung mit dem Italiener ersucht, vergebens. Und noch früher, 1926, kaum dass er aus Landsberg herausgekommen war, hatte er sich um ein Foto des Duce mit Widmung bei der italienischen Botschaft bemüht, wo man ihn jedoch höflich hinauskomplimentiert hatte. Das hielt Hitler aber nicht davon ab, in seinem Münchner Büro eine Büste von Mussolini aufstellen zu lassen.

Italien ist in *Mein Kampf*, wo Hitler Völker und Nationen öffentlich an den Pranger stellt, überdies das einzige Land, das voll und ganz Gnade vor seinen Augen findet. Er befürwortet sogar eine Allianz mit dieser Nation und plant vorsorglich die Aufteilung der Eroberungen. Für Deutschland der Kontinent, während: »Italiens Zukunft wird immer durch eine Entwicklung bedingt [sein], die gebietsmäßig sich um das Mittelländische Meerbecken gruppiert« (2/276). Diese Allianz verfolgt nebenbei ein strategisches Ziel: die Einkreisung Frankreichs.

Und dennoch sind die zwei Männer an der Spitze der einzigen beiden faschistischen Staaten Europas, die sich an jenem Tag in Venedig auf ein langes Tête-à-Tête in den Park der Villa Pisani zurückziehen, beinahe Feinde. Ihre Unterredung verläuft hitzig: Hitler monologisiert endlos, um sich zu rechtfertigen, Mussolini reagiert fuchsteufelswild. Der Gegenstand ihrer Unstimmigkeit: Österreich.

Mussolini, dessen Land sich im Ersten Weltkrieg Deutschland militärisch entgegengestellt hatte, fürchtet den deutschen Imperialismus, und vor allem fürchtet er das Vorhaben der Nazis, die

Annexion Österreichs, den Anschluss. Rom will kein Deutschland, das seinen, Mussolinis, Zugang zum Balkan bedroht und das obendrein mit dem deutschsprachigen Tirol in Norditalien liebäugelt. Kurz, zu dem Zeitpunkt stehen die geopolitischen Erwägungen im Vordergrund, allen ideologischen Affinitäten zwischen den beiden Männern zum Trotz.

Schlimmer noch: Anfang 1934 ist Dollfuß, der österreichische Kanzler und Protegé Mussolinis, von einheimischen Nazis ermordet worden, was den Duce dazu bewegt, eilends Interventionstruppen an die österreichische Grenze zu entsenden. Im Februar hat sich Italien dann zur Verteidigung der Integrität Österreichs offiziell gegen Deutschland ins Lager Frankreichs und Englands begeben. Im Hinblick auf eine mögliche Allianz verstärkt die transalpine Diplomatie seither ihre Kontakte zu Franzosen und Engländern und plant eine Konferenz zwischen dem Duce und dem französischen Ministerpräsidenten.

An jenem 14. Juni in Venedig ist die Atmosphäre also elektrisch geladen. Als bei beiden Männer am Abend einem Konzert mit Werken von Verdi und Wagner beiwohnen, zieht Hitler alle Register seiner Verführungskunst gegenüber dem Italiener, der seine geringe Sympathie für den Deutschen privat keinesfalls verhehlt. Ein »Verrückter«, ein »Attila«, ein »Mörder«, bekennt er seiner Entourage, und dass er Hitlers Extremismus, radikalem Antisemitismus und rassistischen Theorien, die er für absurd hält, nichts abgewinnen kann.

Es bedarf noch Deutschlands unaufhaltsamen Aufstieg zur Macht, der Unterzeichnung eines Abkommens über Österreich, des leichtfertigen Versäumnisses der westlichen Diplomatien, Italien in ihren Kreis zu ziehen, bis Deutschland und Italien endlich 1936 nach zwei Jahres des Misstrauens ein Bündnis schließen.

Diese komplizierte Beziehung zwischen den beiden Männern und ihren Regierungen wird sich im Nachhinein dem italienischen Kollektivbewusstsein einprägen. Nicht anders steht es um die Frage des Antisemitismus. Häufig wird Mussolinis Abneigung gegen Hitlers Exzesse beschrieben, heißt es von ihm, er sei nur mäßig antisemitisch und sogar von Juden umgeben, sei einer, der die politische Rassendiskriminierung letztlich zwar umsetzen, doch nur sehr moderat vorgehen wird. Und erst später, als er sich an der Spitze der Republik von Salo zur Marionette Hitlers wandelt, werden die deutschen Truppen achttausend italienische Juden abtransportieren, die bis dahin vor der Vernichtung bewahrt geblieben waren.

Das hat zwar alles seine Richtigkeit, ist aber weit komplexer, als man annehmen möchte. An *Mein Kampf* als Kristallisationspunkt werden die konkreten Begehrlichkeiten und versteckten Wahrheiten dieser Geschichte sichtbar.

Und so taucht also im März 1934, drei Monate vor der Begegnung in Venedig, ein Werk mit dem Titel *La Mia Battaglia*, die italienische Ausgabe von *Mein Kampf*, in den Buchhandlungen Italiens auf. Was liegt näher? Seit 1933 wurde das Buch in über ein Dutzend Sprachen übersetzt, und es wäre eher verwunderlich, wenn *Mein Kampf*, vor allem wegen der großen ideologischen Nähe zwischen Faschismus und Nationalsozialismus, nicht auch in Italien veröffentlicht würde. Trotzdem kommt zu jener Zeit zwischen Hitler und Mussolini von allein nichts so recht in Gang.

Alles geht auf den Februar 1933 zurück. Genau eine Woche, nachdem Hitler von Reichspräsident Generalfeldmarschall Hindenburg zum Reichskanzler ernannt wurde, fliegen Rudolf Heß, ehemaliger Mithäftling aus Landsberg, und Max Amann, Direktor des Eher-Verlags, nach Rom. Sie haben einen Auftrag: in kürzester Zeit die Übersetzungsrechte an *Mein Kampf* in Italien zu verkaufen.

Den jüngsten richtungsweisenden Forschungen des italienischen Historikers Giorgio Fabre[1] zufolge, erklärt sich Mussolini mit der Zahlung einer für die damalige Zeit astronomischen Summe an Hitler einverstanden. Nicht weniger als 20 000 Dollar legt er dafür auf den Tisch. Im Vergleich dazu bieten die englischen und amerikanischen Verleger zur gleichen Zeit jeweils nur 1000 und 500 Dollar für die Übersetzungsrechte von *Mein Kampf*. Für Fabre liegt der Grund auf der Hand: Die Nazis brauchen Geld, da die entscheidenden Reichstagswahlen unmittelbar im März bevorstehen, und sie beabsichtigen, Mussolini dafür heranzunehmen. Der Duce hingegen sieht stattdessen die Gelegenheit für eine diplomatische Freundschaftsgeste an den Führer gekommen, besteht jedoch darauf – ein Zeichen seiner Ambivalenz ihm gegenüber –, dass der Betrag »anonym und in bar« übergeben werde. Aus Furcht, dem Italiener gegenüber verpflichtet zu erscheinen, ändert der Deutsche seine Meinung und weigert sich, das Geld im Wahlkampf einzusetzen.

Ergebnis: Italien hält 1933 *de facto* die Rechte an der Übersetzung von *Mein Kampf*. Bleibt nun noch, das Buch zu übersetzen und einen Verleger zu finden. Wie Fabre aufzeigt, beschließt Mussolini, die Sache persönlich in die Hand zu nehmen. Ein erster Hinweis auf die Bedeutung, die er dem Buch seines deutschen Amtskollegen beimisst, trotz der internationalen Spannungen.

## Ein angesehener Verleger

Der Verleger von *La Mia Battaglia* verkörpert die ganze Vielschichtigkeit, aber auch die Winkelzüge um die Geschichte der italienischen Veröffentlichung von *Mein Kampf*. Valentino Bompiani, der damals 36 Jahre alt ist und vier Jahre zuvor das gleichnamige Verlagshaus gegründet hat, steht von jenen ersten Zeiten an als einer der prominentesten Verleger im Rampenlicht der italienischen Szene. Sein Interesse gilt den literarischen Strömungen der Moderne, und er möchte Werke fördern, die auf dieser

Wellenlänge mitschwingen. Er veröffentlicht Giuseppe Borgese, Massimo Bontempelli, den noch jungen Alberto Moravia, doch auch europäische, russische, amerikanische Schriftsteller, die aus dem Rahmen des offiziell angesagten Akademismus des faschistischen Italiens fallen.

Nach dem Krieg tragen ihm seine Streitigkeiten mit der Zensur, vor allem wegen Elio Vittorinis Buch *Americana*, den Ruf eines eher antifaschistischen Verlegers ein, der zwar diskret, doch unter Mussolinis Regime Demokratie und Freiheit immerhin verteidigt hat.[2] Er durchläuft eine glänzende Karriere in der literarischen Welt, schreibt Theaterstücke, veröffentlicht den künftigen Klassiker *Dizionario letterario Bompiani delle opere e dei personaggi* und verlegt Literaten wie Moravia, Pirandello und Umberto Eco. 1992 schreibt die *New York Times* anlässlich seines Todes: »Die Wahl seiner Autoren, Anthologien und literarischen Kritiken hatte ihn rasch zu einem der Hauptakteure in der Entwicklung der italienischen Literatur des 20. Jahrhunderts gemacht.«

Die Forschungsergebnisse des in Oxford lebenden Historikers Guido Bonsaver, der 2007 Zugriff auf bisher unveröffentlichtes Archivmaterial hatte,[3] zeigen jedoch, dass Bompiani in Wirklichkeit ebenfalls mit dem Regime zusammenarbeitete. Für das Imprimatur einer Studie über die Lateranverträge mit dem Vatikan, die er in seinem Verlag veröffentlichte,[4] hat er sich beispielsweise persönlich an Mussolini gewandt – und das, obwohl ihn nichts zu einem solchen Schritt verpflichtet hätte; ebenso veröffentlichte er die Hitlerbiographie von Theodor Heuss, Opponent des Führers. Es ist eine gesäuberte, sprich beinahe verfälschte Version ohne jede Bezugnahme auf den Faschismus oder Nationalsozialismus.[5]

Doch Bonsaver berichtet von einem noch entscheidenderen und bis dahin unbekannten Vorfall: 1932 hat Bompiani um eine Unterredung mit dem Duce gebeten und sie auch erhalten. Am 23. März treffen sich die beiden Männer unter vier Augen. Das Gespräch verläuft offensichtlich hinreichend ersprießlich, denn der Verleger schickt dem Duce einige Monate später die Kopie eines Artikels zu, in dem er ein Regierungsvorhaben unterstützt, das die Bildung eines Konsortiums zur Förderung italienischer Autoren im Ausland vorsieht.

Es ist anzunehmen, dass Mussolini an Valentino Bompiani Gefallen gefunden hat, denn im Juli 1933 nimmt das Pressebüro des Duce mit ihm Kontakt auf und trägt ihm die Publikation von *Mein Kampf* an. Zwar hat sich Mussolini vorher an Arnoldo Mondadori gewandt, den bedeutenderen und beim Thema Zusammenarbeit mit dem faschistischen Regime noch engagierteren Verleger, doch der hat abgelehnt, weil er die wirtschaftliche Durchschlagskraft eines Werkes bezweifelt, das er als »von speziell innerdeutschem Interesse«[6] einschätzt. Mondadori veröffentlicht außerdem zahlreiche antinazistische Bücher, sodass sich *Mein Kampf* nicht in die Verlagslinie[7] einfügt. Bompiani hingegen nimmt sofort und höchst bereitwillig an.[8] Die Vertragsbedingungen der Regierung sind einfach: Er finanziert die Übersetzung und erhält im Gegenzug die Einnahmen aus den Buchverkäufen. Die Übereinkunft wird mündlich bestätigt, da das Regime größten Wert auf die Vermeidung schriftlicher Spuren legt. Sogar für die italienischen Faschisten stinkt die Sache zum Himmel.

In seinen 1972 erschienenen Memoiren[9] vermeidet es Bompiani sorgsam, sich eingehender mit dieser Phase seines Lebens zu beschäftigen, und möchte die Peinlichkeit lieber vertuschen. Die Idee, *Mein Kampf* zu veröffentlichen, hängt er seinem Übersetzer Angelo Treves an. Er selber habe eine eher passive Rolle dabei gespielt. In einem Gespräch 1984 mit einer Journalistin von *La Repubblica*[10] kommt Bompiani noch einmal auf diese Affäre zu sprechen und erläutert seine Version, die die geschichtlichen Tatsachen verdreht: »Diese Übersetzung wurde mir von einem jüdischen Gelehrten angetragen. Ich war erstaunt, dass mir, ein Jude die Veröffentlichung dieses Buches vorschlägt, das damals als die Nazi-Bibel galt.« Auch wenn die Initiative zu diesem Projekt ganz auf Bompiani zurückgeht, ist es aber tatsächlich ein Jude, der die italienische Übersetzung von *Mein Kampf* anfertigt.

Bompianis Unaufrichtigkeit haftet eine gewisse Ironie an; als die Deutschen 1933 die Rechte an *Mein Kampf* verkauften, haben sie ausdrücklich gefordert, dass Verleger und Übersetzer keine Juden sein sollen. In Unkenntnis dieser Klausel hat Valentino Bompiani die Übersetzung jedoch Angelo Treves anvertraut. Als *La Mia Battaglia* endlich veröffentlicht wird, beschließt der Verleger, dessen Namen verschwinden zu lassen.

Und Treves ist so nachhaltig aus dieser Geschichte getilgt, dass erst ein Artikel im Jahr 2007 seine Rolle wieder ans Licht befördert.[11] Dass Bompiani aber Treves überhaupt eingesetzt hat, ist aus verschiedenen Gründen geschehen: Dieser ehemalige Freimaurer mit perfekten Deutschkenntnissen hat bis 1921 bei der probolschewistischen Zeitschrift *Communisme de la IIIe Internationale* mitgearbeitet, um dann zu einem militanten Faschisten und glühenden Unterstützer des Abenteurers Mussolini zu werden. Ein faschistischer Jude? Kein erstaunlicher Werdegang. Zu Beginn der 1930er Jahre sind die italienischen Juden in der faschistischen Partei proportional zahlreicher vertreten als in der italienischen Bevölkerung. Erst mit den Rassengesetzen von 1938 werden sie aus der faschistischen Partei ausgeschlossen und Opfer der staatlichen Diskriminierung.

Warum hat nun Treves, Italiener, Faschist und auch Jude, die Übersetzung von *Mein Kampf*, dieses so hemmungslos antisemitischen Pamphlets, überhaupt angenommen? In seinem Gespräch mit der Journalistin von *La Repubblica* lässt Bompiani jenseits aller Unwahrheiten bezüglich seiner eigenen Rolle ein Fünkchen Wahrheit aufglimmen. Nach den Worten des Verlegers soll Treves auf sein Erstaunen, dass ein Jude *Mein Kampf* übersetzen und den italienischen Lesern vorlegen wolle, Folgendes behauptet haben: »Treves hat darauf bestanden: ›Wir müssen wissen, wer Hitler ist, und dass dieses Buch sein Programm enthält, steht überall geschrieben.‹ Er hatte natürlich recht. Um von der faschistischen Zensur die Autorisierung zu erwirken, musste Hitler persönlich um ein Vorwort gebeten werden.«

Wenn Bompiani hier die Wahrheit sagt, hätte Treves die Übersetzung von *Mein Kampf* angenommen, um die italienische Öffentlichkeit von der Nazi-Gefahr zu unterrichten. Wie die LICA, die antirassistische jüdische Organisation in Frankreich, genau zum selben Zeitpunkt die Veröffentlichung von *Mein Kampf* auf Französisch betrieb, wird im nächsten Kapitel behandelt. In jedem Fall bleibt Treves wenig Zeit, um die Wirkung der Buchveröffentlichung zu verfolgen: Er stirbt 1937 und liegt im Judenviertel der kleinen Stadt Vercelli begraben. Kurz vor seinem Tod hat er noch für den Bompiani-Verlag *Warschau* übersetzt, den Roman des großen jüdischen Schriftstellers Schalom Asch. Ein Roman über den polnischen Judaismus, dessen naher Untergang ihm vielleicht schon ahnungsvoll vor Augen stand.

Hätte Bompiani, der sicher kein Antisemit ist und selbst auch zahlreiche jüdische Autoren verlegte, nicht allein schon deshalb *Mein Kampf* veröffentlichen wollen, um die Italiener vor der Nazi-Gefahr zu warnen? Als er 1984 Treves' Beweggründe erwähnt, spricht er da nicht seine eigenen Absichten an? Die Hypothese verdient nähere Betrachtung. Jedenfalls behauptet Bompiani 1984 in einem Brief an seinen Freund Curzio Malaparte: »Als Verleger finde ich es bedauerlich, dass nicht jeder Italiener dieses Buch gelesen hat, denn hätten sie es alle gelesen, wären die Dinge anders gelaufen und viele Katastrophen vermieden worden«.[12] Rechtfertigung a posteriori oder aufrichtiges Bekenntnis? Mit Blick auf die Tatsachen ist Bompianis Position zumindest vieldeutig. Bompiani hat die Katastrophe ja selber miterlebt, in die Italien durch sein Bündnis mit Deutschland schließlich hineingezogen wurde. Womöglich hat, was im Endeffekt nicht von der Hand zu weisen ist, der Verleger von *Mein Kampf* letzten Endes begriffen, dass die Ankündigung des aufziehenden Unheils in dem Buch zu lesen stand. Eine Warnung, die er jedoch unbeachtet ließ, so erpicht, wie er auf Mussolinis Gefallen wie auf einen Erfolg am Markt war, und so von seinen Größenphantasien hingerissen, die die Annäherung an den mächtigen deutschen Nachbarn in ihm geweckt hatten und denen auch selbst aufgeklärte Italiener schlussendlich erlegen waren.

Wenn Treves und selbst Bompiani im Sinn hatten, ihre Mitbürger vor Hitlers gefährlichem Vorhaben zu warnen, bleibt am Ende, dass sich ihr Anliegen im Licht der weiteren Ereignisse als zwecklos, ja kontraproduktiv erwiesen hat.

## Die Veröffentlichung von *La Mia Battaglia*: ein antisemitischer Wendepunkt

Bompiani beschließt, die beiden Bände von *Mein Kampf* nicht vollständig zu veröffentlichen. Er ist der Ansicht, dass der erste Band, 1925 erschienen und überwiegend biographisch, das italienische Publikum weniger ansprechen werde. So entscheidet er sich, nur den zweiten Band herauszugeben, in dem vorwiegend Doktrin und Programm des Nationalsozialismus dargelegt werden. Aber er macht eine Ausnahme: Das rassistischste Kapitel der beiden Bände mit der Überschrift »Das Volk und die Rasse« aus dem ersten überwiegend autobiographischen Band wird mitübernommen. Auf der Umschlagsrückseite stehen, vom Verleger selber verfasst, unzweideutige Angaben zum Inhalt des Werkes: »Hitler stellt seine Ideen zur Bildung eines neuen Staates, des Dritten Reichs, vor, legt seine Theorien über Volk und Rasse, seine Gedanken vom zukünftigen nationaldeutschen Staat dar, er erläutert seine Vorstellungen zu Religion, Kapitalismus, Demokratie, Staat, Gewerkschaften und ethnischen Minderheiten.«

Der zweite Band von *Mein Kampf* erscheint also im März 1934 unter dem Titel *La Mia Battaglia*. Über den ganzen Einband hin ist im graphischen Stil eine Flagge mit dem Hakenkreuzzeichen abgebildet; der Band umfasst 400 Seiten, Verkaufspreis 16 Lire. Das Werk wird im Handumdrehen zu einem solchen Erfolg, dass bis September bereits zweimal nachgedruckt werden muss. Bis 1940 wird es zwölf Auflagen geben.[13]

Abgesehen vom Verkaufserfolg ist besonders der politische Widerhall alles andere als unerheblich. Fabre sagt kurz und bündig, die Veröffentlichung von *Mein Kampf* in Italien kennzeichne mit Blick auf die Juden den Beginn eines politischen Wechsels, einer Radikalisierung der faschistischen Ideologie. Die Veröffentlichung von *Mein Kampf* durch das faschistische Regime bedeute also weit mehr als nur eine freundschaftliche Geste an Hitler, weit mehr als einen diplomatischer Wink ohne Folgen.

»Der Faschismus und der Nationalsozialismus müssen mit ihrer selben Sichtweise auf die Welt neue Wege für eine fruchtbare internationale Zusammenarbeit finden. Beide zutiefst erfassen heißt für den Frieden in der Welt und das Wohlergehen der Völker tätig sein«, schreibt Hitler in dem Vorwort, das er für die italienische Ausgabe von 1934 verfasst. »Neue Wege für eine fruchtbare Zusammenarbeit«, ein Wunschziel, das sicherlich auf die strategischen Differenzen mit Italien anspielt. Aber nicht nur. Hitler hat es auch auf die antisemitische Politik des Duce abgesehen.

Hitler äußert verschiedentlich seine Bewunderung für Mussolinis Werdegang. In solchen Bezeugungen schwingt aber ein Zweifel mit, ob nämlich letzteren die gleiche Entschlossenheit wie ihn, Hitler, im Kampfe gegen die Juden antreibe. Schon als er in *Mein Kampf* einer Allianz gegen Frankreich das Wort redet, merkt er an, dass es natürlich mit der »internationalen jüdischen Weltfinanz« zusammenhänge, wenn Italien diese »exzellente Politik« nicht verfolge. Noch deutlicher spricht folgender

Satz für sich: »Der Kampf, den das faschistische Italien gegen die drei Hauptwaffen des Judentums, wenn auch vielleicht im tiefsten Grunde unbewußt (was ich persönlich nicht glaube) durchführt, ist das beste Anzeichen dafür, daß, wenn auch auf indirektem Wege, dieser überstaatlichen Macht die Giftzähne ausgebrochen werden.« (2/296) In diesen Worten treten Hitlers Zweifel an der antisemitischen Orthodoxie von Mussolinis Politik zutage.

Er hat nicht ganz Unrecht. Laut Renzo de Felice,[14] Mussolinis Biographen in der ersten Nachkriegszeit, hält der Duce Hitlers radikalen Antisemitismus für abscheulich, obsessiv. Nach de Felices Ansicht schätzt Mussolini *Mein Kampf* als »unlesbar« ein und erklärt Hitler für einen »Verrückten mit seinen rassistischen und antisemitischen Theorien«. Hat Mussolini nicht 1932 dem deutsch-jüdischen Journalisten Emil Ludwig gegenüber behauptet: »Antisemitismus existiert nicht in Italien. […] Die jüdischen Italiener haben sich als Bürger stets bewährt.«[15]

Jüngste historische Forschungsergebnisse relativieren diese Haltung. Fabre zufolge hat Mussolini bereits 1933 *Mein Kampf* in Auszügen gelesen: »Auf seine Anfrage und sogar bevor das Buch überhaupt übersetzt worden sei, habe ihm sein diplomatischer Dienst ausgedehnte, die Außenpolitik und die rassistische Frage behandelnde Auszüge vorgelegt, die er auch eifrig gelesen habe.«[16]

Hitlers Machtübernahme fällt tatsächlich in einen Zeitraum, in dem der Duce sich allgemein für die Rassenfrage und insbesondere für die Judenthematik zu interessieren beginnt. Dafür spricht mindestens ein Grund: Mussolini wusste bis dahin relativ wenig über das nationalsozialistische Phänomen und sieht sich nun zu größerer Aufmerksamkeit gezwungen.

Besonders verblüfft ihn die Theorie von der höher entwickelten Rasse der Arier: Er fasst sie geradezu als Affront gegen die Italiener – die Erfinder des Faschismus – auf und gerät nach und nach in eine Haltung der ideologischen, zwischen Rivalität und Faszination gleichermaßen schwankenden Konkurrenz. Je mehr sich nun die anfänglichen Spannungen mit dem Führer legen, je fester die Allianz mit dem Dritten Reich geschmiedet und je mächtiger Hitlers Deutschland wird, desto mehr fühlt sich Mussolini versucht, seinem Nachbarn nachzueifern, um ihm nicht die ideologische Vormachtstellung zu überlassen. Keineswegs will er auf das Monopol der höherstehenden Rasse verzichten und zimmert sich so eine Vorstellung von der Überlegenheit der italienischen Rasse zurecht, die sich über den Ausschluss aller Minoritäten definiert, allen voran der Minorität *par excellence*, der Juden. Eben genau dieselben, die in *Mein Kampf* den Schlussstein der Hitler'schen Rassenpolitik bilden.

Dieser politische Wettstreit geht zweifellos mit einer alten persönlichen Überzeugung Mussolinis einher. 2009 erschien in Italien das Buch *Mussolini segreto*, das in diesem Zusammenhang hilfreiche Einsichten bietet.[17] Die gesammelten Notizbücher von Clara Petacci, der letzten Maitresse des Duce, die 1945 an seiner Seite erschossen wurde, legt den Blick frei auf einen im Privatleben vom Thema Juden besessenen Mussolini. So sagt er beispielsweise am 4. Juli 1938 zu Clara: »Ich bin schon seit 1921 Rassist. Ich verstehe nicht, wieso alle Welt denkt, ich machte Hitler nach, der war damals ja noch nicht einmal geboren. [...] Den Italienern gehört der Sinn für Rasse eingepflanzt, damit sie keine Mischlinge zeugen, damit sie nicht verderben, was an Schönem in uns steckt.« Mussolini spielt hier eventuell auf einen Artikel von 1920 an, in dem er sich für die Einheit und Reinheit der italienischen Rasse ausspricht.[18]

Welche Bedeutung kann Mussolinis späten und nur ihm Nahestehenden vorbehaltenen Äußerungen beigemessen werden? In seiner Entourage, in der Partei, in seiner Regierung, im Großen Faschistischem Rat sind zahlreiche Juden verzeichnet. Mit der Veröffentlichung von *La Mia Battaglia* 1934 und der fortschreitenden Annäherung an Hitler ändert sich aber die Situation: Mussolini trennt sich von hochrangigen jüdischen Faschisten in seiner Regierung oder in den Medien, wie Margherita Sarfatti, seiner ehemaligen Maitresse, die Mussolinis Tageszeitung *Il Popolo d'Italia* verlassen muss, oder der Journalistin Anita Levi Carpi, die daran gehindert wird, für Italien offiziell aus Japan zu berichten. Im Inneren der Regierung setzen diskrete »Säuberungen« ein: Bürgermeister, Vorsitzende von Berufsverbänden, Industrielle, hohe Beamte werden zum Rücktritt gezwungen. Und am 30. März 1934, kurz bevor *Mein Kampf* auf Italienisch erscheint, veröffentlicht *Il Popolo d'Italia* eine enthusiastische Rezension des Buches, in welcher der Autor, ein Vertrauter des Duce, sich beiläufig über »zu viele Juden auf entscheidenden Posten«[19] in Triest beklagt.

Die Veröffentlichung des Führer-Buches in Italien kennzeichnet, wie von Fabre hervorgehoben, ohne jeden Zweifel den Beginn einer in der Regierungspresse und gewissen intellektuellen Kreisen merklichen rassistischen und antisemitischen Kampagne – im Vorgriff auf den Eintritt eines offiziellen, vier Jahre später angeordneten staatlichen Rassismus. Als dann die Allianz mit Deutschland 1938 endgültig besiegelt ist, setzt Mussolini seine eigene antisemitische Politik in Gang, sicherlich weniger gewaltsam als die der Deutschen. Mit einem von Mussolini unmittelbar beeinflussten Artikel im *Giornale d'Italia*[20] geht es am 14. Juli 1938 los. Am 5. August lanciert das Regime die Zeitschrift *Difesa della razza*. Im ersten Leitartikel steht: »Es ist an der Zeit, dass sich die Italiener frank und frei als Rassisten bekennen.« Am 18. September werden dem deutschem Vorbild nachgeschaffene Rassengesetze erlassen. Sie schließen die Juden aus der Armee, der Partei und sogar aus Schulen und Universitäten aus, untersagen ihnen die Ausübung bestimmter Berufe, erlegen ihnen einen Zensus auf und verbieten ihnen die Heirat mit Nicht-Juden. Die Definition dessen, was ein Jude ist, orientiert sich an den Nürnberger Gesetzen: Jede Person mit zwei jüdischen Eltern und drei jüdischen Großeltern gilt als Jude – ob konvertiert oder nicht. Trotz allem wird die italienische Gesetzgebung im Unterschied zu Deutschland nachgiebig und ohne jeden Übereifer angewandt. Und vor allem führt sie – ausgenommen die Zeit der deutschen Besatzung in Norditalien – niemals zu einer physischen Beseitigung der Juden.

Die Veröffentlichung von *Mein Kampf* in Italien hat für sich genommen die antisemitische Wende nicht ausgelöst, sie hat sie aber begleitet und möglicherweise beflügelt. In der vom faschistischen Propagandalob auf die Allianz mit Deutschland mürben Öffentlichkeit wird die Lektüre von *Mein Kampf* von 1934 an erheblich darauf hingewirkt haben, den fortschreitenden Ausschluss der jüdischen Bevölkerung aus der öffentlichen Sphäre hinzunehmen. Während Italiens 50 000 Juden besonders gut integriert waren und kaum Anfeindungen erlitten, hat die antisemitische Propaganda einen Teil der Bevölkerung dazu gebracht, sich von ihnen abzuwenden.[21] Der antisemitischen Haltung des faschistischen Regimes zufolge werden noch vor Mussolinis Sturz Ende 1943 und dem Beginn der Marionettenrepublik von Salo Konzentrationslager wie Ferramonti in Kalabrien eröffnet und dort Hunderte jüdischer Italiener, diese von Mussolini vormals gepriesenen »guten Mitbürger«, eingesperrt.

Die Saga der italienischen Übersetzung von *Mein Kampf* hat noch ein Nachspiel. Am 3. März 1938, vier Monate vor der Proklamation der Rassengesetze, begibt sich der Führer zu einem offiziellen Besuch nach Rom. Hitlers Reise im Zug durch Italien säumen allerorten enthusiastisch jubelnde Menschen. In Rom erwartet den Führer ein bombastischer Empfang. Dieses Mal verläuft das Treffen im Klima der deutsch-italienischen Freundschaft. Diesen Zeitpunkt wählt Bompiani geschickt, um nun auch den ersten autobiographischen Band von *Mein Kampf* mit dem italienischen Titel *La Mia Vita* zu veröffentlichen. Ebenso lautet – hier noch einmal die geschickte Hand des italienischen Verlegers – der Titel von Mussolinis Autobiographie, geschrieben 1911, auch er zu dem Zeitpunkt im Gefängnis einsitzend. Ein Zufall. Und ein Augenzwinkern der Geschichte. Zum Anlass von Hitlers Italienbesuch lässt Bompiani Werbeplakate für das Buch drucken. Man sieht Hitler Seite an Seite mit Mussolini, darunter den Slogan »Lest *Mein Leben*«. Und oben auf dem Plakat steht in dicken Lettern auf Deutsch: »Willkommen«.

# VII

## *Mon Combat*, ein französisches Buch

### Stellt der Autor von *Mein Kampf* eine Bedrohung für Frankreich dar?

Nach Hitlers Machtübernahme genehmigt der Eher-Verlag überall auf der Welt – natürlich zensierte – Übersetzungen von *Mein Kampf*; nur bei einem Land tun sich die Nazis selbst mit der gekürzten Version schwer: Frankreich. Dieses Land nimmt im Buch nämlich einen besonderen Platz ein. Ist der Ausdruck »Jude« der am häufigsten verwendete Ausdruck darin, dann ist Frankreich das am häufigsten erwähnte und am heftigsten angegriffene Land. »Denn darüber muß man sich endlich vollständig klar werden: Der unerbittliche Todfeind des deutschen Volkes ist und bleibt Frankreich« (2/275), so zieht sich das durch den ganzen Text.

In Hitlers Vorstellung vereint dieses Land alles Negative in sich: Seit Napoleon wird es als Feind betrachtet, ist Heimat der von den Deutschnationalen verabscheuten Aufklärung und hat im letzten Krieg nicht nur Deutschland besiegt, Hitler zufolge übrigens auf unredliche Weise, nein, es ist auch noch den Juden in die Hände gefallen. »Nur in Frankreich besteht heute mehr denn je eine innere Übereinstimmung zwischen den Absichten der Börse, der sie tragenden Juden und den Wünschen einer chauvinistisch eingestellten nationalen Staatskunst. Allein gerade in dieser Identität liegt eine immense Gefahr für Deutschland.« (2/280)

Außerdem betrachtet Hitler, den – wie viele andere Deutsche – der Einsatz von Schwarzen in der französischen Armee sowohl im Krieg als auch bei der »Ruhrbesetzung« 1923 schockiert hatte, Frankreich als ein Land auf dem Weg der rassischen Entartung: »Dieses an sich immer mehr der Vernegerung anheimfallende Volk bedeutet in seiner Bindung an die Ziele der jüdischen Weltbeherrschung eine lauernde Gefahr für den Bestand der weißen Rasse Europas.« (2/280) Weiter hinten im Text heißt es, Frankreich entwickele sich zu einem »europa-afrikanischen Mulattenstaat [...]. Ein gewaltiges, geschlossenes Siedlungsgebiet vom Rhein bis zum Kongo, erfüllt von einer aus dauernder Bastardierung langsam sich bildenden niederen Rasse« (2/305).

Vor diesem Hintergrund sind die Drohungen zu sehen. Die Haltung Frankreichs sei »eine Sünde wider den Bestand der weißen Menschheit und wird auf dieses Volk dereinst alle Rachegeister eines Geschlechts hetzen, das in der Rassenschande die Erbsünde der Menschen erkannt hat« (2/289). In einem anderen Kapitel wird Hitler noch deutlicher: »[...] haben wir jedes Opfer auf uns zu nehmen, das in seinen Folgen geeignet ist, zu einer Vernichtung der französischen Hegemoniebestrebung in Europa beizutragen. Jede Macht ist heute unser natürlicher Verbündeter, die gleich uns Frankreichs Herrschsucht auf dem Kontinent als unerträglich empfindet. Kein Gang zu einer solchen Macht darf uns zu schwer sein und kein Verzicht als unaussprechbar erscheinen, wenn das Endergebnis nur die Möglichkeit einer Niederwerfung unseres grimmigsten Hassers bietet.« (2/330) Dass der Verfasser dieser Zeilen in Deutschland an die Macht gelangt ist, bereitet den Franzosen also aus guten Gründen Unbehagen.

Der französische Botschafter in Deutschland, André François-Poncet, macht sich keinerlei Illusionen über Hitler, obwohl eine gewisse Überschrift und ein berühmtes Foto – auf dem der etwa Vierzigjährige im Gehrock dem Führer die Hand reicht – manchen etwas anderes suggeriert haben mag. Der studierte Germanist kennt das politische Leben in Deutschland und die nationalsozialistische Bewegung genau; 1931 hat er seinen Posten in Berlin angetreten, im prachtvollen Palais Beauvryé am Pariser Platz, gleich gegenüber dem Brandenburger Tor.

So schreibt er kurz nach der Machtübernahme des Führers in sein Tagebuch, dass ein solcher Mann nun an der Spitze eines Volkes von 60 Millionen Menschen stehe und das gesamte Räderwerk der Politik kontrolliere, bedeute eine große, unübersehbare Gefahr für Europa. In einem vertraulichen Bericht an seine Vorgesetzten bezeichnet er Hitler als »von einem doppelten Wahn ergriffen, dem Größenwahn und dem Verfolgungswahn«. Er hat *Mein Kampf* bereits vor 1933 gelesen, auf Deutsch, und unterschätzt nicht die Bedeutung dieser »wesentlichen Doktrin«, wie er sie in einer Depesche nennt. Doch obwohl er die Gewalt kennt, die dieses Buch vermittelt, schwankt er zwischen zwei Deutungen: Ist *Mein Kampf* tatsächlich das politische Vorhaben, das der neue Reichskanzler umsetzen wird, oder nur ein Traktat der Vergangenheit, ein Propagandatext, der durch die Machtausübung mit all ihren Beschränkungen modifiziert werden wird? Paris drängt seinen Botschafter, dessen Analysen durchweg sehr geschätzt werden, Antworten auf diese Fragen zu liefern.

Tatsächlich hegt Hitler weiterhin die alten Kriegspläne. Allerdings ist ihm klar, dass er jede offene Krise mit den Westmächten und Frankreich vermeiden muss: Seine Armee steht noch nicht bereit – Deutschland ist faktisch entwaffnet worden –, seine Macht ist noch nicht gefestigt, und die öffentliche Meinung würde ihm nicht folgen. »Diese Leute wollen ja nicht mehr Krieg und Größe«[1], so das ihm von Rauschning zugeschriebene Wort, womit zugleich sein Volk, sein Generalstab und die Demokratien gemeint sind.

Am 8. April 1933 trifft er also den französischen Botschafter, der gekommen ist, um sich – und Paris – über die Absichten des Führers zu informieren, und erklärt ihm ohne Umschweife: »Wenn ich einen Ehrgeiz habe, so den, dass man mir eines Tages ein Denkmal errichtet, als dem Manne, der Frankreich und Deutschland versöhnt hat.«[2]

Am 16. November 1933 zündet Hitler die nächste Stufe seiner Charmeoffensive, indem er zum ersten Mal überhaupt einer französischen Zeitung – es handelt sich um *Le Matin* – ein Interview gewährt. Diesmal geht es darum, die französische Öffentlichkeit zu beschwichtigen; der Reichskanzler weiß mit untrüglichem Instinkt, wie sehr es in einer Demokratie auf die öffentliche Meinung ankommt. Es gilt also, die Friedenssehnsucht der Menschen zu bedienen, um die französische Regierung von schärferen Vorsichtsmaßnahmen abzuhalten. Diese Vorgehensweise wird Hitler bis zum Ausbruch des Zweiten Weltkriegs beibehalten.

Der Mann, den sich die deutsche Seite für das Interview ausgesucht hat, heißt Fernand de Brinon. Der renommierte Journalist, der später zu einem der wichtigsten Repräsentanten der Kollaboration werden wird, ist seit langem ein Verfechter der Annäherung zwischen Frankreich und Deutschland. Nachdem Hitler einige allgemeine, wohlwollende Fragen beantwortet hat, wiederholt er seinen Wunsch nach einem »wahren Frieden« mit Frankreich, wobei er versichert, die Frage von Elsass-Lothringen sei definitiv geklärt. Dann stellt Brinon ihm *die* Frage, die viele Franzosen umtreibt: »Steht *Mein Kampf* in seiner Originalfassung nicht im Widerspruch zu diesem Wunsch?« Hitlers Antwort: *Mein Kampf* sei »ein Buch voller Verwünschungen, in einer Gefängniszelle mit der wütenden Leidenschaft eines verfolgten Apostels verfasst«. Man dürfe diesen Text also nicht allzu ernst nehmen. Als Brinon dann »gewisse Dinge, die uns beunruhigen« aufführt, kontert Hitler: »Ich allein entscheide über Deutschlands Politik, und wenn ich mein Wort gebe, dann halte ich es gewöhnlich auch.«

In diesem Interview werden noch weitere Themen angeschnitten, doch im Kern geht es um *Mein Kampf*. Ribbentrop, der spätere Reichsaußenminister, ein echter Kenner Frankreichs – als ehemaliger Cognac-Händler verfügt er immer noch über zahlreiche Kontakte dorthin –, hat Hitler bewogen, dieses Interview zu machen, weil er von seinen französischen Gesprächspartnern weiß, dass *Mein Kampf* systematisch den Friedensreden des neuen Reichskanzlers gegenübergestellt wird.

Ebenfalls im November 1933 beweist der französische Außenminister Louis Barthou, der als einer der unnachgiebigsten Politiker in Bezug auf Deutschland gilt, dass auch er auf den Führer hereingefallen ist, indem er erklärt: »Wenn es auf dieser Erde einen Menschen gibt, der den Frieden will, dann ist es Hitler. Was daraus in Zukunft werden wird, wie sich die Wiederbewaffnung auf die Stimmung in seinem Volk auswirken wird, was die Entwicklungen im Inneren sein werden, lässt sich nicht vorhersagen. Aber heute müssen wir Hitler glauben, wenn er erklärt, dass er keinen Krieg will.«[3]

Selbst François-Poncet, dem man keine Naivität nachsagen kann, glaubt schließlich Hitler so weit, dass er ihn beim Wort nimmt und bei seinen Gesprächspartnern im Berliner Außenministerium anfragt, ob man sich vorstellen könne, *Mein Kampf* in Deutschland vom Markt zu nehmen oder zumindest inhaltlich zu bearbeiten. Einige Diplomaten geben ihm zu verstehen, das sei nicht ausgeschlossen, und empfehlen ihm, Geduld zu haben. Der Franzose wartet vergeblich.

## Die Saga von der ersten Übersetzung

Nun mögen zwar die diplomatischen Kreise und die des Deutschen kundigen Militärs das Buch, das in krassem Widerspruch zu den Reden des Führers steht, studiert haben, doch der breiten Öffentlichkeit wird, obwohl es viel darüber gehört hat, die Lektüre vorenthalten. *Mein Kampf* ist noch immer nicht ins Französische übersetzt.

Zunächst hat der Eher-Verlag, stets darauf bedacht, Gewinne aus seinem Spitzentitel zu ziehen, dafür plädiert, einem französischen Verlag die Rechte für eine gesäuberte Übersetzung von *Mein*

*Kampf* zu verkaufen. Im März 1933 wird zu diesem Zweck sogar ein Mittelsmann eingeschaltet, der Schriftsteller Jacques Richard Grein, Verfasser von zwei Büchern über Deutschland. Wie man einem Polizeibericht aus jener Zeit entnehmen kann, wird offenbar beim Verlag Tallandier vorgefühlt. Sobald Hitler von diesen Verhandlungen erfährt, stoppt er allerdings jedes weitere Vorgehen: Es kommt nicht in Frage, dass die Franzosen sein Buch lesen.

Ende 1933 veröffentlicht ein Pariser Kleinverleger namens Jacques Haumont das Buch eines gewissen Charles Appuhn, Philosoph und Spinoza-Übersetzer. Appuhn spricht nicht nur fließend Deutsch, sondern leitet auch die deutsche Abteilung des Kriegsmuseums. Sein 170 Seiten umfassendes Werk, das den Titel *Hitler par lui-même d'après son livre »Mein Kampf«* trägt, enthält Auszüge aus dem Buch des Führers. Appuhn will aufklären: Es gehe ihm darum, »die Person des Mannes zu erklären, in dem Deutschland einen Führer gesehen hat«. Das ist an und für sich keine antinationalsozialistische Attacke, zumal er Hitler »Mut« und »unermessliche Liebe« attestiert.

Die Reaktion von deutscher Seite steht in umgekehrtem Verhältnis zur Bedeutung von Appuhns Buch. Außenminister von Neurath soll herausfinden, welche Schritte dagegen unternommen werden können, der Justiziar des Eher-Verlags erhält den Auftrag, eine Expertise zu erstellen, ja, es wird sogar eine Übersetzung des Buches vorgenommen, damit Hitler im Bilde ist. Entsprechende Unterlagen finden sich im Bundesarchiv Koblenz. Da Appuhns Werk keine Urheberrechte verletzt – es enthält nur kurze Auszüge aus *Mein Kampf* –, kann juristisch nicht dagegen vorgegangen werden. Das Ministerium protestiert trotzdem bei den zuständigen Stellen in Frankreich und verwahrt sich gegen »die Verbreitung eines verfälschten Bildes des Führers«.

Dabei wissen die Deutschen noch nicht, dass sich zur selben Zeit in Paris eine Gruppe von Leuten daranmacht, *Mein Kampf* in vollständiger Fassung zu übersetzen.

Die Nouvelles Éditions latines, nach ihrem Gründer auch Éditions Sorlot genannt, zählen zu den dynamischsten französischen Verlagen dieser Zeit. Ihr Katalog umfasst Dutzende Titel, darunter Romane der Goncourt-Preisträger Maurice Genevoix und Georges Duhamel. Die Pariser Literaturszene trifft sich bei Sorlot in der Rue Servandoni in Saint-Germain-des-Près.

Als Hitler an die Macht kommt, ist Fernand Sorlot dreißig Jahre alt. Geboren in der Provence, aus bescheidenen Verhältnissen stammend, hat er – altersbedingt – zwar nicht selbst am Weltkrieg teilgenommen, ist jedoch geprägt von dem Gemetzel, bei dem sich Europas Jugend gegenseitig umgebracht hat. Er empfindet großes Misstrauen gegenüber einer Republik, die nicht zögert, ihre Soldaten zu opfern, aber auch eine tiefe Feindschaft gegenüber Deutschland. Schon früh knüpft er Kontakte mit Veteranen, lauscht fasziniert ihren Erzählungen, die von heldenhaftem Nationalismus oder enttäuschtem Pazifismus zeugen. Mitte der 1920er Jahre zieht der ehrgeizige, wenn auch mittellose Provinzler nach Paris, wo er sich wie viele seiner Zeitgenossen für die neuen Ideen begeistert, die der Faschismus repräsentiert: eine Alternative zur parlamentarischen Demokratie, ein glühender Nationalismus, die Ablehnung der Rassenvermischung und ein Kult der Stärke, ein Ideal der Einheit, eine reaktionäre Romantik, die Nostalgie nach einer alten Ordnung, stimuliert von einer revolutionären Sehnsucht. Schon bald schließt er sich dem Mouvement Franciste von Marcel Bucard an, einer erklärtermaßen faschistischen Kleinpartei, die in Anlehnung an den bewunderten Mussolini folgendes Prinzip verkündet: »Unsere Philosophie stellt sich grundsätzlich gegen die unserer Altvorderen. Unsere Väter wollten die Freiheit, wir verlangen die Ordnung. Sie lehrten die Gleichheit, wir bejahen die Hierarchie der Werte.«

1931 gründet Sorlot seinen eigenen Verlag, die Nouvelles Éditions latines. »Latines«, romanisch, weil er für sich ein neues Ziel gefunden hat: die Einheit aller romanischen Völker – Franzosen,

Italiener, Südamerikaner und sogar Quebecer – unter dem faschistischen Banner. Er bringt eine Zeitschrift namens *Front latin* heraus, die dafür als Forum dienen soll.[4] Ein Leitartikel gibt einen Einblick in seine Überzeugungen: »Der Faschismus, der die religiösen und wirtschaftlichen Zwistigkeiten geschuldete Schwäche beseitigt hat, kann sich mit gutem Recht rühmen, den totalitären Staat organisiert zu haben. [...] So erklärt sich in all seiner Kraft, in seiner gesamten Energie, der romanische Schwung, dessen würdiger und legitimer Erbe das Neue Italien ist.«

Den Verleger erfolgreicher Autoren, darunter einer ganzen Reihe Veteranen, reizt die Literatur ebenso wie die Politik. Sorlot ist zwar Antirepublikaner, Faschist, Mussolini-Anhänger, doch die Tatsache, dass Hitler an die Macht gelangt ist, bereitet ihm Sorgen. Der Hass, den die Nazis Frankreich entgegenbringen, und das Rachebedürfnis, das ihr Programm zu charakterisieren scheint, beunruhigen ihn.[5]

Da Sorlot das politische Geschehen in Deutschland wachsam verfolgt, hört er schon früh von *Mein Kampf.* In den zahlreichen antifranzösischen Passagen findet er die Bestätigung seiner düsteren Ahnungen. In seiner Sorge, die Franzosen könnten Hitlers Friedensbeteuerungen Glauben schenken, beschließt er, das Buch in ihrer Sprache herauszubringen, um die Öffentlichkeit vor den Ideen des neuen Reichskanzlers zu warnen. Außerdem schätzt Sorlot, der auch an seinen Verlag denken muss, dass die Veröffentlichung dieses Buches, von dem die Journalisten so viel sprechen, ein hübscher kommerzieller Coup sein könnte. »Es ist ein Knüller. Mein Vater kann es machen, also macht er es. Keine Ahnung, ob er es nur des Geldes wegen gemacht hat, aber er hat es auch gemacht, um seinen Verlag weiterzubringen«, erklärt heute sein Sohn Jean.[6]

Zunächst nimmt Sorlot Kontakt mit dem Eher-Verlag auf, doch als er von dort eine Abfuhr erhält, gibt er sich nicht etwa geschlagen, sondern beschließt, sich darüber hinwegzusetzen. Er aktiviert sein Netzwerk, insbesondere im Veteranenministerium, wo er ein häufiger Gast ist. Speziell einer der Abteilungsleiter, General Lachèvre, unterstützt das Unternehmen des Pariser Verlegers mit Rat und Tat. Sorlot beauftragt zwei Übersetzer, Jean Gaudefroy-Demonbynes und André Calmettes, das Buch ungekürzt ins Französische zu übertragen – beider Namen sind in der französischen Ausgabe aufgeführt –, aber Lachèvre stellt ihnen noch ein Dutzend Mitarbeiter zur Seite. Es heißt sich beeilen, damit dieses Buch so bald wie möglich erscheinen kann.

Es ist kaum verwunderlich, dass das Ministerium die Übersetzung von *Mein Kampf* ins Französische unterstützt: Die Veteranen und ganz allgemein die Militärs sind aufmerksame Beobachter des Erbfeindes Deutschland, dessen traditionellen Militarismus und Hegemonialstreben sie fürchten. Und da viele unter ihnen Deutsch sprechen, gehören sie zu den ersten, die sich ernsthaft mit Hitlers Werk beschäftigen, so etwa General de Gaulle, der es zu dieser Zeit entdeckt und ihm hohe Bedeutung beimisst. Oder General Gauché, der schon 1932 in einer Note ans Kriegsministerium schreibt: »*Mein Kampf* enthält die Grundsätze von Hitlers zukünftigem Handeln.«

*Mein Kampf, mon combat* – so der Titel und Untertitel des Buches – kommt im Frühjahr 1934 heraus. Das Werk, mit seinem Umschlag in leuchtendem Orange der neuesten Mode entsprechend, umfasst 688 Seiten. In einer einleitenden Bemerkung rechtfertigt der Verleger seinen Schritt: »Weder eine vollständige Erklärung für diese so mächtige Woge, die unsere Nachbarn emporträgt, noch eine wohlbegründete Prognose hinsichtlich der Gefahren, die daraus für Frankreich folgen, ließ sich direkt aus den Quellen der neuen Doktrin schöpfen. Denn Hitler hat sich bislang hartnäckig geweigert, *Mein Kampf* auf Französisch erscheinen zu lassen, das Buch, das, in Deutschland mit über einer Million Exemplaren verbreitet, auf den Kurs eines Volkes einen derartigen Einfluss gehabt hat, für den man, um eine Analogie zu finden, auf den Koran zurückgreifen müsste.« Kurz darauf präzisiert er: »Man möge unseren Schritt recht verstehen: Wir wollen weder Hass noch Feindschaft säen; wir tun nichts weiter, als der französischen Öffentlichkeit ein Dokument zur Verfügung zu stellen, das in Augenschein zu nehmen wir für unerlässlich halten. [...] Wenn man einem Volk derart deutliche Drohungen entgegenschleudert, hat man nicht mehr das moralische Recht, es daran zu hindern, sie zur Kenntnis zu nehmen.«

Sorlot stellt dem Text ein Leitwort von Marschall Lyautey voran, der sein Unternehmen unterstützt und von dem er über das Ministerium erfahren hat: »Jeder Franzose sollte dieses Buch lesen.« Lyautey ist nicht irgendwer, sondern ein Held der kolonialen Eroberungszüge, Dreyfusianer, und war von 1914 bis 1918 sogar Kriegsminister. Sein Wort bringt die Sache auf den Punkt, ist als Motto aber auch unter kommerziellen Aspekten ausgezeichnet. Doch obwohl er sich einen verlegerischen Erfolg ausrechnet, ist Fernand Sorlot auch ein besonnener Geschäftsmann und bringt als Erstauflage nur 8000 Exemplare auf den Markt.

Doch sind Sorlots politische Motive wirklich so rein? Sie sind jedenfalls ein Spiegelbild unruhiger Zeiten. Der Verleger ist Hitler-Gegner, aber durchaus nicht unempfänglich für den Antisemitismus. 1936 veröffentlicht er *Le Péril juif* von Marcel Jouhandeau, ein antisemitisches Pamphlet, in dem zwar nicht von physischer Vernichtung der Juden die Rede ist, das aber vor Klischees und Gehässigkeit trieft. Und Sorlots Zeitschrift *Front latin* will die romanische Kultur nicht nur gegen »das germanische und slawische Barbarentum« verteidigen, sondern auch gegen die »liberalen und revolutionären Ideen« und die »jüdisch-slawischen Theorien des allgemeinen Umsturzes«. Sorlot verlegt außerdem *La Vie de Monsieur Léon Blum*, dessen antisemitische Ausfälle unbestreitbar sind, was ihn ins Visier der Justiz bringt. 1936 tritt er in den Parti Populaire Français (PPF) von Jacques Doriot ein, eine rechtsradikale Partei, die zu der Zeit allerdings noch nicht offen antisemitisch auftritt; das holt sie ab 1938 nach.

Dennoch veröffentlicht der Verleger Sorlot auch etliche Werke, die den Antisemitismus in Deutschland und die Verfolgungen durch die Nazis anprangern. Darunter finden sich Bücher von Edmond Vermeil, *Le Racisme allemand* sowie *Doctrinaires de la revolution allemande*, worin der Germanist, der an der Sorbonne lehrt, ganz im Sinne der Veröffentlichung von *Mein Kampf* in Frankreich die Ideen der Nazi-Vordenker aufschlüsselt. Vermeil ist außerdem Redakteur des antirassistischen Bulletins *Races et racismes*, das ebenfalls bei Fernand Sorlot erscheint. In den 1930er Jahren bringt er auch eine Übersetzung von Kardinal Faulhabers *Judentum, Christentum, Germanentum* heraus sowie *Racisme et judaisme* von Jacob Kaplan, dem Verdun-Kämpfer und späteren Oberrabbiner von Frankreich. Kurz vor Kriegsausbruch verlegt er *Vêpres hitlériennes* des deutschen Juden Konrad Heiden – erst Jahrzehnte später auf Deutsch unter dem Titel *Eine Nacht im November 1938* erschienen, ein Meisterwerk über die Reichskristallnacht 1938, eine glühende Anklageschrift gegen die Judenverfolgungen,[7] sowie einen antinationalsozialistischen Essay in deutscher Sprache, bestimmt für die Pariser Flüchtlingsgemeinde, verfasst von dem Emigranten Botho Laserstein. 1939 schließlich, am Vorabend des Zweiten Weltkriegs, bringt Sorlot *Le Drame juif* des Filmkritikers Robert de Beauplan heraus, ein Pamphlet, das bekräftigt, dass »die Judenverfolgungen, die der Hitlerismus wieder in Kraft gesetzt hat, einen gefährlichen Rückschritt für die Zivilisation bedeuten«.[8]

Ist Sorlot, der Herausgeber von *Front latin*, der Gegner der französischen Republik, letztlich also ein echter Gegner des Nationalsozialismus? Die hohe Zahl an Titeln seines Verlags, die unter der Besatzung von den Deutschen verboten werden, lässt darauf schließen: Es sind 36, im Vergleich zu 24 Titeln beim Verlag Grasset und 29 bei Denoël. Aber zwischen zwei Werken von Hitlergegnern veröffentlicht Sorlot Übersetzungen von Nazi-Texten: *Neuadel aus Blut und Boden* von Walther Darré, *Das dritte Reich* von Arthur Moeller van den Bruck, *Der Mythos des 20. Jahrhunderts* von Alfred Rosenberg und *Aufbruch einer Nation* von Hermann Göring. Geht es ihm wie bei *Mein Kampf* darum, die Leser mit den vorherrschenden Ideen der deutschen Nachbarn bekanntzumachen, die Franzosen vor der Nazi-Gefahr zu warnen? Oder vielleicht auch darum, auf der Welle des Interesses mitzureiten, die Hitler-Deutschland hervorbringt, auf die Gefahr hin, sich zum Propagandisten von dessen Ideologie zu machen?

Als Verleger antirassistischer Autoren und antisemitischer Bücher, der sich als Antikonformist gibt, vertritt Sorlot eine Geschäftspolitik, die an Jean-Luc Godards Formulierung denken lässt, mit der er sich über die Konzeption der Objektivität der Mediengesellschaft lustig macht, wo die kommerzielle Vernunft die Oberhand über die Urteilskraft behält: »Fünf Minuten für die Juden, fünf Minuten für Hitler.« Dieses Bonmot würde genau auf den Verleger passen, wenn man in seinem Weg und seinen Entscheidungen nicht auch das Ergebnis einer politischen Verwirrung sehen müsste, typisch für die Zeiten und nicht reduzierbar auf zynisches kaufmännisches Kalkül.

Das Vorgehen dieses Mannes, der sich zur rechtsextremen Bewegung bekennt und während der deutschen Besatzung zu Pétains entschiedenen Unterstützern zählen wird, lässt sich, was die Nazi-Ideologie betrifft, nicht eindeutig bewerten; niemand kann wissen, ob Sorlot *Mein Kampf* lediglich deshalb veröffentlicht hat, um den Hitlerismus anzuprangern. Es gehe darum, argumentiert er im Vorwort von Görings Buch, »die französische Öffentlichkeit mit dem vollständigen Gedankengut der Bauherren des neuen Deutschlands bekanntzumachen, [da] die meisten der in Frankreich erschienenen Studien über den Nationalsozialismus und das III. Reich mit vorgefassten Meinungen und politischen Vorurteilen behaftet sind«. Die Entscheidung für Gaudefroy-Demonbynes und Calmettes, zwei hervorragende Germanisten, als offizielle Übersetzer von *Mein Kampf* ins Französische wirft ein Licht auf Sorlots Ambivalenzen wie auch auf die Verwirrung, die Frankreich ergriffen hat. Calmettes ist überzeugter Nazi-Gegner; seine Einstellung und die Motive für die Annahme dieser Arbeit erläutert er im *Journal de l'Ecole polytechnique*: »Ich habe *Mein Kampf* nicht ohne Ziel oder Grund übersetzt. Dieses Pensum von 800 Seiten habe ich mir mit ganzem Herzen für meine Angehörigen und meine Freunde auferlegt, aber auch für alle Männer und alle Frauen guten Willens.« Gaudefroy-Demonbynes dagegen tut schließlich seine Unterstützung für Hitler kund, wobei er so weit geht, der Presse zu erklären: »*Mein Kampf* ist nicht antisemitisch.«

## Die geheime Rolle der LICA

»Die Übersetzung des Buches *Mein Kampf* stellt die wichtigste Aktion der Liga dar.« Diesen erstaunlichen Satz fand der Wissenschaftler Emmanuel Debono bei seiner Forschungsarbeit über die LICA, die Ligue internationale contre l'antisemitisme, Vorläufer der heutigen LICRA (Internationale Liga gegen Rassismus und Antisemitismus).

1927 von Bernard Lecache zum Kampf gegen den Antisemitismus gegründet, steht die Liga an vorderster Front, um die Judenverfolgungen unter der nationalsozialistischen Herrschaft anzuprangern – zu einer Zeit, als diese die Öffentlichkeit weit weniger interessieren als Hitlers Frankophobie. Mitglied der LICA zu sein, das heißt nach der nationalsozialistischen Machtübernahme, mit eher mäßigem Erfolg Zusammenkünfte zu organisieren oder ohne große Wirkung gegen die antijüdischen Ausschreitungen in Deutschland zu protestieren. Und wenn es doch nur um Deutschland allein ginge ... Die LICA ist beunruhigt über die Situation in Rumänien, in Ungarn, in Polen, ja selbst in Frankreich. Überall da, wo Juden behelligt, misshandelt, ausgegrenzt, eingesperrt, umgebracht werden.

Der Mann, der die »wichtigste Aktion der Liga« in die Wege geleitet hat, heißt Maurice Vanikoff. Jude russischer Herkunft, Mitglied der LICA, ist er zugleich Veteran, hat als Freiwilliger in der französischen Armee gekämpft. Über alte Kameraden lernt er denn auch Fernand Sorlot kennen. Das Projekt, *Mein Kampf* zu übersetzen, hat für ihn hohe Bedeutung, weil er überzeugt ist, dass dieses Buch den Franzosen in ungekürzter Form gezeigt werden muss, damit sie die Absichten des Führers überhaupt einschätzen können.

Schnell hat er die LICA, eine linksgerichtete Organisation, davon überzeugt, ein – geheimes – Bündnis mit diesem Verleger zu schließen, der einer politischen Partei mit genau entgegengesetzter Ausrichtung angehört. Die Organisation ist bereit, mit Sorlot zusammenzuarbeiten, und zahlt ihm eine stattliche Geldsumme, entsprechend dem Vorabkaufpreis von 5000 Exemplaren des Buches. Für Sorlot, der sich durch die Missachtung der Rechte des Eher-Verlags in ein Unternehmen mit unsicherem Ausgang gestürzt hat, ist diese finanzielle Unterstützung, die ihm einen Teil seiner Verkäufe garantiert, alles andere als ein bloßes Zubrot. Die LICA plant, vor allem die französischen Eliten aufzurütteln. Abgeordnete, Minister, Regionalräte, zahlreiche Anwälte, Journalisten, Militärs, Richter, Gewerkschafter, Professoren, Kardinäle erhalten ein Exemplar von *Mein Kampf*, finanziert von der jüdischen Organisation. Selbst wenn Sorlot offiziell die Versendung besorgt – in ihren Archiven findet sich eine Liste mit 4400 Adressen.

Die Geschichte kommt zwei Jahre später ans Licht, anlässlich eines heftigen Disputs zwischen der LICA und dem rechtsradikalen Vordenker Charles Maurras. Als der Sorlot öffentlich dazu beglückwünscht, *Mein Kampf* herausgebracht und Hitler die Stirn geboten zu haben, nimmt die LICA ihm prompt den Wind aus den Segeln. »Charles Maurras, Judenfresser, [...] glaubte, einem ihm eng verbundenen Verleger zu huldigen, während er gerade unwissentlich ein leuchtendes Zeugnis von Patriotismus und Dankbarkeit vor der LICA abgelegt hat«, jubelt Bernard Lecache in der Zeitung der Organisation, *Droit de vivre*. Er nutzt die Gelegenheit, um »M. Sorlot noch einmal zu seinem Schneid zu beglückwünschen. Zweifellos gehört er nicht zu unseren Freunden, aber wir halten uns daran, dem Kaiser zu geben, was des Kaisers ist.«

Die Aufdeckung der Verbindung zwischen der LICA und Sorlot empört den Verleger. Nun schreibt er wiederum einen Brief an Bernard Lecache, in dem er die Komplimente zurückweist, die man ihm gemacht hat, und wird sehr deutlich: »Es scheint, dass Sie sich im Irrtum hinsichtlich einiger Ziele befinden, die ich mit der Publikation der vollständigen Ausgabe von *Mein Kampf* verfolgt habe. Ich weise Sie darauf hin, dass viele Franzosen allmählich verstehen, warum Adolf Hitler einen so erbitterten Kampf gegen die Juden führen muss. Den Franzosen die Wahrheit über diesen Kampf zur Kenntnis zu bringen, war eines meiner Ziele, als ich mich entschloss, *Mein Kampf* herauszubringen und alle Verantwortung für die Ausgabe auf mich zu nehmen.«[9]

Vergreift sich da jemand im Ton, den es ärgert, dass ihm die Lorbeeren für die Übersetzung abgesprochen werden, oder spricht aus diesen Worten echte Überzeugung? Die Wahrheit über die Absichten des verschlagenen Fernand Sorlot liegt vermutlich irgendwo dazwischen.

## Hitler klagt

Die Deutschen erfahren die Neuigkeit umgehend über ihre Botschaft in Paris. Hitler ist entsetzt und nimmt sich selbst das Dossier vor. Er lässt den Justiziar des Eher-Verlags kommen, um über eine Reaktion zu beraten, und Amann wird eiligst nach Paris entsandt.

Wie der intensive Briefwechsel zwischen Berlin und der Pariser Botschaft bezeugt, planen die Nazis zunächst, den diplomatischen Weg zu beschreiten. Zu diesem Zweck trifft sich der deutsche Botschafter mit seinen französischen Kollegen vom Außenministerium. Die geben ihm allerdings zu verstehen, dass sie keinerlei Befugnis haben, gegen die Veröffentlichung eines Buches vorzugehen. Also entscheiden sich Hitler und sein Beraterkreis schließlich für den juristischen Weg und reichen Klage beim Handelsgericht im Departement Seine ein. Wie es jeder gewöhnliche Klagesteller täte, beruft sich Hitler auf die Verletzung seiner Urheberrechte. Der Klage schließt sich auch die »Société des gens de lettres« an. Der Verband zur Verteidigung der Urheberrechte wurde vom französischen Anwalt des Eher-Verlags kontaktiert und sieht in Sorlots Publikation tatsächlich eine Verletzung der Rechte Hitlers am eigenen Werk. Die Vertreter des Eher-Verlags in Frankreich erwirken eine einstweilige Verfügung: Bei den Nouvelles Éditions latines wird der gesamte Lagerbestand von *Mein Kampf* beschlagnahmt. Die Verhandlung, auf den 5. Juni 1934 festgesetzt, findet im großen Saal des Handelsgerichts statt, vor einer Kulisse aus holzgetäfelten, samtbespannten, mit Gemälden behängten Wänden. Dem Vorsitzenden Richter Maurice Piketty gegenüber sitzen der Anwalt der Nouvelles Éditions latines, Philippe Lamour, genau wie Sorlot aktiv in der faschistischen Bewegung, und die beiden den Eher-Verlag vertretenden französischen Rechtsanwälte.

In der Hauptsache plädiert der Anwalt des Eher-Verlages, *Mein Kampf* sei die Arbeit einer Privatperson und deshalb als ein Werk literarischen Schaffens zu betrachten, das den Vorschriften des Urheberschutzes unterliegt. Sorlots Anwalt trägt dagegen vor, *Mein Kampf* sei ein politischer Referenztext von grundlegender Bedeutung, verfasst vom derzeitigen deutschen Reichskanzler, weshalb das Interesse der französischen Öffentlichkeit es gebiete, hier kein Urheberrecht anzuwenden.

Anhand der in den Archiven aufgefundenen Begründung der Entscheidung des Gerichts vom 18. Juni 1934 lassen sich die bei diesem so ungewöhnlichen Prozess vorgebrachten Argumente und die Überlegungen der Richter genau nachvollziehen. Eines von Sorlots Argumenten – so wie es in der Urteilsbegründung aufscheint – lautet, »der Eher-Verlag erfülle nicht die Kriterien eines Abtretungsempfängers der Autorenrechte und stelle vielmehr ein Zentrum der Hitler'schen Propaganda dar«. Ein geschicktes Argument, um den deutschen Verleger zu disqualifizieren, dem die Richter wie folgt entgegnen: Auch wenn »der Verlagsvertrag [zwischen dem Eher-Verlag und Adolf Hitler] nicht vorgelegt wurde«, gelte es zu beachten, dass Sorlot »nicht verlangen kann, dessen gesamten Inhalt zu kennen«. Und da der Eher-Verlag eine von Adolf Hitler unterzeichnete Erklärung präsentiert, »der zufolge er ihm die Rechte der Übertragung seines Werkes in andere Sprachen übertragen hat«, weist das Gericht das Argument von Sorlots Anwälten zurück.

In der schriftlichen Urteilsverkündung wird anschließend die letzte Argumentation wiedergegeben, die der Anwalt der Nouvelles Éditions latines vorbringt: »Im öffentlichen Interesse ist es geboten, dass jeder Franzose vor allem eines weiß: dass der Autor Frankreich als abscheulichsten Feind Deutschlands betrachtet, den er unter Aufbietung aller moralischen und physischen Kräfte im Herzen zu treffen gedenkt, ohne die Möglichkeit außer Acht zu lassen, diese Kräfte durch Bündnisse zu stärken, bevor er sich an die Abrechnung macht.« Wie denkt nun die Justiz über die ideologische und politische Tragweite von Adolf Hitlers Text? Mit einer lapidaren Formulierung entgegnet das Gericht: »Sorlot war nicht aufgerufen, über das Interesse der Öffentlichkeit zu entscheiden«, ganz im Gegenteil: »Die Notwendigkeit, den Franzosen eine Übersetzung zur Verfügung zu stellen, die anders als die den Engländern oder den Italienern offiziell angebotenen nicht gesäubert ist, kann die Handlung des Beklagten juristisch nicht rechtfertigen. In einem zivilisierten Land begründet die Notwendigkeit nicht das Recht.«

»In einem zivilisierten Land«, eine stolze Formulierung, die auf den Punkt bringt, in welch heikler Lage sich die alten, an ihren Gepflogenheiten hängenden Demokratien angesichts eines neuartigen Totalitarismus befinden – eines Totalitarismus, der zynischerweise zwar das Recht verachtet, aber es nutzt, wann immer es zum Vorteil gereicht.

Die Richter kommen zum Ende ihrer Urteilbegründung, das hier zitiert werden soll, weil es, wenn man rückblickend den Streitgegenstand und die Identität des Klägers betrachtet, geradezu frappierend ist: »Die Beklagten vertreten, dass *Mein Kampf* ein politisches Programm darstelle und nicht als literarisches Werk betrachtet werden dürfe. Doch das Gesetz vom 19. Juli 1793 schützt die Schriften jeder Gattung, ohne Berücksichtigung der Person des Autors, der Art des Werkes oder seiner Eigenschaften. Da politische Meinungen und, ganz allgemein, Gedanken sich jeglicher Aneignung entziehen, gilt es, um im Bereich der Ideen zu bleiben, deren Privileg es ist, unendlich frei zu sein, darauf zu achten, dass das Gesetz die Form schützt, in welche der Autor seine Gedanken kleidet, auch die politischen. Wenngleich eine Thronrede, eine ministerielle Bekanntmachung, ein Urteil, alles Schriftliche, das von einer öffentlichen Autorität stammt, keiner Aneignung unterliegen kann, so ist doch *Mein Kampf* kein Manifest des Kanzlers Hitler, sondern das Werk Adolf Hitlers, der dann Reichskanzler geworden ist. Sorlot hat sich nicht damit beschieden, die Ansichten des Autors bekanntzumachen, er hat sein Buch Wort für Wort übersetzen lassen, ohne dessen Form zu verändern. Dieses Werk stellt eine schöpferische Leistung dar. […] Hinsichtlich des literarischen Eigentums genießen Deutsche in Frankreich dieselben Rechte wie Landesangehörige.«

Aus dieser Logik erfolgt der Urteilsspruch: »Das Gericht untersagt Sorlot, das Werk *Mein Kampf* drucken zu lassen, zu verkaufen oder verkaufen zu lassen; jeder nachgewiesene Verstoß dagegen wird mit einer Geldstrafe von 100 Francs geahndet.« Außerdem ordnet es an, »die beschlagnahmten Bücher und die Druckplatten zu zerstören«, und verurteilt Sorlot zu der symbolischen Strafe von einem Franc Schadenersatz an den Eher-Verlag.

Man kann sich des Gedankens nicht erwehren, dass dieses Urteil des Handelsgerichts von 1934 – also Jahre vor dem Münchner Abkommen gefällt – eine Niederlage im Namen des Rechts war. Eine Niederlage im Namen der Zivilisation und durch ihre Normen herbeigeführt. Eine juristische Niederlage, die die kommenden politischen und militärischen Niederlagen ankündigte.

Indem er diesen Prozess anstrengt, zeigt Hitler wieder einmal, wie weit er die Waffen der Demokratie gegen sie selbst zu wenden vermag. Von diesem besonderen Wesen ist auch die Hitler'sche Unternehmung: etwas Böses, das direkt der Demokratie entspringt.

## Verkauf unter dem Ladentisch

Die Nazis unterschätzen allerdings gewisse Gesetzmäßigkeiten in einem freien Land mit einer freien Presse. Denn für sie ist der Prozess kein voller Erfolg, weil das Verbot von *Mein Kampf* nicht unbemerkt bleibt. Als Gegenstand zahlreicher Zeitungsartikel steigert es nur das Interesse an dem Buch und lässt die Öffentlichkeit – mit Recht – vermuten, dass Adolf Hitler etwas zu verbergen hat.

Diese Zensurmaßnahme führt zu neuen publizistischen Aktivitäten. Im Mai, anlässlich der Ankündigung des Prozesses, hat ein anderer Verlag ein Buch mit dem Titel *Mein Kampf: analyse du livre interdit* veröffentlicht. Nach der Gerichtsentscheidung publiziert Sorlot eine Broschüre von etwa 100 Seiten Umfang, die Auszüge aus *Mein Kampf* enthält, und vertreibt sie mit einer roten Banderole, wie sie heute in Frankreich für Literaturpreisträger verwendet wird, auf der steht: »Das Buch, das für Franzosen verboten ist«. Nach demselben Muster geht Sorlot vor, als er ein neues Werk herausbringt, *La Guerre allemande* von Ewald Banse. In frischer Kenntnis der rechtlichen Risiken hütet er sich, das Buch, das die Militärstrategie der Nazis zum Thema hat, im Volltext zu veröffentlichen, sondern begnügt sich mit Auszügen, kommentiert von einem französischen Universitätsprofessor. Auch dieses Buch bekommt eine rote Banderole verpasst: »Von Hitler verboten« – eine Anspielung darauf, dass von deutscher Seite aus versucht wird, die englische Übersetzung verbieten zu lassen. Diesmal verfasst er ein Vorwort, in dem er auf seinen Ärger mit der Justiz eingeht und sich mit der Société des gens de lettres anlegt: »Man hätte es sich mitansehen müssen, dieses komische Paradox, als die patriotischen Vertreter unserer Zunft Hitler zu nichts weiter als einem literarischen Autor und Kollegen erklären wollten.« Dann empört er sich: »Hitlers Urheberrechte? Und wer ist auf die lächerliche Idee verfallen, an die Urheberrechte der französischen Autoren zu denken, deren Lektüre man verboten und deren Werke man öffentlich verbrannt hat?« Mit Heftigkeit kritisiert er das Urteil, das »vom Respekt vor dem materiellen Recht der Gedanken [spricht] und anscheinend vergisst, dass in Deutschland mit Billigung desselben Hitlers die Gedanken verfolgt werden.« Schließlich verspricht er: »Wir sind uns dessen gewiss, dass wir eine nationale Pflicht zu erfüllen haben, die über Fragen der guten Geschäfte hinausgeht, und wir werden damit fortfahren, diese Pflicht zu erfüllen.« Tatsächlich fährt er damit fort, sein Buch unter dem Ladentisch zu verkaufen, an alle, die ihn danach fragen.

Der Verleger spielt Verstecken mit den Gerichtsvollziehern, die, vom Eher-Verlag beauftragt, ein- bis zweimal pro Jahr die Lagerbestände beschlagnahmen, die ihnen in die Hände fallen. Aber dank seiner Kontakte zum Innenministerium erfährt Sorlot vorab, wann mit solchen Kontrollen zu rechnen ist. Nach Angaben seines Sohnes dürfte er bis 1940 zwischen 15000 und 20000 Exemplare illegal abgesetzt haben. Weniger als in England oder in den USA, wo die Lage allerdings weniger ernst war als in Frankreich. Der Prozess hat letzten Endes Hitler genutzt.

# VIII

# Die französische Inszenierung einer deutschen Mystifizierung

## Das doppelte Spiel des Marschalls Lyautey

Marschall Lyauteys Spruch »Jeder Franzose sollte dieses Buch lesen«, der als Leitwort der französischen Ausgabe von *Mein Kampf* auf der ersten Seite nach dem Vorsatzblatt steht, wird im Land beinahe so berühmt wie der Titel des Buches. Eine scheinbar unzweideutige Aussage, genießt Lyautey doch den Ruf eines Patrioten, eines aufgeklärten Geistes, eines republikanischen Militärs mit Dreyfus-naher Vergangenheit. Kein Wunder also, dass sich in den 1930er Jahren zahlreiche Kommentatoren auf den Marschall berufen, um zu begründen, warum man sich mit Hitlers Buch beschäftigen sollte. Selbst die kommunistische Partei, die eigentlich keine besondere Sympathie für den großen Soldaten hegt, findet nichts dabei, diesen Satz auf ihre Plakate zu drucken. Doch in Wirklichkeit ist die Sache nicht so eindeutig, wie sie scheint.

Sind Sorlots Verrenkungen bislang die eines Verlegers ohne großen politischen Einfluss gewesen, so geht er im Fall Lyautey ganz anders vor. Eine kleine Broschüre, die kurz nach dem Gerichtsurteil erscheint, rückt die Motive des berühmtesten Akteurs der Operation »Übersetzung von *Mein Kampf*« erneut ins Blickfeld. Herausgegeben wird das Heftchen von der Confédération des contribuables, einer rechtsradikalen, einflussreichen, von Lyautey persönlich geförderten Vereinigung. Es trägt den Titel *Mein Kampf ou le Livre interdit aux Français* und bietet »eine Analyse des verbotenen Buches«. In den Worten der Autoren Charles Kula und Émile Bocquillon: »Die drei Grundprinzipien des Führers lauten: Krieg gegen den Marxismus, Krieg gegen das Judentum, Krieg gegen Frankreich! Sprich: Vernichtungskrieg.« Es folgt eine Liste der Hitler'schen Leitthesen, worauf Kula und Bocquillon bemerken: »In fast zwei Dritteln der Punkte stimmen wir dem Kanzler uneingeschränkt zu und bewundern die Entschiedenheit, mit der er seine Überzeugungen zum Ausdruck bringt. Nicht minder kategorisch erklären wir bei dem letzten Drittel, an welchen Stellen wir Vorbehalte anmelden und an welchen wir uns klar vom Verfasser distanzieren.«

Gegen Ende werden die beiden Autoren noch deutlicher. Im Anschluss an eine ausführlichere Erörterung der Hitler'schen Ideen schreiben sie: »Neben längeren Auszügen aus dem Werk haben wir unsere persönliche Meinung vorgelegt, haben berechtigte Vorstellungen gewürdigt und manche schonungslos aufrechte Bewertung sogar bewundert. Nun bleibt uns nur, einige kurze Kommentare zu der so bedeutsamen und so strittigen Frage des jüdischen Problems sowie dem Problem der Rassen und Heimatländer abzugeben.« Zu diesen entscheidenden Themen stellt die Broschüre der Confédération des contribuables klar: »Das jüdische Problem wurde von Hitler mit der Verbreitung des Marxismus, des Bolschewismus, mit der Propaganda der Freimaurer, der verderblichen Wirkung der Presse verbunden. Und in diesen vier Punkten haben wir ihm recht gegeben.« Obwohl sie Hitlers »brutale und radikale Lösung« der Judenfrage ablehnen, prangern die Autoren sogleich »das Israel des Goldenen Kalbes« an, fügen weitere antisemitische Klischees hinzu und richten schließlich einen Aufruf an die »Juden aus gutem Hause«: Sie sollen »die von der Judäo-Freimaurerei beschädigte alte religiöse Kultur Frankreichs« respektieren und sich dem Kanon dieser Kultur beugen, der da laute: »Gott, Vaterland, Familie, Arbeit«.

Also Antisemiten von traditionellem katholischen Schlag, die das Judentum mit den Übeln der Moderne, dem Kosmopolitismus und dem Marxismus verbinden. Aber hellhörig für die *Mein Kampf* zugrunde liegenden Drohungen »[…] nicht nur gegen den Juden, sondern gegen alle anderen Rassen als die deutsche, mit der Rechtfertigung, dass das deutsche Volk das Herrenvolk sei«. Sie kritisieren »Hitler, der mit seinen ruchlosen und törichten Träumen, welche die heiligen Seelen der Völker zerstören würden, die Menschheit zur Knechtschaft unter das deutsche Joch zwingen will.« Deutschland sei »die einzige Weltmacht, mit der kein Bündnis möglich ist, ohne dass der Verbündete seiner Seele verlustig geht. Seid auf der Hut vor den Völkern, die behaupten, sich auf dem weichen Kissen des Pazifismus und der Abrüstung schlafen zu legen«, warnen sie.

Kritisch gegenüber den Exzessen des Nationalsozialismus, beunruhigt von den Drohungen, die er über Frankreich schweben lässt, aber selbst ausgesprochen antisemitisch und in erklärtem Einverständnis mit zwei Dritteln von *Mein Kampf*: Das ist der Tenor dieser Broschüre.

Was denkt eigentlich Marschall Lyautey über diese Ideen, die eine von ihm unterstützte Vereinigung in seinem Namen verteidigt? Was denkt er über diesen vorzeitigen Pétainismus? Auf einem archivierten Exemplar der Broschüre findet sich folgende handschriftliche Widmung an einen der Autoren: »Mein lieber Kula, herzliche Glückwünsche zu Ihrer Analyse von Hitlers Buch. Ihr sehr ergebener Lyautey.«

Das Wort »Jeder Franzose sollte dieses Buch lesen« des Marschalls, an dessen hehren Absichten niemand gezweifelt hat, verbirgt eine tiefgehende Ambivalenz. Dieses Wort, das in den Augen überzeugter Republikaner aus dem gesamten politischen Spektrum rechtfertigt, sich genauer mit *Mein Kampf* zu beschäftigen, dient also nicht nur dem Zweck der Wachsamkeit gegenüber Deutschland, sondern auch der gegenüber der extremen Rechten.

Empörung über den antifranzösischen *Mein Kampf*, Sympathie und Verständnis für den antisemitischen, antidemokratischen, antirepublikanischen und antikommunistischen *Mein Kampf*: eine Haltung, die von der Verblendung vieler Patrioten zeugt. Diese Haltung verweist auf die Sackgasse, in der die französische Politik während der 1930er Jahre angesichts von Nazi-Deutschland steckt.

## Was soll man vom Buch des Führers halten?

Es ist vor allem der LICA zu verdanken, dass sich das Buch, das ab 1934 nicht mehr verkauft werden darf, über die militärischen und diplomatischen Kreise hinaus unter Entscheidungsträgern der französischen Gesellschaft verbreitet.

Der Text wird in der Abgeordnetenkammer zitiert – »er ist eine Quelle wertvollster Informationen zum Verständnis des derzeitigen Herrschers von Deutschland und den Prinzipien seines Vorgehens«, erklärt der radikale Abgeordnete Adrien Dariac –, die Zeitungen bringen Rezensionen, die Universitäten veröffentlichen kluge Analysen. Aber wie in Deutschland einige Monate zuvor fragen sich die Leitartikler und die Politiker: Muss man *Mein Kampf* ernst nehmen? Will Hitler immer noch das umsetzen, was er damals, als junger Mann, in seinem Buch versprochen hat?

In dieser Dritten Republik, die sich in ständigen Koalitionswechseln festgerannt hat, sehen die politischen Verantwortlichen *Mein Kampf* durch das Prisma ihrer eigenen Erfahrungen. »Viele Politiker erklären, man müsse zwischen dem unterscheiden, was jemand sagt, bevor er an der Macht ist, und dem, was er hinterher tut«, bemerkt dazu der Historiker Édouard Husson. »Und dann stellt sich die Frage: Ist das, was das Buch zum Ausdruck bringt, tatsächlich etwas Neues? Ist es nicht vielmehr ein zum x-ten Mal artikulierter Ausdruck eines übersteigerten deutschen Nationalismus?«[1] So hat jedenfalls de Gaulle als junger Oberst das Buch gelesen und daraus den Schluss gezogen, dass der germanische

Expansionismus von neuem drohe, ohne dabei zu erkennen, was am Nationalsozialismus tatsächlich neu war. Ganz ähnlich die Analyse des rechtsgerichteten Philosophen und Deutschlandspezialisten Albert Rivaud, der sich 1935 in der Zeitung *Le Capital* empört: »Die in *Mein Kampf* vorgestellte Doktrin ist den Einflüsterungen des deutschen Generalstabs geschuldet.« In Verkennung der Realität glaubt Rivaud, nichts weiter vorliegen zu haben als einen Plan, den sich die machtlüsterne preußische Militärführung ausgedacht hat. Gebietseroberungen im Osten, Rache an Frankreich, Krieg gegen Russland ... man habe es lediglich mit einer modernisierten Version des Bismarck'schen Projekts zu tun.

»Die Reaktionen sind häufig von Abscheu oder Bestürzung geprägt«, stellt Husson abschließend fest. »Man sucht vergebens die französische Klarheit. Alles ist zu überspannt, unkalkulierbar, zu verwirrend, als dass man zur traditionellen Einschätzung des deutschen Wesens zurückkehren könnte. Man sagt sich, das sei eben die deutsche Romantik. Man bleibt den Klischees verhaftet, die einen daran hindern, sich Fragen zu stellen.« Léon Blum teilt diese Sicht, wenn er erklärt, das Buch habe keinen politischen Wert: »In diesen unsinnigen Konzeptionen findet sich von allem etwas: der Einfluss alter indischer Kosmogonien, die Imitation primitiver germanischer Gesellschaften, eine Parodie der Moralphilosophie Nietzsches«, schreibt er in der Zeitung *Le Populaire*.[2]

Der Historiker Josselin Bordat, der sich mit der Rezeption des Buches in Frankreich beschäftigt hat, sieht hier ganz klar eine Scheidelinie zwischen denen, die das Buch für immer noch aktuell halten, und den anderen, zahlreicheren, die es für veraltet erachten. Grenzen, die sich entsprechend der aktuellen internationalen Lage und den beschwichtigenden Erklärungen des Führers verschieben. Doch für Bordat ist die Frage weniger politischer als psychologischer Natur: »Waren die französischen Eliten bereit anzuerkennen, dass hier ein Programm für einen kommenden Krieg vorlag?«[3] Mit anderen Worten: Die französischen Eliten, die mehrheitlich das Münchner Abkommen unterstützt haben, sind weniger Hitlers Manipulationen erlegen als ihrer eigenen Blindheit und ihrem glühenden Wunsch nach Frieden.

Nichts anderes sagt der Historiker Marc Bloch. Da die Niederlage so plötzlich kam, beklagt er im Rückblick die Blindheit der französischen Verantwortlichen auf ziviler wie auf militärischer Seite: »Sie gehörten Kreisen an, denen das Bedürfnis nach Informationen verlorengegangen war; wo man, obwohl doch Gelegenheit war, *Mein Kampf* zu lesen, immer noch an den wahren Zielen des Nazismus zweifelte [...], wobei man seine Ignoranz mit dem schönen Wort ›Realismus‹ verbrämt.«[4]

Das in *Mein Kampf* entworfene politische Projekt als solches anzuerkennen ist umso unangenehmer, weil man daraus die gebotenen Schlüsse ziehen, das heißt politische Entscheidungen treffen müsste, die zu einer neuen Konfrontation mit Deutschland führen könnten. Während also manche glauben, dass man sich rüsten und auf Krieg vorbereiten muss, sind andere überzeugt davon, dass Hitler es hauptsächlich auf den Kommunismus und die UdSSR abgesehen hat – was der Rechten keineswegs missfällt –, während wieder andere sich auf seine aggressive Ausdrucksweise in *Mein Kampf* berufen, um herauszustreichen, wie sehr er sich doch gemäßigt hat, seit er an der Macht ist, was doch der Beweis dafür ist, dass die Politik des Appeasement funktioniert ... Ja, in Frankreichs Köpfen herrscht zweifellos Verwirrung.

Die ganze Problematik der Demokratie angesichts des Totalitarismus, der gewöhnlichen Menschen angesichts des Außerordentlichen, spiegelt sich in der Haltung der herrschenden Klasse Frankreichs zu *Mein Kampf*: Die französischen Entscheidungsträger unterschätzen die Bedeutung der Ideologie bei Hitler. Einen gewählten Kanzler vor Augen, der mit beruhigenden Worten und guten Manieren wirbt – Manieren, die ihm das Wohlwollen der gutbürgerlichen Kreise Münchens eingetragen hatten –, der einem geradezu klassischen Staatsapparat vorsteht, vergessen die französischen Politiker schlussendlich, dass Hitler vor allem von einem schwarz auf weiß vorliegenden Ziel angetrieben wird.

Hitler, der sich die Strukturen der Weimarer Republik zunutze gemacht hatte, um an die Macht zu gelangen, schildert Vertrauten die Falle, in der er die mächtigen westlichen Demokratien gefangen haben will und in die sie anscheinend gelaufen sind. Und nennt dabei die geistige Verwirrung, die widersprüchlichen Gefühle, die Unentschiedenheit, die Panik seine nützlichsten Verbündeten.[5] Hat er nicht Ende der 1920er Jahre zu einem seiner Mitstreiter gesagt: »Unsere Strategie ist, [...] den Feind von innen zu vernichten, ihn durch sich selbst besiegen lassen«?[6]

Doch es sind nicht alle blind. Im Dezember 1933 legt ein Flüchtling, der seit mehreren Jahren in Frankreich lebt, in einer militanten Zeitung seine Analyse der aktuellen Ereignisse und der ständigen Friedenserklärungen des Führers vor. Dieser Mann, Leo Trotzki heißt er, schreibt Folgendes: »Hitler will den Frieden. Seine Reden und seine Interviews zu diesem Thema sind nach einer alten Formel konstruiert: Der Krieg vermag keine einzige Frage zu lösen, der Krieg bedroht die höherwertigen Rassen mit Auslöschung, der Krieg führt den Zusammenbruch der Zivilisation herbei. Das klassische Argument der Pazifisten seit Jahrzehnten! Umso erleichternder, dass der Reichskanzler es bereits geschafft hat, etliche ausländische Journalisten von seiner absoluten Aufrichtigkeit zu überzeugen. Hitlers Argumente sind nur in dem Maße überzeugend, wie sie lautstark sind. Die Völker Europas wollen inständig den Frieden erhalten. Kein Wunder also, dass sie voller Hoffnung der groben Argumentation aus Berlin lauschen. Dabei ist es nicht gerade einfach, ihre Zweifel zu zerstreuen. Viele fragen: ›Und was soll man etwa von Hitlers Autobiographie halten, die ja darauf beruht, dass die Möglichkeit, die Interessen Frankreichs und Deutschlands zu versöhnen, grundsätzlich bestritten wird?‹ Man hat dafür schon eine beschwichtigende Erklärung geliefert: Diese Autobiographie *[Mein Kampf]* wurde im Gefängnis verfasst, als der Autor nervlich in schlechter Verfassung war, und nur einer offensichtlichen Nachlässigkeit des Propagandaministers ist es geschuldet, dass dieses irritierende Buch bis heute als Grundlage der nationalen Erziehung dienen kann. Hitler selbst hat der Menschheit einen Schlüssel – oder vielmehr einen Passepartout – in die Hand gegeben, mit dem er uns erlaubt, die Geheimnisse seiner zukünftigen internationalen Politik zu durchdringen. Bei allem Respekt, den wir für tief bewegte Journalisten hegen – wir halten uns lieber an Hitlers Erklärungen, die sich auf ein beeindruckendes System aus direkten und indirekten Beweisen stützen.«[7]

Und auf Seite 1 der *Humanité* vom 20. November 1934 findet sich unter einer Abbildung der Sorlot'schen Ausgabe von *Mein Kampf* ein von Marcel Cachin, dem Direktor der Zeitung, verfasster Text mit dem ironischen Titel »Hitler, der Pazifist«: »Hitler hat seine pazifistischen Ideen in seinem Buch dargelegt, dessen Lektüre, gleich einem Katechismus, für alle jungen Deutschen obligatorisch ist. Der Hitler'sche Pazifismus lässt sich in folgende Worte fassen: ›Unser wesentliches Ziel ist es, Frankreich niederzumachen. Wir müssen zunächst all unsere Kräfte gegen dieses Volk bündeln, das uns hasst. In der Auslöschung Frankreichs sieht Deutschland das Mittel, um unserem Volk andernorts die Ausdehnung zu geben, die irgend möglich ist.‹« Die Kommunistische Partei druckt sogar Plakate mit Zitaten aus dem Buch, die sich auf Frankreich beziehen.

Doch vor allem aus den Reihen der Künstler sind deutliche Worte zu vernehmen. Der Schriftsteller André Suarès, der mit André Gide, Paul Claudel und Paul Valéry die berühmte Literaturzeitschrift *Nouvelle Revue française* (NRF) führt, protokolliert 1934 seine *Mein Kampf*-Lektüre für die *Revue littéraire*: »Welcher Dünkel in der Dummheit und der Bösartigkeit, welche Schamlosigkeit, sich selbst zu bewundern und die anderen zu entwürdigen, wie viele furchtbare Anschuldigungen ohne den Hauch eines Beweises, welcher Wahnsinn dieses Primaten, der sich selbst alles erlaubt und dem anderen alles verweigert, der mit seinen Klauen urteilt und mit seinen Fangzähnen argumentiert – von diesem wütenden Gefasel wird dem Leser immer übler«, schreibt er und fügt hinzu: »Hundert Mal kommt dasselbe. Diese ewige Wiederholerei ist ein Anzeichen von Manie: Zehn Mal kürzer wäre *Mein Kampf* nicht mehr und nicht weniger wahr, nicht mehr und nicht weniger komplett.« Suarès schließt seinen Artikel mit Worten äußerster Hellsichtigkeit: »Kaum zu glauben, dass überhaupt jemand an seiner Bösartigkeit zweifelt und dass immer noch Entschuldigungen für Hitler gefunden werden. Man tut so, als würde man glauben, dass der Mann von *Mein Kampf* nicht der ist, der jetzt Deutschland regiert: Man betont, dass er sich in zehn Jahren zwangsläufig verändert hat und nicht mehr so unbeherrscht ist. Welche Verblendung! In dem Buch stehen alle Verbrechen, die Hitler in diesem Jahr begangen hat, und alle, die er womöglich noch begehen wird. Sie stehen da, er hat sie angekündigt, er räumt sie nicht nur ein, sondern brüstet sich auch noch mit ihnen. Er sagt wortwörtlich, dass man den Reichstag anzünden muss, und er hat es getan. Und Sie suchen immer noch den Brandstifter, den Schuldigen? [...] Was braucht man denn mehr als dieses Buch? Er bekennt sich zu seinen Vorhaben. Alles steht darin, und was dieser Mann sonst noch tun mag, wird auch alles darin gestanden haben. Es wäre gut, wenn alle Franzosen das Buch kennen würden, aber man hindert sie daran, es zu lesen.«[8]

Doch der Dichter gleicht einem Prediger in der Wüste; ein leitender Redakteur der Zeitschrift tut seinen Artikel als »hysterisch« ab, und den Verlag erreichen jede Menge Leserbriefe gegen die Kassandra Suarès, diesen Kriegstreiber.[9]

In dem riesigen Gebäude der Französischen Botschaft kämpft François-Poncet allein mit seinen Zweifeln und Befürchtungen, während er sich immer wieder bemüht, seinen Vorgesetzten in Paris eine angemessene Analyse der Situation zu vermitteln. Ihm ist, als täte sich vor seinen Augen ein Abgrund auf, dessen Ausmaße er kaum erahnen kann. Von seinem Fenster aus, das auf den Pariser Platz hinausgeht, hat er den Reichstag brennen sehen. Im Juli 1934, nach einer besonders hitzigen Rede Hitlers, hat er seinem Minister geschrieben: »Der Grundgedanke von *Mein Kampf* ist an die Oberfläche getreten. Wir haben es mit Anormalen zu tun. Welche Verrücktheiten werden sie begehen, wenn sie erst einmal unter Druck geraten? Werden sie es schaffen, wie sie hoffen, ein ganzes Volk zu fanatisieren?«

## *Mein Kampf* umschreiben?

Den Franzosen fällt es umso schwerer, die Bedeutung des Buches zu ermessen, als Hitler seine Spuren verwischt und Störfeuer zündet, wie etwa im Februar 1936. Da sieht es nämlich besonders brenzlig für das Dritte Reich aus, weil Deutschland sich anschickt, unter Verletzung der internationalen Abkommen das Rheinland zu remilitarisieren. Eine Provokation für Frankreich. Hitler weiß, dass er umsichtig agieren muss, denn die französische Armee ist der Wehrmacht immer noch überlegen. Sollte Paris eine Intervention erwägen, wäre seine ganze Strategie gefährdet.

Aber er kann sich auf Otto Abetz verlassen, den eleganten, frankophonen Vorzeige-Nazi, mit einer Französin verheiratet, Drahtzieher der pronazistischen Propaganda in Frankreich. Zu diesem Zweck hat er Clubs wie das Comité France-Allemagne geschaffen, das in den Sälen des Pariser Hotels George V aus der Taufe gehoben wurde. Dort parliert er mit Pazifisten über den Frieden, mit Veteranen über Blutsbrüderschaft, mit Internationalisten über das große Europa, mit Antikommunisten über den Kampf gegen den Bolschewismus, mit Rechtsradikalen über die neue Ordnung.

Aber das alles genügt nicht. So kommt er auf die Idee, ein neues Exklusiv-Interview mit dem deutschen Kanzler zu organisieren, um die Sorgen zu beschwichtigen, die durch das Wiederanwachsen der Spannungen entstanden sind. Für dieses Interview wählt er den bekannten Journalisten Bertrand de Jouvenel, der kein Nazi-Freund ist, aber für die französisch-deutsche Aussöhnung wirbt.

Das Interview erscheint auf Seite 1 des *Paris-Midi* in Form eines Berichts in der ersten Person. Jouvenels Fragen sind präziser als die von Brinon im Jahre 1933.

»›Wir Franzosen lesen angenehm berührt Ihre pazifistischen Erklärungen, sind aber nach wie vor beunruhigt durch andere, weniger erfreuliche Hinweise. In Ihren Memoiren mit dem Titel *Mein Kampf* schrieben Sie nur Schlechtes über Frankreich. Nun wird das Buch aber in ganz Deutschland als eine Art politische Bibel angesehen. Und es wird auch weiterhin vertrieben, ohne dass Sie die mindesten Autorkorrekturen hinsichtlich dessen vorgenommen hätten, was Sie über Frankreich schrieben?‹

*Der Blick gleitet über mich hinweg, die Lippen spitzen sich zu einer Schnute, was mich beunruhigt. Plötzlich legt Hitler mir eine Hand auf den Arm.*

›Ich war im Gefängnis‹, seufzt er, ›als ich dieses Buch schrieb. Französische Truppen hatten das Ruhrgebiet besetzt. Zu der Zeit herrschten große Spannungen zwischen unseren beiden Ländern. Wir waren Feinde. […] Doch heute gibt es keinen Grund mehr für Konflikte. Soll ich Korrekturen in meinem Buch vornehmen, wie ein Schriftsteller eine Neuausgabe seiner Werke vorbereitet? Aber ich bin kein Schriftsteller, ich bin Politiker. Meine Berichtigung? Die liefere ich Tag für Tag in meiner Außenpolitik, die ganz auf Freundschaft mit Frankreich ausgerichtet ist! Wenn mir die deutsch-französische Annäherung gelänge, die ich anstrebe, ja, das wäre eine würdige Berichtigung. Meine Berichtigung will ich in das große Buch der Geschichte schreiben.‹

*Er ist wieder in einen meditativen Ton verfallen.*

›Es ist schon merkwürdig, dass Sie eine deutsche Aggression immer noch für möglich halten! Lesen Sie denn unsere Presse nicht? Sehen Sie denn nicht, dass sie sich vor allen Angriffen gegen Frankreich zurückhält?‹«

Ungeniert stellt der Diktator eine gleichgeschaltete Presse der Bibel eines Regimes gegenüber, von der Göring auf einer Tagung der NSDAP in Breslau im vergangenen Jahr erklärt hatte, sie sei die Basis der nationalsozialistischen Politik. Und Frankreich ist so geschwächt, dass es zwar an Hitlers Aufrichtigkeit zweifelt, zugleich aber nicht den Wunsch zügeln kann, ihm Glauben zu schenken; es will sich an den kleinsten Zipfel Hoffnung klammern – wie etwa das Interview im *Paris-Midi.* Auf die Rheinlandbesetzung wird Paris nur mit Worten reagieren. Opfer der Verwirrung und der Panik, die Hitler hervorgerufen hat …

## Der falsche *Mein Kampf*

Das Geplänkel mit dem Führer geht in den folgenden Jahren weiter, zwischen Krisen und Atempausen, während Nazi-Deutschland sich schrittweise wiederbewaffnet und es schafft, die diplomatische Schlinge zu lockern, von der es eingeengt worden war. Dann kommt das Jahr 1938. Ein Entscheidungsjahr, weil Hitler, ein politisches Tier mit ausgeprägtem Sinn für Kräfteverhältnisse, die politische Entschlossenheit der westlichen Demokratien jetzt *in situ* auf die Probe stellt.

Im Februar 1938 setzt er sich an die Spitze der Wehrmacht. Im März, taub gegen Proteste aus London und Paris, marschiert seine Armee in Österreich ein und vollzieht den Anschluss. Damit löst Hitler eines der wichtigsten Versprechen seines Buches ein, schwört aber, dass er hier haltmacht, und beschwichtigt den Westen mit dieser Lüge.

Ende Mai fordert er die Annexion des Sudetenlandes, des von einer deutschen Minderheit bevölkerten Teils der Tschechoslowakei. Während er seine Truppen an der Grenze zusammenzieht, schwört er, dass er nichts weiter will als Gerechtigkeit für das deutsche Volk. Das Sudetenland sei sein allerletztes außenpolitisches Ziel. Und er droht: Sollte man ihm dieses Gebiet nicht abtreten, werde Deutschlands Zorn fürchterlich sein. Frankreich und England tun noch einmal so, als würden sie hart bleiben, aber die Spannungen wachsen. Ob in Paris oder in London – auf den Straßen stinkt es nach Krieg.

Im September trifft sich Hitler also mit dem englischen Premierminister Chamberlain, dem er von neuem erklärt, dass er nur eines wolle, nämlich alle Deutschen im Schoße desselben Landes zu vereinen, und dass das Sudetenland die Vollendung seines Werkes darstelle. Der Engländer will das gerne glauben. In Frankreich, von Deutschland nur durch den Rhein getrennt, ist man misstrauischer. Es wird versucht, die wahren Absichten des Führers zu ergründen, herauszufinden, ob er die Wahrheit gesagt hat, ob das Sudetenland wirklich seine letzte Forderung ist oder bloß eine Etappe auf dem Weg der Expansion des Reichs. Also macht man sich daran, die Reden des deutschen Reichskanzlers zu deuten, aber auch *Mein Kampf* zu Rate zu ziehen. Das umso mehr, als »viele Franzosen, anders als die Engländer, *Mein Kampf* gelesen haben«, wie Sir Eric Phipps, Großbritanniens Botschafter in Paris, im April 1938 in einer Nachricht an seinen Minister bemerkt.[10] Es fehlt nicht an Stimmen, die betonen, dass Hitlers schöne Versprechungen durch sein Buch konterkariert werden.

Das ist der entscheidende Moment für die deutschlandfreundlichen Netzwerke in Frankreich, diese einflussreiche fünfte Kolonne, um ihr Projekt der Mystifizierung abzuschließen. Die Aktion wird vom Eher-Verlag zusammen mit Otto Abetz geleitet, der zwei ihm nahestehenden Journalisten die Aufgabe anvertraut, endlich eine offizielle Version von *Mein Kampf* herauszubringen, die im Einklang mit dem Bild steht, das von Deutschland vermittelt werden soll. Georges Blond, der später dem Vichy-Regime dienen wird, arbeitet als Journalist für *Candide*, eine rechtsgerichtete, antisemitische Zeitung, Henri Lèbre ist Mitglied des rechtsradikalen Parti populaire français und schreibt für *Je suis partout*, die Lieblingspostille der Nazis. Die beiden Männer bringen *Ma doctrine* beim Verlag Fayard unter, der zu der Zeit keine Berührungsängste mit dem Rechtsextremismus hat.[11]

Im engeren Sinn ist dieses Buch kein falscher *Mein Kampf* – schon vom Umfang her nicht: Es zählt gerade mal 400 Seiten –, aber der Verleger versucht den Anschein zu erwecken, dass er einen Ersatz für das Original bietet, indem er es zusammenfasst; in Wirklichkeit handelt es sich um eine geschickt gewählte Mischung aus Buchauszügen und aktuelleren Reden.

In dieser Hinsicht stellt sein Vorwort einen Gipfel der böswilligen Verdrehung dar, wenn man die Umstände kennt, die dazu geführt haben, dass das Buch in Frankreich »nicht zum Verkauf steht«. »Kein Franzose sollte das ›Phänomen Hitler‹ ignorieren, ein Phänomen, das 70 Millionen Menschen mit dem Willen eines einzigen Mannes verknüpft. Denn Hitler ist praktisch ein Unbekannter in Frankreich, wo *Mein Kampf*, sein grundlegendes Werk, nicht zum Verkauf steht. Welche persönliche Meinung man auch immer zum deutschen Reichskanzler haben mag, es ist wichtig, dass man genaue Kenntnis von seinen Ideen hat. [...] Wir haben uns – eher als Franzosen denn als Verleger – verpflichtet gefühlt, eine riesige Lücke zu schließen«, schreiben die beiden Journalisten.

Die Verfahrensweise wird umso deutlicher, als die Vorstellung von Frankreich als »Todfeind Deutschlands« in ihrem Buch folgendermaßen ergänzt wird: »Die Grenze zwischen Deutschland und Frankreich ist eindeutig festgelegt. [...] Das französische und das deutsche Volk dürfen sich mit gleichem Recht nicht mehr als Erbfeinde betrachten, sondern müssen sich gegenseitig respektieren.« Was den Rest betrifft, bleibt *Ma doctrine* dem Original treu, insbesondere hinsichtlich der jüdischen Frage, die dieses Werk mit derselben fanatischen Brutalität abhandelt. Fayards Aktion mobilisiert allerdings auch Nazi-Gegner. Ein Komitee zur republikanisch-französischen Verteidigung publiziert als Reaktion darauf eine Broschüre mit dem vielsagenden Titel: »Adolf Hitler. *Mein Kampf.* Was nicht in den von den Freunden des Führers veröffentlichten französischen Ausgaben steht«.

Doch Manipulationen dieses Genres sind nichts Neues: Schon 1936 hatte der Verleger Bernard Grasset das Machwerk *Adolf Hitler, principes d'action* herausgebracht, in Wirklichkeit eine Synthese aus verschiedenen Reden, aber vorgestellt als eine »erste Darstellung der nationalsozialistischen Doktrin von Reichskanzler Hitler, mit seiner Genehmigung veröffentlicht«. Ein Buch, das sich mit seinem Kondensat aus Hitlers Ideologie und Ideengut geradezu wie ein Friedensmanifest ausnimmt – wenn man von der UdSSR absieht, die verteufelt wird. Dem Buch gelingt sogar das Kunststück, die Juden mit keinem Wort zu erwähnen. Nichts Antisemitisches also in Hitlers »Doktrin«, kein Säbelgerassel, nur ein Antikommunismus, den auch die französische Rechte gutheißen dürfte …

Diese Machwerke spiegeln im Übrigen eine wesentliche Eigenschaft des Nationalsozialismus: die Kunst, dreiste Behauptungen mit Verschleierungen zu vereinigen. Ein Zusammenspiel, das durch eine raffinierte Mischung aus List und Impertinenz funktioniert. »Eigentümlich und mir unverständlich, wie in den Regierungsmaßnahmen der öffentliche Terror der Abschreckung und die geheime Grausamkeit Hand in Hand gehen«, schrieb Victor Klemperer dazu in sein Tagebuch.

Ende September 1938 unterzeichnen Daladier, Chamberlain, Mussolini und Hitler in München, der »Hauptstadt der Bewegung«, das Abkommen, das die Tschechoslowakei im Tausch für den Frieden an Deutschland ausliefert. Die Krise ist ausgestanden.

Auf den Straßen von München, Paris und London jubeln die Menschen. Am 6. Dezember wird im Pariser Außenministerium ein deutsch-französischer Zusammenarbeits- und Freundschaftsvertrag unterzeichnet. Zehn Monate später befinden sich die beiden Länder im Krieg gegeneinander. Der Führer hat sich nun doch nicht mit dem Sudetenland begnügt.

Kurz nach der Unterzeichnung des Münchner Abkommens reist André François-Poncet, soeben demissioniert, zu einem letzten Treffen mit Hitler im Adlerhorst bei Berchtesgaden. Beim Tee plaudern die beiden, als wären alle Spannungen der letzten Monate nur mehr schlechte Erinnerungen. Der Führer spricht sogar die Notwendigkeit eines Abkommens über Rüstungsbegrenzungen an, um den Krieg »humaner zu machen«. Und schließlich, berichtet François-Poncet, äußert der Führer mit strahlendem Lächeln den Wunsch, sein Gast möge bald einmal nach Deutschland zurückkehren und ihm einen privaten Besuch abstatten. François-Poncet wird tatsächlich nach Deutschland zurückkehren: 1943, in den Händen der Gestapo, auf Befehl des Führers, der ihm seine Vorbehalte nicht verziehen hat.[12]

## In allen guten Buchhandlungen

Die Illusion von München währt nur kurz. Bereits Anfang 1939 kann niemand mehr an den drohenden Gefahren und einem möglichen Krieg mit Deutschland zweifeln. Hitler setzt zunehmend Vertrauen in die neue, mit modernen Waffen ausgerüstete Wehrmacht.

Anfang Januar übt er Druck auf Polen aus, indem er den Wiederanschluss von Danzig ans Reich fordert. Ende des Monats hält Hitler vor dem Reichstag eine besonders aggressive Rede, in der er einen kommenden Krieg anspricht, auf den Deutschland vorbereitet sei. Im März besetzt er die »Rest-Tschechei« – unter Verletzung des Münchner Abkommens, das er vier Monate zuvor paraphiert hatte.

Europa marschiert auf den Krieg zu.

In Frankreich erfährt *Mein Kampf* ein bislang ungekanntes Interesse. Es häufen sich Publikationen mit Auszügen, Zusammenfassungen und Analysen: Im Mai 1940 zählt man im Buchhandel nicht weniger als 45 Titel dieses Genres. Doch so viel Auswahl dient nicht unbedingt der besseren Information: »Es behindert den Zugang zum Text«, bemerkt der Wissenschaftler Josselin Bordat. »In diesem Wald aus Miniversionen von *Mein Kampf* mit jeweils entsprechender politischer Ausrichtung, mehr oder weniger lang, weiß man am Ende nicht mehr aus noch ein.« »Die Leute wissen nicht mehr, was richtig und was falsch ist«, fügt der Historiker Fabrice d'Almeida hinzu.[13]

Im Buchhandel findet das Publikum ab 1939 auch eine Publikation aus dem Kleinverlag Éditions Vita, in deren Vorwort es heißt: »Alles begann mit einem Buch, das 1924 im Gefängnis Landsberg geschrieben wurde und alles erklärt, da es sowohl das zynischste Handbuch der Dressur ist, das je verfasst wurde, als auch der perfekteste Spiegel, den man je einem Volk in die Hand gegeben hat, auf dass es sich, phantasierend und fanatisiert, in seinen schlimmsten geistigen Verirrungen aus Dünkel und Selbstgefälligkeit, darin erkenne und sehe.« Wie der Verfasser des Vorworts versichert, könne man sich anhand dieser Veröffentlichung, die den Geist von *Mein Kampf* getreulich wiedergebe, »zur selben Zeit mit den Mechanismen des deutschen Irrwegs bekannt machen, wie man das ganze Ausmaß, das ganze Unrecht und die ganze Bedrohung ermessen kann«.[14] Aber der Leser könnte auch in *Éclaircissements sur »Mein Kampf«* blättern, einem Titel des angesehenen Verlagshauses Albin Michel. Dieses Buch, das sich hervorragend verkauft, besteht ebenfalls aus Auszügen, kommentiert von Jacques Benoist-Méchin. Der Mann ist gut bekannt mit Abetz und hängt pazifistischen Überzeugungen an. Er schätzt Hitler.

Es lohnt sich, kurz bei diesem Werk zu verweilen, weil die darin vorgenommenen Manipulationen so bezeichnend sind.

Wie es bei den Anhängern des Führers ja schon üblich ist, rechtfertigt Benoist-Méchin sein Unternehmen scheinheilig mit dem Fehlen einer französischen Ausgabe von *Mein Kampf.* »Leider wurde die vollständige Übersetzung hierzulande nicht genehmigt, weil der deutsche Verleger es bisher abgelehnt hat, die Rechte für die französische Übersetzung zu erteilen. Gewisse illegale Ausgaben wurden daher verboten und beschlagnahmt. Die anderen, zurechtgestutzt und tendenziös, sind kaum zur Aufklärung geeignet. [...] Von diesem Werk, das nach wie vor zu erschüttern vermag und dessen Tiefenwirkung längst nicht ausgeschöpft ist, diesem seltsamen, explosiven, leidenschaftlichen Werk nun also, mangels einer wörtlichen Version, die untersagt bleibt, eine Darstellung, die so genau, so klar und so ähnlich wie möglich vorzunehmen ich mich bemüht habe.« Die letzten Sätze scheinen von Aufrichtigkeit zu zeugen; die Auszüge sind indes sorgfältig ausgesucht und tendenziös kommentiert. So ist Hitler »ein Visionär, der beschlossen hat, seinen Traum mit dem Realitätssinn eines Staatsmannes zu verwirklichen«, und Benoist-Méchin rechtfertigt sogar die Passagen, in denen Hitler seinen Kriegswillen zum Ausdruck bringt: »Heute wissen wir, dass die Korrektur des Versailler Vertrags – Remilitarisierung des linken Rheinufers, Durchführung des Anschlusses, Annexion des Sudetenlandes – ohne Blutvergießen vonstatten gegangen ist. 1924, als er *Mein Kampf* verfasste, glaubte er, dieses Programm sei ohne Blutvergießen nicht durchführbar.« Die aggressivsten Passagen über Frankreich sind ausgespart. Vorgestellt werden lediglich diejenigen, die von der extremen Rechten zweifellos nicht angefochten würden: Der Führer hat nur das unter jüdischem Einfluss stehende Frankreich zum Feind. »In seinen Augen«, kommentiert der Franzose, »hat das französisch-deutsche Duell nicht – wie der Antisemitismus – den Stellenwert eines unantastbaren, unveränderlichen Dogmas.«

Zum Beweis führt Benoist-Méchin ein Zitat an, das er wie einen Auszug aus Hitlers Buch präsentiert: »Der Kampf zwischen Frankreich und Deutschland ist fruchtlos, weil er keine neuen Werte hervorbringt; er darf daher nur unter der Bedingung geführt werden, dass das deutsche Volk darin ausschließlich ein Mittel sieht, hinterher und andernorts die Möglichkeiten zur benötigten Ausdehnung zu finden.« Diese Passage ist ganz einfach falsch. Sie bezieht sich in Wirklichkeit auf eine andere, sehr frei interpretierte aus *Mein Kampf* – um es zurückhaltend zu formulieren. Im Original lautet sie: »Erst wenn dies in Deutschland vollständig begriffen sein wird, so daß man den Lebenswillen der deutschen Nation nicht mehr in bloß passiver Abwehr verkümmern läßt, sondern zu einer endgültigen aktiven Auseinandersetzung mit Frankreich zusammenrafft und in einen letzten Entscheidungskampf mit deutscherseits größten Schlußzielen hineinwirft: erst dann wird man imstande sein, das ewige und an sich so unfruchtbare Ringen zwischen uns und Frankreich zum Abschluß zu bringen; allerdings unter der Voraussetzung, daß Deutschland in der Vernichtung Frankreichs wirklich nur ein Mittel sieht, um danach unserem Volke endlich an anderer Stelle die mögliche Ausdehnung geben zu können [...]« (2/339) Der Unterschied ist gewaltig.

Benoist-Méchin gönnt sich den Luxus, sein Buch mit den folgenden, höchst zynischen Worten zu beschließen: »Warum ist diese Darstellung von *Mein Kampf* nötig? Zunächst einmal, weil das Wort von Marschall Lyautey auch weiterhin wahr bleibt. Und letztlich, weil man durch das Zitieren von aus dem Zusammenhang gerissenen Passagen seinen Sinn verfälscht hat.«[15]

Benoist-Méchin, der nach der französischen Niederlage ins Vichy-Lager wechseln wird, verfasst außerdem anerkennende Einleitungsworte für Auszüge aus *Mein Kampf*, die im Laufe des

Jahres 1938 in einer neuen Wochenzeitschrift mit entschieden moderner Ausrichtung erscheinen: *Match*. Nach der Befreiung Frankreichs wegen Kollaboration angeklagt, erklärt der Journalist während seines Prozesses, bei dem er zum Tode verurteilt wird: »Ich war nie germanophil in dem Sinne, aus dem man heute ableiten könnte, ich hätte Deutschland meinem Vaterland vorgezogen.« 1954 wird er begnadigt und aus dem Gefängnis entlassen, woraufhin er seine Karriere als ehrbarer Schriftsteller und Historiker fortsetzt.

Auch wenn die zahlreichen Analysen nichts von Hitlers internationalen Plänen verhüllen, wird ein Thema doch kaum kommentiert, kaum herausgestellt: der Antisemitismus. Eine Broschüre über *Mein Kampf*, 1939 erschienen, deren Untertitel explizit das Thema Rassismus benennt, bietet eine eher barocke Erklärung für Hitlers Antisemitismus: »Er hasst die Juden aus Groll und aus Neid, weil die jüdischen Händler sich weigerten, ihm seine Bilder abzukaufen, als er in Wien lebte«, erklärt der Herausgeber. »Denn er hat sie verstanden. Unter allen Rassen ist es diejenige, die er vielleicht am besten verstanden hat, was erklärt, warum er sie so sehr hasst, da die Juden seinerzeit über einen großen Teil des Reichtums und der Macht verfügten, den beiden Dingen, nach denen er strebte.«[16] Für die mangelnde Berücksichtigung des Antisemitismus gibt es allerdings eine Erklärung: »*Mein Kampf* ist ein übersteigerter Ausdruck von weit verbreiteten Tendenzen. Bei der Rassentheorie und der Eugenik handelt es sich um Ideen, die damals in Umlauf waren«, so die Analyse von Edouard Husson.

Man versteht, warum die Franzosen bei all den Auslegungen, die ihnen offeriert werden, Mühe haben, klar zu sehen.

Erst Ende 1939 kommt von *Mein Kampf* eine vollständige Fassung auf den Markt, herausgegeben von der Defense française, die sich nicht um das Urheberrecht schert. Doch die Aktionen der Nazis haben die Botschaft des Buches wirksam verzögert und verzerrt.

Am Vorabend des deutschen Einmarschs fehlt es allerdings nicht an Warnungen. Neben *Mein Kampf* und den Reden des deutschen Staatschefs gab es schließlich das Buch von Hermann Rauschning. Im Dezember 1939 veröffentlichte der Ex-Nationalsozialist *Gespräche mit Hitler*, eine Art aktualisierten *Mein Kampf*, als neue und jüngste Warnung. Dieses Werk, gespeist von persönlichen Begegnungen mit dem Führer, erlebt nun einen großen Erfolg im Buchhandel. Auch wenn heutzutage die Glaubwürdigkeit vieler Zitate unter Historikern umstritten ist, verdient es die Einleitung des Verfassers doch, hier wiedergegeben zu werden.

Rauschning schreibt: »Darum – wenn Hitler siegt – ändern sich nicht bloß Staatsgrenzen. Dann hört alles auf, was bisher als Sinn und Wort des Menschentums galt.« Und der ehemalige Funktionär im Nazi-Regime fährt fort: »Hier führt ein Mensch ein ganzes Zeitalter ad absurdum. Hier wird uns ein Spiegel vorgehalten, in dem wir uns, verzerrt zwar, doch mit einem Teil unseres Wesens erkennen müssen. Und zwar nicht bloß der Deutsche. Hier nimmt ein beschränkter, ein in seinen Instinkten tief sklavischer Mensch buchstäblich, als eine Art Don Quichote, was andere bisher nur als geistige Versuchung erlebt haben.«

# IX

# Auf in den Krieg

## Eine Verschwörung der Wehrmacht

Im August 1938, als Hitler das tschechoslowakische Sudetenland bedroht, trägt sich ein kaum bekanntes Ereignis zu, das drastisch verdeutlicht, wie sehr *Mein Kampf* seitens der westlichen Staatsmänner – in diesem Fall der englischen – unterschätzt wird.

Da der Generalstab der Wehrmacht noch nicht völlig von den Nazis kontrolliert wird, stellt er die einzige Kraft dar, die sich Hitler widersetzen könnte. Die preußischen Offiziere verabscheuen die Brutalität der Nazis, fürchten ihren Fanatismus und haben größte Bedenken, Armee und Land einer Prüfung auszusetzen, für die sie vielleicht noch nicht gerüstet sind. Und so verschwören sie sich gegen den Führer. Doch von der widerstandslos hingenommenen Rheinlandbesetzung bis zum Anschluss Österreichs unter den Augen der europäischen Mächte schreitet Hitler von Erfolg zu Erfolg, ohne jedes Blutvergießen. Was seine Beliebtheit in der Bevölkerung und im Staatsapparat von Mal zu Mal vergrößert.

Dennoch wissen die Offiziere, dass bei den ersten Rückschlägen, nämlich dann, wenn die Westmächte Hitler endlich die Stirn bieten, wenn Krieg droht, diese Unterstützung schwinden wird. Dann können sie handeln und einen Staatsstreich durchführen, für den die Pläne schon fertig ausgearbeitet sind.

Nun gilt es nur noch, die richtige Gelegenheit abzuwarten: die Sudetenkrise. Der Generalstab unter der Leitung von Admiral Canaris und General Beck schickt einen Vertrauten, Ewald von Kleist-Schmenzin, in geheimer Mission nach London. Dort informiert er die Engländer über Hitlers unmittelbar bevorstehende Entscheidung, in die Tschechoslowakei einzufallen. Und dabei versucht er auftragsgemäß, die Regierung Seiner Majestät zu überzeugen, dem Führer mit aller Entschiedenheit und ohne jedes Zugeständnis entgegenzutreten. Unter diesen Bedingungen sei der Generalstab zum Sturz der Regierung entschlossen, versichert er.

Von Kleists Mission trifft selbstverständlich auf größtes Interesse. Er wird von Sir Robert Vansittart empfangen, dem einflussreichen diplomatischen Berater des britischen Premierministers. »Hitler ist überzeugt, dass Sie bei der Tschechoslowakei nachgeben werden, seien Sie also standhaft«, appelliert der deutsche Emissär. Dann trägt er vor, welche Folgen es hätte, wenn Hitler wieder nicht aufgehalten würde: »Eines ist gewiss: Es besteht höchste Gefahr«, erklärt er. Aber er hat nicht mit Vansittarts Reaktion gerechnet. »Wollen Sie damit sagen, dass die Extremisten in Deutschland Hitler schlussendlich für ihre Ansichten gewonnen haben?« Man wird sich von Kleists Verblüffung vorstellen können. »Aber es ist doch genau andersherum«, erwidert er. »Es gibt nur einen Extremisten in Deutschland. Und das ist Hitler selbst.«[1]

Wirklich verblüffend! Vansittarts Äußerung zeigt, dass die englische Regierung an eine Fiktion glaubt, eine bloße Variante der Fiktion, an die viele Deutsche glauben: ein pragmatischer Hitler, guten Willens, der sich der Extremisten in der NSDAP erwehren muss. Sicher, der Führer bemüht sich darum, diese Illusion aufrechtzuerhalten, aber Vansittart hätte *Mein Kampf* nur einmal überfliegen müssen, um festzustellen, dass die Extremisten in Deutschland zweifellos seit langem einen Anführer haben, einen Theoretiker: Adolf Hitler.

Churchill, den man der Form halber informiert, begreift sofort, welche Bedeutung von Kleists Mission hat, und lässt ihm eine Nachricht zukommen, in der er ihn seiner Unterstützung versichert. Außerdem richtet er ein persönliches Schreiben an Hitler, in dem er die entschlossene Haltung des Vereinigten Königreichs deutlich macht. Doch was gelten die Worte eines Mannes, der schon halb im Ruhestand ist, an den Rand gedrängt, ein Außenseiter im politischen Feld, wo man ihm seine Unnachgiebigkeit übel nimmt?

Trotz der Mission des Generalstabs entscheiden sich die Engländer für Appeasement-Politik und Verhandlungen, die zum Münchner Abkommen führen. Überzeugt, dass Gespräche die Missverständnisse ausräumen werden, trifft sich Chamberlain dreimal mit Hitler in Deutschland. Bei der zweiten Begegnung im idyllischen Godesberg, zehn Tage, bevor es zur Münchner Konferenz kommt, entfaltet der Herr des Reiches seinen ganzen Charme, sodass der Engländer hinterher begeistert erzählt, Adolf Hitler habe ihm gesagt, er strebe nun, da er Deutschland die Ehre zurückgegeben habe, einen Rückzug aufs Land an, fern vom politischen Leben. Hitler dagegen hat nichts als Verachtung für den Premierminister übrig, und als er bei dieser Gelegenheit realisiert, welch schwache Gegner die Westmächte sind, fühlt er sich bestätigt, seinen Kampf weiterzuführen.

Churchill, entmutigt, ruft dennoch vor dem Unterhaus zur Anspannung aller Kräfte auf, um den Krieg, den er kommen sieht, doch noch aufzuhalten, der Menschheit die mörderische Prüfung zu ersparen, der man sich Monat um Monat weiter nähere. Als Hitler dann im März 1939 das Münchner Abkommen bricht und in die Tschechoslowakei einmarschiert, begnügt sich Sir Winston damit, in seinem Tagebuch den Führer zu zitieren, der in *Mein Kampf* geschrieben hatte, geschichtliche Beispiele zeigten, »daß Völker, die erst ohne zwingende Gründe die Waffen strecken, in der Folgezeit lieber die größten Demütigungen und Erpressungen hinnehmen, als durch einen erneuten Appell an die Gewalt eine Änderung ihres Schicksals zu versuchen.«

Nach diesem Ereignis beginnen Engländer wie Franzosen, *Mein Kampf* ernst zu nehmen. 1939 widmet der in Oxford lehrende Historiker E. C. Ensor dem Buch eine umfangreiche Studie. In seinem Werk, das sieben Wochen vor dem Ausbruch des Zweiten Weltkriegs erscheint, schreibt er: »Hitler will die Juden ausrotten und Russland erobern.«

## »Der Gedanke geht der Tat voraus, wie der Blitz dem Donner«

Der September 1939 bringt den deutschen Angriff auf Polen, gefolgt vom Kriegseintritt Frankreichs und Englands. Nun beginnt der »Sitzkrieg«, während man in Frankreich überstürzt aufrüstet. Das Land wartet Gewehr bei Fuß, im Vertrauen auf die Maginot-Linie.[2] Aber es zeigt wenig Neigung, sich zu schlagen, weiß es doch selbst nicht so recht, warum oder wogegen es kämpfen soll.

Ende 1939 veröffentlicht Sorlot sein allerletztes, antinazistisches Buch, *Le Racisme allemand.* Dessen Verfasser, Edmond Vermeil, der in diesem Werk den Antisemitismus und den Rassenwahn der Nazis anprangert, zitiert dabei auch eine Mahnung des deutschen Juden Heinrich Heine, die bereits ein Jahrhundert früher verfasst worden war. In seiner Schrift *Zur Geschichte von Religion und Philosophie in Deutschland*, 1835 erschienen, hatte der Dichter seine französischen Freunde vor der Bedrohung gewarnt, die er im entstehenden Deutschland wahrnahm: »Wenn Ihr dann das Gepolter und Geklirre hört, hütet Euch, Ihr Nachbarskinder, Ihr Franzosen, […] Lächelt nicht über den Phantasten, der im Reiche der Erscheinungen dieselbe Revolution erwartet, die im Gebiete des Geistes stattgefunden. Der Gedanke geht der Tat voraus, wie der Blitz dem Donner. Der deutsche Donner ist freilich auch ein Deutscher und ist nicht sehr gelenkig, und kommt etwas langsam herangerollt; aber kommen wird er, und wenn Ihr es einst krachen hört, wie es noch niemals in der Weltgeschichte gekracht hat, so wißt: der deutsche Donner hat sein Ziel erreicht.«[3] Gegen die kommende »unsinnige Berserkerwut« rät er: »Haltet Euch immer gerüstet, bleibt ruhig auf Eurem Posten stehen, das Gewehr im Arm. Ich meine es gut mit Euch, und es hat mich schier erschreckt, als ich jüngst vernahm, Eure Minister beabsichtigten, Frankreich zu entwaffnen.«

»Der Gedanke geht der Tat voraus, wie der Blitz dem Donner«, hat Heine 1835 gewarnt. Ein Jahrhundert später, im Lichte von *Mein Kampf*, klingt dieser Satz erstaunlich präzise.

Im April 1940, direkt vor der Frankreichoffensive, bekennt selbst Goebbels vor Freunden seine Überraschung: 1933 hätte ein französischer Ministerpräsident sagen müssen (und wäre ich französischer Ministerpräsident gewesen, ich hätte es gesagt): Der Mann ist Reichskanzler geworden, der das Buch »Mein Kampf« geschrieben hat, in dem das und das steht. Der Mann kann nicht in unserer Nachbarschaft geduldet werden. Entweder er verschwindet, oder wir marschieren. Das wäre durchaus logisch gewesen. Man hat darauf verzichtet. Man hat uns gelassen, man hat uns durch die Risikozone ungehindert gehen lassen, und wir konnten alle gefährlichen Klippen umschiffen, und als wir fertig waren, gut gerüstet, besser als sie, fingen sie den Krieg an.«[4]

## *Mein Kampf:* von den Nazis verboten

Bei seinem rasanten Kriegszug im Mai und Juni 1940 überrollt Deutschland die französischen, englischen und belgischen Armeen. Von Paris aus, wo die Besatzer Quartier nehmen, wird damit begonnen, Frankreich gleichzuschalten. Die Propagandadienste geben unter anderem eine Liste der verbotenen Bücher heraus, die »Liste Otto« – nach Otto Abetz, der faktisch Statthalter des Reichs geworden ist. Einer der neben Sigmund Freud, Max Jacob und Thomas Mann fortan nicht mehr zugelassenen Autoren trägt den Namen Adolf Hitler. *Mein Kampf* wird also von den deutschen Behörden verboten.[5] In dieser Hinsicht ist Frankreich unter den besetzten Ländern ein Sonderfall. Die Deutschen genehmigen Ausgaben des Buches in Kroatien, Flandern, Liechtenstein und Norwegen – in den besetzten Ländern und Gebieten, wo Abetz' Pariser Dienststelle die Einwohner zur nationalsozialistischen Sache bekehren möchte und sie für würdig genug erachtet, die »Nazi-Bibel« zu lesen.

Der Verleger des verbotenen Buches, Fernand Sorlot, fürchtet nun den Zorn der Deutschen, die tatsächlich eine Woche nach ihrem Einmarsch in Paris bei ihm zu Hause erscheinen und seine Büroräume versiegeln. Doch sie zeigen sich ihm gegenüber ziemlich milde. Allerdings muss er eine Zensurvereinbarung unterzeichnen, in der er sich bereiterklärt, den Anweisungen der Besatzer zu folgen und die Hälfte seines Verlagshauses zu verkaufen; im Gegenzug wird ihm die Wiedereröffnung der Nouvelles Éditions latines gestattet.[6] Der Verleger befinde sich in »einer heiklen Lage, da er vor dem Krieg *Mein Kampf* und recht aggressive Pamphlete gegen Deutschland herausgebracht hat«, stellt der Verlegerverband Syndicat des éditeurs fest.[7] 1941 tritt Sorlot im Rahmen der Maßnahmen zur Kontrolle des Verlagswesens einem deutschen Verleger 50 Prozent seiner Anteile an den Nouvelles Éditions latines ab. Den ihm von der deutschen Partei ausbezahlten Erlös steckt er allerdings nicht ins Geschäft – er publiziert lediglich zwei Bücher im Rahmen dieser Vereinbarung. Zugleich aber wird Sorlot zu einem eifrigen Anhänger von Marschall Pétain, dem Staatschef des Vichy-Regimes, dessen Reden er von 1940 an herausgibt. Außerdem veröffentlicht er Dutzende von Werken, die mit dem Marschall und der Kollaboration sympathisieren.[8]

Trotz des Verbots von deutscher Seite verkauft Sorlot weiterhin *Mein Kampf*. Er lässt sogar heimlich 10000 Exemplare nachdrucken. Zweifellos sind unter den Käufern zahlreiche Anhänger Nazi-Deutschlands. Aber nicht nur …

Nach dem Krieg wird Sorlot wegen Kollaboration angeklagt und zu 20 Jahren nationaler Unwürdigkeit verurteilt; dieser Prozess fördert allerdings etwas Erstaunliches zutage, und zwar in Form einer Bescheinigung, die Sorlot dem Gericht vorlegt. Sie stammt aus dem Jahr 1948 und trägt die Unterschrift eines der bedeutendsten Résistance-Kämpfer: Henri d'Astier de la Vigerie, ein Mann der extremen Rechten, Propagandist eines wichtigen Netzwerks von Widerstandskämpfern. D'Astier bestätigt, zwischen November 1940 und April 1941 in Kontakt mit dem Verleger gestanden zu haben, »um von ihm eine Lieferung des Buches *Mein Kampf* in der ungekürzten Fassung zu erhalten, dessen Lektüre so häufig von Radio London empfohlen wurde«. In Sorlot habe er einen »treuen Helfer« gefunden, der ihm 2000 Exemplare »dieses berühmten, von den Deutschen offiziell verbotenen Buches« bereitgestellt habe. D'Astier versichert außerdem den Erhalt von »interessanten Auskünften, die [Sorlot] beim Deutschen Institut zusammengetragen hat«. »Daher meine ich, dass M. Sorlot seine Pflicht als Franzose erfüllt hat, indem er durch die Lieferung der Nazi-Bibel der Aufklärung in der Résistance dienlich war«, erklärt er abschließend.

Während des Krieges ist die Inlands-Résistance nicht die einzige Organisation, die sich ernsthaft für *Mein Kampf* interessiert. 1943 veröffentlicht das gaullistische Französische Komitee für die nationale Befreiung (CFLN) im Exil in Algier eine vollständige Ausgabe des Buches unter der Schirmherrschaft der Éditions de France. In Nordafrika erscheint es mit folgendem Vorwort: »Um sich im Krieg gut schlagen zu können, muss man seinen Feind kennen. Deshalb hält das Informationskommissariat des Französischen Komitees für die nationale Befreiung es für nötig, den Nachdruck eines allzu berühmten Buches vorzunehmen, das eine Verschleierungstaktik in Vergessenheit gebracht und von wesentlichen Passagen gesäubert hat. [...] Heute, unter dem freien Himmel Nordafrikas, ist es äußerst wichtig, den Franzosen das Buch mit seinem wahren Text zur Kenntnis zu bringen, das Buch, das Hitlers Programm vorstellt.«

Selbst heute lässt sich nur schwer einschätzen, welche Bedeutung dieses Werk im Frankreich der 1930er und 1940er Jahre hatte. Wie der Historiker der Édition Pascale Fouché nachweist, schrieb die Zeitung *France libre*, dass bei der Befreiung Frankreichs 200 000 Exemplare in den Buchhandlungen beschlagnahmt und eingestampft worden seien. Eine hohe Zahl, die nicht verifizierbar ist. Vermutlich entspricht sie den Resten der verschiedenen in Verkehr gebrachten Ausgaben seit 1934 und macht aus *Mein Kampf*, dem verbotenen Buch, einen französischen Bestseller.

## Eine Befreiung?

»Sie haben mich immer als Propheten ausgelacht. Von denen, die damals lachten, lachen heute Unzählige nicht mehr, und die jetzt noch lachen, werden es in einiger Zeit vielleicht auch nicht mehr tun«, erklärt der Führer der alten Garde seinen Kampfgenossen der ersten Stunde in einer Jubiläumsrede.[9]

Ende 1941 – nachdem er die Sowjetarmeen vor sich hergetrieben hat und nun über die größte europäische Landfläche seit Napoleon herrscht – glaubt Hitler, seine Ideen, so wie er sie in Landsberg niedergeschrieben hatte, in die Tat umgesetzt zu haben. Auf dem Berghof hat er gut jubeln. Schon sieht er eine schnelle Niederlage der UdSSR wie auch den baldigen Fall Englands voraus und denkt über die Reorganisation des Kontinents unter der nationalsozialistischen Knute nach.

Jetzt, wo ein gleichgeschaltetes Deutschland diesen außerordentlich brutalen Krieg führt, kann sich das Dritte Reich rühmen, praktisch alles verwirklicht zu haben, was sein Führer in *Mein Kampf* proklamiert hatte: einen rassistischen und totalitären Staat, die Rekrutierung der Jugend, die Rassengesetze, die Euthanasie –

wenn auch mit gemischtem Erfolg –, den Anschluss, die Gebietserweiterungen, den Angriff auf Frankreich, den totalen und grausamen Krieg im Osten und schließlich die Vernichtung der »minderwertigen Rassen«, ob Juden oder Zigeuner.

Hitler hält seine Versprechen, und vielleicht halten ihn seine Versprechen ebenso sehr: Er ist nicht von der Linie abgewichen, die seine Ideen von damals, in Landsberg, bilden.

Doch die Euphorie des Führers hält nicht lange an. Nach dem Kriegseintritt der USA im Winter 1941 und der Niederlage von Stalingrad wendet sich das Kriegsglück, aus anfänglichen Erfolgen werden Misserfolge. Nach und nach beugt sich Nazi-Deutschland dem Druck der Alliierten, der russischen, englischen als auch der amerikanischen Armee. Insbesondere Amerika kämpft an allen Fronten, wirft sich für Großbritannien in die Bresche und rüstet die russische Armee aus.

In den Vereinigten Staaten, dieser großen Demokratie, tritt die Öffentlichkeit, die so lange vom Geist des Isolationismus betört war, schließlich massenweise für den Kampf gegen das Dritte Reich ein. Sollte man hier einen Zusammenhang sehen? 1943 berichtet jedenfalls die *New York Times*, dass sich die schließlich von Houghton Mifflin veröffentlichte vollständige *Mein Kampf*-Übersetzung in diesem einen Jahr 53000 Mal verkauft hat. Mit Ausnahme des Sonderfalls Deutschland stellt das einen Rekord dar.

Das Buch dient sogar der Kriegspropaganda. Davon zeugt etwa ein kurzer Film, der 1943 in den Kinos läuft, um schwarze Amerikaner zu motivieren, in die Armee einzutreten und gegen den Nationalsozialismus zu kämpfen. Besonders bemerkenswert darin ist die Szene in einer Kirche: Auf der Kanzel hält ein schwarzer Pastor *Mein Kampf* vor den Gläubigen empor, in deren Reihen mehrere schwarze Soldaten in Uniform zu sehen sind. »Die Deutschen sagen, dass das die Nazi-Bibel ist, das Evangelium nach Hitler. Ich werde es Ihnen nicht in Gänze vorlesen, aber ein oder zwei Dinge daraus dürften Sie interessieren. Ich zitiere: ›Von Zeit zu Zeit wird in illustrierten Blättern gezeigt, daß da und dort zum erstenmal ein Neger Advokat, Lehrer, gar Pastor geworden ist. Es dämmert diesem verkommenen Amerika nicht auf, daß es sich hier wahrhaftig um eine Sünde an jeder Vernunft handelt; daß es ein verbrecherischer Wahnwitz ist, einen geborenen Halbaffen so lange zu dressieren, bis man glaubt, aus ihm einen Advokaten gemacht zu haben.‹«

Der Film hätte auch gleich das gesamte Zitat wiedergeben können, das Hitlers unauslöschlichen Hass auf die Schwarzen zeigt, einen Hass, der viel über den tiefen Rassismus aussagt, der ihn antreibt und der sich nicht auf den Antisemitismus beschränkt: »Wie grenzenlos die heutige Menschheit in dieser Richtung sündigt, mag noch ein Beispiel zeigen. Von Zeit zu Zeit wird in illustrierten Blättern dem deutschen Spießer vor Augen geführt, daß da und dort zum erstenmal ein Neger Advokat, Lehrer, gar Pastor, ja Heldentenor oder dergleichen geworden ist. Während das blödselige Bürgertum eine solche Wunderdressur staunend zur Kenntnis nimmt, voll von Respekt für dieses fabelhafte Resultat heutiger Erziehungskunst, versteht der Jude sehr schlau, daraus einen neuen Beweis für die Richtigkeit seiner den Völkern einzutrichternden Theorie von der Gleichheit der Menschen zu konstruieren. Es dämmert dieser verkommenen bürgerlichen Welt nicht auf, daß es sich hier wahrhaftig um eine Sünde an jeder Vernunft handelt; daß es ein verbrecherischer Wahnwitz ist, einen geborenen Halbaffen so lange zu dressieren, bis man glaubt, aus ihm einen Advokaten gemacht zu haben, während Millionen Angehörige der höchsten Kulturrasse in vollkommen unwürdigen Stellungen verbleiben müssen; daß es eine Versündigung am Willen des ewigen Schöpfers ist, wenn man Hunderttausende und Hunderttausende seiner begabtesten Wesen im heutigen proletarischen Sumpf verkommen läßt, während man Hottentotten und Zulukaffern zu geistigen Berufen hinaufdressiert. Denn um eine

Dressur handelt es sich dabei, genau so wie bei der des Pudels, und nicht um eine wissenschaftliche ›Ausbildung‹.« (2/66f.)

Doch in der US-Einheit, die in den letzten Kriegstagen eine kleine bayerische Stadt befreit, findet sich kein einziger Schwarzer. Nach Einschätzung des amerikanischen Generalstabs seien sie nämlich nicht voll einsatzfähig für den Dienst bei den kämpfenden Truppen gewesen. Vorurteile und rassistische Gewalt werden in den Vereinigten Staaten noch lange bestehen bleiben, angeheizt von Kleinstgruppen mit Herrenmenschenideologie, die sich unter anderem auf *Mein Kampf* berufen. Im April 1945 jedenfalls dringen die GIs in die Stadt Landsberg ein, befreien das von den Nazis errichtete Konzentrationslager, dann die alte Festung, mittlerweile ein Gefängnis für Regimegegner, und betreten schließlich eine unbelegte Zelle, die zur Kultstätte umgewandelt wurde: die Zelle des jungen Adolf Hitler.

Sein Feldbett ist noch da, ein Tisch, auf dem ein Exemplar von *Mein Kampf* liegt, eine Schreibmaschine, von der man nicht weiß, ob sie das Original ist. An der Wand hängt ein Porträt des Führers. Die Soldaten wissen, was für ein symbolhafter Ort das ist, fotografieren sich gegenseitig, drehen einen Film für die Nachrichten. Alles hört da auf, wo alles angefangen hat.

Zur selben Zeit begeht Hitler in seinem Führerbunker im belagerten Berlin Selbstmord. In den Tagen zuvor hat er sein politisches Testament verfasst: »Es ist unwahr, dass ich oder irgendjemand anderer in Deutschland den Krieg im Jahre 1939 gewollt haben. Er wurde gewollt und angestiftet ausschließlich von jenen internationalen Staatsmännern, die entweder jüdischer Herkunft waren oder für jüdische Interessen arbeiteten.« Hitler hat nie aufgehört, an seine eigenen Mythen zu glauben.

»Aus den Tränen des Krieges erwächst für die Nachwelt das tägliche Brot« (1/1f.), heißt es in den ersten Zeilen seines Buches. 1945 gleicht Hitlers »Nachwelt« einem riesigen, trostlosen Trümmerfeld. Auf dem europäischen Kriegsschauplatz sind

39 Millionen Tote zu beklagen, hauptsächlich Zivilisten, davon 20 Millionen Sowjetbürger, »Untermenschen«, zur »Vernichtung« vorgesehen, »Handlanger des Judäo-Bolschewismus«. Zwei Drittel der Juden Europas, beinahe sechs Millionen Menschen, sind unter den Opfern, darunter eineinhalb Millionen Kinder, planmäßig ausgelöscht.

Als sie nach Osten und Westen weitermarschieren, entdecken die alliierten Truppen die unbegreifliche Wirklichkeit der Arbeits- und Vernichtungslager. »Selbst diejenigen unter uns, die vorgewarnt waren, sind fassungslos und schämen sich zutiefst für das, was das Menschengeschlecht anzurichten vermag«, schreibt Major Braine 1945 anlässlich der Befreiung des Konzentrationslagers Wiesengrund durch die 1. französische Armee unter General de Lattre in sein Tagebuch.

Einige Offiziere kommen spontan auf die Idee, die Anwohner der Gegend zu zwingen, sich diese Todesfabriken aus nächster Nähe anzusehen. Und sogleich stellen sie sich die Frage, was die Leute über den Nationalsozialismus, seine Vorhaben und seine Verbrechen wissen, kurz, die Frage nach der Verantwortlichkeit des deutschen Volkes. Wie kann die Bevölkerung der Umgebung nichts von dem hier gewusst haben? Und selbst wenn sie nichts gewusst haben, muss man sie mit den Verbrechen konfrontieren. So entdecken Tausende von Deutschen die Gaskammern und die Lager, neben denen sie jahrelang gelebt haben, ohne etwas wissen oder verstehen zu wollen. Ohne mehr als Gleichgültigkeit dafür übrigzuhaben. »Wir wussten von nichts«, beteuern sie.

Doch angesichts der Lager werden sich Deutschland und die Welt der von Hitler und seinesgleichen verübten Verbrechen bewusst. Die Deutschen, die 12 Millionen Exemplare von *Mein Kampf* besaßen, und diejenigen, die überall auf der Welt weder Bedeutung noch Tragweite dieses Buches erkannt haben, müssen notgedrungen eingestehen, dass Adolf Hitlers Pläne Wirklichkeit geworden sind, dass die Worte tatsächlich zählten.

# DIE ZEIT NACH DEM KRIEG

## Eine Geschichte, die nicht aufhört

# I

# Der Beweis für das Verbrechen: Die Deutschen und *Mein Kampf*

## *Mein Kampf* in Nürnberg

Am 8. Januar 1946 findet die 29. Sitzung des Internationalen Militärgerichtshofs statt, der über die Hauptkriegsverbrecher urteilt, derer man hat habhaft werden können. Der Prozess wird im Justizpalast von Nürnberg abgehalten, der Stadt, in der 11 Jahre zuvor die Nürnberger Gesetze verkündet worden waren, mit denen Hitlers Rassentheorien umgesetzt wurden. An diesem Tag ergreift Elwyn Jones, Hilfsankläger für das Vereinigte Königreich, das Wort. Der junge Jurist kennt Deutschland besonders gut, weil er sich hier in den 1930er Jahren längere Zeit aufgehalten hat. Jones beginnt: »Hoher Gerichtshof, es ist nunmehr meine Pflicht, auf ein Dokument hinzuweisen, das zum Glaubensbekenntnis dieser Angeklagten wurde. Ich spreche von Hitlers ›Mein Kampf‹. […] Denn dieses Buch ›Mein Kampf‹ gab den Angeklagten eine hinreichende Vorkenntnis der ungesetzlichen Ziele der Nazi-Führung. […] Dieses Buch ›Mein Kampf‹ kann wohl als Grundriß des Nazi-Angriffs bezeichnet werden. Sein ganzer Sinn und Inhalt bekräftigt die Behauptung der Anklagebehörde, daß die aggressiven Ziele der Nazis nicht reine Zufälle waren, die sich während der Nazi-Herrschaft aus irgendeiner augenblicklichen politischen Situation in Europa und in der Welt ergaben. ›Mein Kampf‹ läßt unzweideutig erkennen, daß das Mittel des Angriffskriegs zur Erreichung ihrer außenpolitischen Ziele Teil des ureigenen Glaubensbekenntnisses der Nazi-Partei war.«[1]

Auf der Anklagebank richtet Göring, der eine Sonnenbrille trägt, beharrlich den Blick auf einen Punkt in der Ferne; Rudolf Heß, der Landsberger Gefährte, wirkt benommen; Julius Streicher, Eigentümer und Herausgeber der antisemitischen Hetzschrift *Der Stürmer*, zeigt ein verzerrtes Grinsen, das Gesicht des SS-Obergruppenführers Ernst Kaltenbrunner ist bar jeder Regung. Im großen Saal des Nürnberger Justizpalastes setzt Jones seine Anklagerede fort.

»Es wurde das vorbedachte Ziel dieser Angeklagten, dafür zu sorgen, daß Idee, Lehren und Politik von ›Mein Kampf‹ wirksames Glaubensbekenntnis und Richtschnur für die Handlungen des deutschen Volkes werden sollten, besonders für seine leicht lenkbare Jugend. Wie meine amerikanischen Kollegen dem Gerichtshof bereits vorgetragen haben, wurde von 1933 bis 1939 eine weitgehende Unterrichtung über die Ideen von ›Mein Kampf‹ in den Schulen und Universitäten Deutschlands, in der Hitlerjugend [...] durchgeführt. [...] Als Ergebnis der Anstrengungen der Angeklagten und ihrer Bundesgenossen vergiftete dieses Buch eine Generation und verzerrte die Weltanschauung eines ganzen Volkes. Wenn man jahrelang – zehn Jahre lang – predigt, daß die Slawen eine minderwertige Rasse und die Juden Untermenschen seien, wie der SS-General von dem Bach-Zelewski gestern sagte, dann folgt daraus logisch, daß die Ermordung von Millionen dieser Menschen als eine natürliche Erscheinung angesehen wird. Von ›Mein Kampf‹ führt der Weg direkt zu den Krematorien von Auschwitz und den Gaskammern von Maidanek.« Wonach der Ankläger mehr als eine Stunde lang die wichtigsten Passagen des Buches verliest.

Den gesamten Nürnberger Prozess über wird aus dem Buch zitiert, wird es wie ein Beweismittel gegen die Angeklagten verwendet, die in der Mehrzahl schwören, nichts von den Zielen des Führers gewusst zu haben. Das stand in *Mein Kampf*, lautet dann gewöhnlich das Gegenargument der alliierten Ankläger.

Göring, der das Buch einst für die Bibel des Dritten Reichs

gehalten hatte, versucht, die politische Bedeutung dieses Werkes zu bagatellisieren: Es sei nur ein »öffentliches Buch« gewesen, nichts weiter, keinesfalls das Programm der NSDAP. Nur der mitangeklagte ehemalige Reichswirtschaftsminister Hjalmar Schacht grenzt sich deutlich ab: »Was das Buch ›Mein Kampf‹ anbelangt, so ist mein Urteil von Anfang an immer das gleiche gewesen, wie es auch heute noch ist: ein in schlechtestem Deutsch geschriebenes Buch, die Propagandaschrift eines politisch stark interessierten, um nicht zu sagen eines fanatisierten, halbgebildeten Mannes …« Schacht erklärt, er habe nicht an Hitlers Pläne geglaubt, weil er ihre Umsetzung, insbesondere im Bereich der Außenpolitik, für unmöglich gehalten habe.

Während des Prozesses berufen sich die Angeklagten ihrerseits auf *Mein Kampf.* Mitte Februar wendet sich der Anwalt von Julius Streicher bei einem der Kreuzverhöre, wie sie das angelsächsische Prozessrecht vorsieht, mit folgenden Worten an seinen Mandanten: »Die Anklagebehörde stellt weiter dahin ab, es hätten die Himmler-Kaltenbrunner-Gruppen und andere SS-Führer niemand gehabt, der ihre Befehle zu töten ausgeführt hätte, wenn Sie nicht diese Propaganda gemacht und die Erziehung des deutschen Volkes in diesem Sinne geführt hätten. Äußern Sie sich dazu!«

Streicher, der seit 1933 zum Massaker an den Juden aufgerufen hatte, entgegnet ruhig: »Ich glaube nicht, daß die genannten Nationalsozialisten jede Woche den ›Stürmer‹ gelesen haben. Ich glaube nicht, daß die, die vom Führer den Befehl erhalten haben, Tötungen auszuführen oder den Befehl zu Tötungen weiterzugeben, daß die durch mein Wochenblatt dazu gebracht worden sind. Es gab Hitlers Buch ›Mein Kampf‹, und der Inhalt dieses Buches war die Autorität, die geistige Autorität …« Als ein Richter ihn fragt, wann genau er Antisemit geworden sei, bekennt Streicher, er habe erst bei der Lektüre von *Mein Kampf* »die geschichtlichen Zusammenhänge in der Judenfrage kennengelernt«.

Der Ankläger Jones, zur Zeit des Prozesses 37 Jahre alt, hat die schrecklichen 1930er Jahre miterlebt, als die Welt ohnmächtig der Geburt eines Monsters in Europa beiwohnte. An diesem Tag im Januar 1946 beschließt er sein Plädoyer mit Worten, die sich weniger an die 21 Nazi-Verbrecher auf der Anklagebank richten als an das deutsche Volk: »Die Ereignisse haben mit dem Blut und dem Elend von Millionen von Männern und Frauen und Kindern bewiesen, daß ›Mein Kampf‹ nicht nur eine literarische Übung war, die mit lässiger Gleichgültigkeit zu behandeln war, wie es vor dem Kriege die Bedrohten leider getan haben; es war vielmehr der Ausdruck eines fanatischen Glaubens an die Gewalt und den Betrug als Mittel für die Nazi-Herrschaft über ganz Europa, wenn nicht über die ganze Welt.«

## Haben die Deutschen *Mein Kampf* gelesen?

Bei Kriegsende sind es die großen Verbrecher, die Aufmerksamkeit erregen, aber allmählich kommt auch eine spezielle Frage auf: Haben die ganz gewöhnlichen Deutschen *Mein Kampf* gelesen?

Immerhin haben 12 Millionen von ihnen ein Exemplar besessen, entweder gekauft oder zu einem besonderen Anlass überreicht bekommen. Aber haben sie sich tatsächlich mit dem Inhalt befasst? Haben sie das Buch zur Hand genommen, das die Propaganda ihnen als ein reines Symbol darbot und von dem Hitler selbst befürchtete, es könnte bei der breiten Masse zu viel Aufmerksamkeit erregen?[2]

In einem Werk des Historikers und Journalisten Guido Knopp über die Deutschen unter dem Nazi-Regime berichtet ein gewisser Hans, der 1940 etwa 20 Jahre alt war: »Die meisten haben auch wirklich geglaubt, daß er von den Konzentrationslagern nichts gewußt haben kann. Diese schlimmen Verbrechen werden Hitler einfach nicht zugetraut. Man hätte damals sein Buch ›Mein Kampf‹ lesen sollen, in dem ja alles drin stand. Das Buch war in jeder Familie in mehreren Exemplaren vorhanden, wir hatten allein drei. Ich bekam eines zum Abitur, mein Vater eines zum Geschäftsjubiläum und meine Schwester eines zur Hochzeit. Aber auch wir haben ›Mein Kampf‹ nicht gelesen. Das war ja das Tragische.«[3]

Solche Äußerungen sind typisch für das, was seit Kriegsende ein großer Teil der Deutschen behauptet, die das Dritte Reich miterlebt haben. Schon 1946, als die amerikanische Übergangsverwaltung für eine soziologische Studie eine Panelbefragung von 8000 Deutschen durchführen lässt, konstatieren die Interviewer, dass »nur sehr wenige von ihnen zugeben, *Mein Kampf* gelesen zu haben«.[4] Es ist allerdings auch schwierig, verlässliche Angaben beizubringen, wenn so konsequent geleugnet wird.

Während meiner Recherchen hat nicht ein einziger von den Zeitzeugen der Nazi-Ära, mit denen ich gesprochen habe, sich dazu bekannt, das Werk gelesen zu haben. Wie Hans räumen sie ein, es besessen zu haben, versichern jedoch, dass sie nie einen Blick hineingeworfen haben. Ihre Kinder oder Enkel berichten ebenfalls, dass die Eltern oder Großeltern ihnen auf entsprechende Fragen ähnlich geantwortet haben. »*Mein Kampf* war nur ein Propagandatext, den viele im Haus hatten, aber niemand gelesen hat«, heißt es seit Kriegsende. Aber stimmt das?

Dieser Frage kommt eine ebenso historische wie moralische Bedeutung zu. Denn vor 1933 hieß, *es gelesen zu haben*, zu wissen, wer Adolf Hitler, der Chef einer Partei, die sich anschickte, Deutschland zu regieren, wirklich war. Nach 1933 lief *es gelesen zu haben* darauf hinaus, wenn vielleicht auch nicht Hitlers *Ab*sichten zu kennen, dann doch zumindest seine Weltanschauung und seine *An*sichten. Ansichten, von denen niemand mit Sicherheit wissen konnte, welche Auswirkungen sie haben würden, deren Bedeutung man aber nicht anzweifeln konnte, zumal die offizielle Propaganda das Buch zu etwas geradezu Heiligem verklärte. Anders gesagt, *Mein Kampf* gelesen zu haben hätte, in den

Worten des Anklägers Jones, »hinreichende Vorkenntnis« von Hitlers Zielen vermittelt. Damit stellt sich ebenso sehr die Frage nach der Kollektivschuld der Deutschen wie die nach der persönlichen Verantwortung von Millionen potenziellen Lesern.

Angesichts schweigender Zeitzeugen und sich in den Schutz des Privaten verflüchtigender Gewissheiten hätten die Historiker versuchen können, Antworten auf die mangelnde Aussagewilligkeit bei dieser so wichtigen Befragung zu finden. Stattdessen haben sie sich reichlich daran beteiligt, Vorurteile und Beschwichtigungen zu verstärken. So hat sich in der Nachkriegszeit ein Konsens herausgebildet, der besagte, dass *Mein Kampf* nicht oder kaum gelesen worden war. Die deutschen Historiker haben sich auf Hitlers Persönlichkeit konzentriert, ihm *de facto* sämtliche Untaten der Deutschen aufgelastet. Natürlich haben sich diese Forscher auch für *Mein Kampf* interessiert, aber nur, um den Wahnsinn und Fanatismus der darin ausgeführten Ideen zu unterstreichen, ohne die Frage zu stellen, wie diese bei der Bevölkerung ankamen, die vor allem als Opfer betrachtet wurde, nicht als Mittäter.

Im Laufe der 1970er und 1980er Jahre änderte sich die Problemstellung: Eine neue Generation angesehener Wissenschaftler, bedacht darauf, eine bislang verdeckte kollektive Verantwortung hervorzuheben, entlastete die Person Hitler – und damit auch sein Buch – von jeder zentralen Verantwortung an dem, was geschehen war, um sich auf die Rolle der verschiedenen intermediären Kräfte zu konzentrieren, ob nun der Sicherheitsorgane, der NSDAP, der Richter, der Mediziner usw. Dieser strukturalistische Forschungsansatz, auch »Funktionalismus« genannt, fügte den Erkenntnissen über die Nazi-Zeit viele neue Aspekte hinzu und verwehrte den Deutschen, sich weiterhin mit einem allwissenden, teuflischen Führer herauszureden. Der Funktionalismus hat einige Historiker wie Hans Mommsen bewogen, von einem »schwachen Führer« zu sprechen, das heißt, Hitler als einen »Leader« zu interpretieren, der sich wenig damit befasst habe, wie das

Regime funktionierte, und dessen Ideen weniger Bedeutung gehabt hätten als die Umstände und das Handeln von noch radikaleren Gruppen. Für die Schoah etwa sei die mit dem »totalen Krieg« gegen den Kommunismus verbundene Radikalisierung von 1941 maßgeblicher gewesen als die Tatsache eines ursprünglichen Vorhabens. Weil man große Gebiete im Osten erobert hatte und nicht gewusst hätte, was man mit den Millionen Juden anstellen sollte, die dort lebten, sei die SS auf die Idee mit den Vernichtungslagern und den Gaskammern gekommen, erklären die Funktionalisten retrospektiv.

Aus dieser Sicht wird *Mein Kampf* zu einem eher unbedeutenden Werk. Hans Mommsen, eine Kapazität unter den Historikern aus dieser Denkschule, sieht das noch heute so: »Eigentlich ist *Mein Kampf* das am meisten ungelesene Buch unter den Bestsellern seiner Zeit. Und das liegt daran, dass der Inhalt von *Mein Kampf* sich auf die Konstellation der Zwanzigerjahre bezog und programmatisch eher wenig Inhalt hat. Eigentlich hat dafür die Werbewirkung des NS-Regimes keine Bedeutung gehabt. Und insbesondere nach 1933 war das zwar ein Buch, was jungverheirateten Ehepaaren in die Hand gedrückt wurde oder das die Beamten kaufen mussten, das aber kaum gelesen wurde und auch keine Antworten auf die konkrete Politik gab.«[5] Und so blättert man durch das Referenzwerk *Der Führerstaat. Nationalsozialistische Herrschaft 1933 bis 1945* des Historikers Norbert Frei, ohne in dem Kapitel, wo der Autor beschreibt, wie die Nazi-Propaganda, die vom Wesen her eher visuell als literarisch ist, der ausgeprägten Leselust der Deutschen Rechnung tragen und sich auf dem Feld der Bücher engagieren musste, auch nur einen einzigen Verweis auf *Mein Kampf* zu finden …

In Frage stehen sicherlich nicht allein die Entscheidungen für historische Paradigmen. Die deutschen Historiker sind eben auch Bürger, Erben der Geschichte ihres Landes. Ich erinnere mich an ein Gespräch mit Eberhard Jäckel, der, in der intentionalistischen Tradition stehend, eine bedeutende Position unter den deutschen Historikern einnimmt und mehrere Referenztexte über die Hitler'sche Ideologie und *Mein Kampf* verfasst hat. Als ich ihm so simple Fragen stellte wie »Wie viele Exemplare des Buches gab es in Deutschland?« oder »Wie viele Deutsche haben es gelesen?«, entgegnete er mir, darüber wisse er nichts. Das heißt, er hat einen Teil seines Lebens mit Untersuchungen über *Mein Kampf* verbracht, sich aber keine Fragen zu der massiven Verbreitung und tatsächlichen Rezeption gestellt. Und was soll man von einem anderen Historiker halten, einem unbestreitbaren Spezialisten für die Sicht auf den Nazismus im heutigen Deutschland, was zu den Anliegen meiner Untersuchung gehörte, der mir in schroffem Ton zu verstehen gab, dass diese für ihn von keinerlei Interesse sei und er mir jedenfalls nichts zu sagen habe? Als ich ihm dann meinen Ansatz erklärte, meine Fragestellungen, meine Hypothesen, ließ er sich schließlich doch auf ein Gespräch mit mir ein. Dabei erwies er sich als brillant, kaum zu bremsen, schien aber erst während des Gesprächs die ganze Problematik dieses Themas zu entdecken. Als ich ihm bei einem gefilmten Interview ein Exemplar von *Mein Kampf* reichte und er mir sagte, wie schwer es ihm falle, diesen Gegenstand überhaupt in die Hand zu nehmen, begriff ich, dass *Mein Kampf* sogar bei Historikern nicht einfach nur ein Buch ist.

Guido Knopp, der auch Fernsehsendungen produziert, die viel dazu beigetragen haben, ein genaueres Bild vom Dritten Reich zu vermitteln, schreibt in seinem Buch *Hitler – eine Bilanz*, das 1995 erschien und zu einem großen Erfolg wurde: »›Mein Kampf‹ blieb bis zu Hitlers Ende ein ungelesener Bestseller in Millionenauflage – obwohl auch viele Buchbesitzer daran mitwirkten, die Absicht des Autors zu verwirklichen. Während die als Feindbild ausgemachten Opfer starben, verstaubte die verräterische Schrift in den Regalen der Nation.«[6] Alles in dieser Analyse klingt plausibel. Bis auf ein Detail: Worauf stützt sich seine Behauptung vom »ungelesenen« Bestseller, der »in den Regalen der Nation [verstaubte]«?

Heute rücken die Recherchen der Historiker, die sich mit Hitlers persönlicher Rolle beschäftigen und dabei die Beiträge der Funktionalisten auf quasi dialektische Art integrieren, wieder in den Vordergrund. Diese »Neo-Intentionalisten«, wie man sie nennen könnte, zeigen auf, dass die nationalsozialistische Ideologie – und damit Hitlers eigener Wille – eine entscheidende Rolle im »deutschen Drama« gespielt hat. Aus dem von den Historikern vormals als vulgär, ja unbedeutend angesehenen Buch *Mein Kampf* wird also wieder ein bedeutsamer Text. Dennoch bleiben Studien zu seiner Rezeption und Lektüre die Ausnahme.

Zu dieser Ausnahme gehören einige Pionierarbeiten wie die von Werner Maser in den 1970er Jahren und, aktueller, die 2006 erschienene von Othmar Plöckinger. Der österreichische Wissenschaftler hat sich als Erster systematisch mit der Verbreitung des Buches beschäftigt und dafür auch die Ausleihlisten für *Mein Kampf* in den öffentlichen Büchereien ausgewertet. Dabei stellte er Steigerungen – die sich übrigens mit den Spitzenumsätzen im Buchhandel decken – anlässlich mehrerer Ereignisse fest: zunächst 1933, bei Hitlers Machtübernahme, mit rund einer Million verkaufter Exemplare, aber auch zu Zeiten verstärkter internationaler Spannungen, wie 1938 bei der Sudetenkrise oder 1939 direkt vor dem Überfall auf Polen. Die Auswertung der Büchereiausleihen ist ein interessantes Indiz: Eine Bibliothek ist per Definition ein Ort, wo man sich ein Buch besorgt, um es zu lesen, und nicht, um es zu besitzen. Plöckinger hatte nur zu wenigen deutschen Bibliotheksarchiven Zugang, was es ihm unmöglich machte, genauere Zahlen zu erfassen. Andererseits zeigen die registrierten Schwankungen, ähnlich einer Umfrage, dass man sich *Mein Kampf* besorgt hat, um klarer zu sehen, um zu wissen, was Hitler im Sinn hat, und vielleicht um zu versuchen, hinter die Geheimnisse seiner internationalen Politik zu kommen. Zu solchen Zeiten wird *Mein Kampf* gelesen und steht nicht nur dekorativ im Bücherschrank.

Der Franzose Fabrice d'Almeida, ehemaliger Leiter des Instituts für Zeitgeschichte (IHTP) in Paris, hat sich ebenfalls mit diesem Thema beschäftigt – und zwar entgegen der vorherrschenden Tendenz, die auch er bedauerlich findet, »die Rolle von *Mein Kampf* im deutschen Drama unterzubewerten«: »Es geht nicht darum zu wissen, ob dieses Buch von all denen, die es im Regal stehen hatten, vollständig gelesen wurde. Dafür war es zu lang. Aber es gibt das Buch, und es gibt eine Vulgata um das Buch herum. Das gehört ganz wesentlich dazu.« D'Almeida hat zudem festgestellt, dass viele Zeitungen regelmäßig Auszüge aus dem Buch brachten und dass große wie kleine Nazi-Funktionäre ihre Reden mit Zitaten daraus spickten. »Es wurden Armbinden mit Sprüchen aus *Mein Kampf* verteilt. Kurz gesagt, das Buch hat den Alltag durchdrungen, ohne dass man es von vorn bis hinten lesen musste.« Selbst das Argument, das Buch sei zu lang, muss seiner Meinung nach relativiert werden: »Das war kein unlesbarer Text. Uns mag er lang und schwierig vorkommen. Aber seinerzeit war das alles noch nicht Geschichte. Man las *Mein Kampf* wie etwas, das sich ereignen würde, wie eine Prophezeiung. Und eine Prophezeiung ist nicht immer leicht zu lesen. Der Vergleich mit der Bibel ist interessant: Auch die ist nicht leicht zu lesen, sie ist lang, sie wiederholt sich, aber für jemanden, der sich im Glauben verortet, ist das kein langweiliger Text, sondern ein spannender Text, höchst lebendig. […] Und so verhält es sich auch mit *Mein Kampf*.«[7]

Eine weitere Tatsache wirft neues Licht auf diese Frage: die Existenz zahlreicher Zusammenfassungen von *Mein Kampf*, verbreitet in Form von Broschüren oder Heftchen. Schon 1930 erscheint im Münchner Deutschen Volksverlag *Adolf Hitlers Ziele und Persönlichkeit* von Johannes Stark, das sich binnen einiger

Wochen 50 000 Mal verkauft; 1931 veröffentlicht der Eher-Verlag *Was will Adolf Hitler?* und 1932 *Adolf Hitler* von Philipp Bouhler. 1936 publiziert der Eher-Verlag, wie bereits erwähnt, auch *Volk und Rasse*, eine 50 Seiten starke Broschüre, die das gleichnamige Kapitel aus *Mein Kampf* enthält und von der eine halbe Million Exemplare verkauft werden. In den 1930er Jahren kommen mehr als 30 solcher Texte auf den Markt, bis Hitler dem ein Ende setzt und sie verbieten lässt. Man musste sich also nicht durch die 700 Seiten von *Mein Kampf* arbeiten, um Hitlers Werk gelesen zu haben.

Um die Geisteshaltung der Deutschen zu sondieren, hat Ian Kershaw eine äußerst interessante Quelle untersucht: die Berichte des Sicherheitsdienstes (SD), der damit beauftragt war, die Moral der Bevölkerung unauffällig auszuforschen. 1945, als das Ende des Dritten Reichs bevorsteht, geht unter den Deutschen die Angst um, die Alliierten, die Deutschland für den Krieg verantwortlich machen, könnten sich an ihnen rächen. Im Gegensatz zur Propaganda, die behauptet, die Feindesmächte hätten den Krieg herbeigeführt, geben die Spitzel des Stuttgarter SD an, die Leute würden *Mein Kampf* zum Beweis dafür zitieren, dass allein Deutschland schuld am Krieg sei, dass ihm die schon 20 Jahre zuvor formulierten expansionistischen Ziele zugrunde lägen und dass »der Führer von Anfang an am Krieg gearbeitet hat«. Und als alles verloren ist, vermerken die Berichte einen Scherz, der sich rasch verbreitet: Hitler habe sich ins Ausland abgesetzt, um ein neues Buch namens *Mein Irrtum* zu verfassen.[8]

In den 1930er Jahren schrieb der französische Dichter André Suarès über die Umstände, unter denen Hitler *Mein Kampf* verfasste: »Seine Zelle ist ein ganzes Volk; er vernimmt das Echo von sechzig Millionen Menschen.« Auch wenn dies eine vor allem literarische Formulierung ist, steckt in ihr doch ein gutes Stück Wahrheit.

## Die Ankündigung der Schoah?

Die Frage nach der Verantwortung der Deutschen für die Verbrechen der Nazis ist von höchster Brisanz, wenn es um die Schoah geht. Hätten die Leser von *Mein Kampf* die Anzeichen für das schlimmste der Nazi-Verbrechen, die Vernichtung der Juden, erahnen können?

Obwohl die Schoah ein durch zahlreiche Umstände beeinflusster Prozess war, bleibt doch festzuhalten, dass die ideologische Grundlage für den Genozid in *Mein Kampf* verewigt wurde und somit prinzipiell für jeden zugänglich war, der dieses Buch besaß.

Dennoch muss man die Rolle relativieren, die das Werk bei der Schoah spielt. Der radikale Antisemitismus der Nazis offenbart sich nicht nur in Hitlers Buch. Und am Vorabend des Zweiten Weltkriegs muss niemand auf *Mein Kampf* zurückgreifen, um zu begreifen, dass den Juden ein grausames Schicksal bevorsteht. In seiner berühmten Rede vor dem Reichstag vom 30. Januar 1939, die über Rundfunk eine breite Zuhörerschaft findet, erklärt Hitler, ein Krieg in Europa werde »die Vernichtung der jüdischen Rasse in Europa« bedeuten. Die deutschen Sozialdemokraten täuschen sich nicht: Kurz darauf, im Februar 1939, erklären sie in einem Geheimbericht, dass das Ziel der Nazis der Genozid ist, und ziehen den Vergleich zum Völkermord an den Armeniern von 1914, wobei sie den hauptsächlichen Unterschied darin sehen, dass dessen Ablauf in Deutschland längere Zeit in Anspruch nehmen und besser geplant werden würde.[9]

Zweifellos hätte sich die Lektüre von *Mein Kampf* besonders während des Kriegs als höchst aufschlussreich für all diejenigen erweisen können, die Bescheid wissen wollten. Als sich 1941 die Vernichtungsmaschinerie in Gang setzt, hätte das Werk Antworten auf viele Fragen bieten können. Zumal, da im Gegensatz zur vorangegangenen Phase, als das Regime wahrlich kein Geheimnis aus seinem Hass auf die Juden gemacht hatte, der geplante

Genozid nun heimlich durchgeführt wird, von einer begrenzten Anzahl Nazis.

Was soll man also denken, wenn die Presse im Oktober 1939 stolz verkündet, der Reichsgau Danzig-Westpreußen sei als erster offiziell für judenfrei erklärt worden? Was soll man über die Soldaten denken, die nach der Rückkehr von der Ostfront ihren Familien von den Massakern erzählen, die sie dort mitangesehen haben? Wohin fahren die Züge mit den plombierten Waggons, die das Land durchqueren und aus denen menschliches Röcheln dringt? Soll man den Gerüchten glauben, dass es, weit im Osten, Todeslager gibt? Zahlreiche Passagen in *Mein Kampf* bezeugen Hitlers unbändigen Willen, die Welt von den Juden zu befreien. Gleichgültigkeit dürfte allerdings die vorherrschende Reaktion gewesen sein. Gleichgültigkeit und ebenso sehr das Nicht-Wissen-, Nicht-Verstehen-Wollen, verstärkt durch die Gewöhnung an die Gewalt und die Alltagsprobleme.

Aber das Wesentliche liegt vielleicht anderswo: Wie Jean-Pierre Faye in *Totalitäre Sprachen* zeigt, hat die Sprache, die Hitler seit 1925 verwendet, das Grauenhafte für die Deutschen hinnehmbar gemacht. *Mein Kampf* hat die künftigen Verbrechen banalisiert. »Wenn man akzeptiert, daß es eine ›faschistische‹ Art und Weise gibt, die Realität zu produzieren und diese dabei als eine in bestimmter Weise entstellte Form der Wunschproduktion ansieht, dann muß man auch akzeptieren, daß der Faschismus keine Frage der Staatsform ist, auch nicht einfach eine Frage der Wirtschaftsform, überhaupt nicht eine Frage eines Systems«, schreibt der Soziologe Klaus Theweleit. *Mein Kampf* wirkt auf doppelte Weise: Das Buch hätte seine deutschen Leser aufrütteln können, erreichte aber das Gegenteil. Indem es Deutschland durchdrang, machte es im Verein mit dem ganzen Komplex der Nazi-Propaganda die Bevölkerung passiv gegenüber den Ausschreitungen, die im Namen ihres Landes begangen wurden.

Genau das ist das Prinzip der Verschwörung am helllichten Tag.

## Amnesie, Amnestie, Verbot

Das Kriegsende ist für die Deutschen nicht gerade die Zeit, sich Befragungen zum Thema Moral zu stellen – eine 1945 von den Amerikanern durchgeführte Studie zeigt, dass 70 Prozent der Teilnehmer die Idee einer wie auch immer gearteten persönlichen Verantwortung[10] zurückweisen; man hat es vielmehr eilig, ein neuerdings lästiges Buch loszuwerden.

Tatsächlich werden im Mai 1945, also schon in den ersten Tagen nach dem Zusammenbruch des Regimes, Millionen Exemplare von *Mein Kampf* vernichtet oder versteckt, auf den Speicher geschafft oder in den nächsten Bach geworfen. Obgleich die Leute angeben, das Buch nicht gelesen zu haben, sind viele davon überzeugt, dass es ein kompromittierendes symbolisches Objekt darstellt. Sie kennen seine Bedeutung gut genug, um zu meinen, es sei besser, wenn die Russen, Engländer, Franzosen oder Amerikaner es nicht bei ihnen im Regal oder in der Sofaecke finden. Eine eher irrationale Vorstellung, denn die Alliierten haben andere Sorgen und Wichtigeres zu tun, als Hausdurchsuchungen durchzuführen, um nach Millionen von Büchern zu fahnden.

In dieser Hinsicht ist die Geschichte der Großmutter des jungen Buchwissenschaftlers Olaf Simons höchst aufschlussreich. Seine Großmutter, eine Hausfrau, hatte das Werk zur Hochzeit geschenkt bekommen. Als die alliierten Truppen sich ihrem Dorf näherten, kam sie spontan auf die Idee, es in Ölpapier einzuwickeln und in ihrem Garten zu vergraben. Warum nicht einfach im Herd verbrennen? »Ich habe mir gesagt, dass das etwas war, das vielleicht einen Wert hatte«, entgegnete sie ihrem Enkel auf dessen Frage. Zwei Jahre später gräbt sie es wieder aus, umwickelt es neu mit Papier und vergräbt es noch einmal. Als er sich genauer mit dem Thema beschäftigte, stellte Olaf Simons fest, dass die Reaktion seiner Großmutter kein Einzelfall war, dass man nämlich in vielen Haushalten das Buch eher versteckte, als es zu vernichten. »Ob man es wegschmeißen soll, keiner wusste das so recht, weil man an derselben Stelle natürlich das Gefühl hat, das ist ein heikler Text, und die meisten Leute haben ihn irgendwo versteckt. Genau das, was man mit gefährlichen, heiklen Dingen tut, dass wir sie nicht vernichten, sondern verstecken und geheimhalten«, analysiert er.[11] Peter Reichel, der über die politische Kulturgeschichte des Dritten Reichs forscht, erklärt diese Handlungsweise: »Also der Nazismus ist besiegt, aber in *Mein Kampf* ist gewissermaßen eine Bombe oder ein Gift noch vorhanden, und das muss man vernichten, und man muss es wegsperren. Und jemand, der das in die Hand nimmt und der das Buch liest, könnte vielleicht nazistisch werden, also als ob es so eine Art noch weiter lebende Geheimwaffe Hitlers sein würde.«[12]

Reichel zufolge werden so viele Exemplare von *Mein Kampf* beiseitegeschafft, dass es ab den 1950er Jahren schwierig wird, bestimmte Sonderausgaben wie etwa die Prestigeausgaben zu beschaffen, obwohl sie zu Hunderttausenden gedruckt worden waren.

Denn parallel zu den persönlichen Reaktionen hat im Oktober 1945 eine in Berlin versammelte interalliierte Kommission im Rahmen der Entnazifizierung ein offizielles Verbot für *Mein Kampf* erlassen. Das Werk darf nicht mehr verbreitet oder verkauft werden. Es ist aus dem öffentlichen Raum verbannt.

Auf Betreiben des alliierten Kontrollrats befassen sich in allen Besatzungszonen die Bibliotheken damit, die Exemplare zusammenzutragen, die sich in den Behörden oder in ihren eigenen Regalen befinden. Diese werden nun eingelagert, verschwinden in den »Giftschränken«, wo all die Werke aufbewahrt werden, die auf den Index gesetzt wurden oder die man nicht mehr der Öffentlichkeit zugänglich machen will. *Mein Kampf* und andere Bücher von Nazi-Führern werden dort eingeschlossen, während die Bibliothekare die von den Nazis verbotenen Bücher wieder herausholen.[13]

In München begräbt Deutschland *Mein Kampf*, aber die Ideen darin sind immer noch höchst präsent. Die amerikanische Armee dreht auf Deutsch einen kleinen Propagandafilm, der für die Bevölkerung bestimmt ist. Eine Szene zeigt Militärs und Amtspersonen in einer Druckerei neben den großen Pressen. »Aus dem Blei des Hitlerbuches entsteht die Druckplatte der ersten freien Zeitung Bayerns«, so kommentiert die Stimme aus dem Off. Die Zeitung ist die *Süddeutsche Zeitung*. In einem Land, wo man die großen Nazis bestraft, wo aber – des Wiederaufbaus und des Kalten Kriegs wegen – die Entnazifizierung ins Stocken gerät, ist das Symbol eindeutig: Es geht darum, einen Schlussstrich zu ziehen, auf den Trümmern des Reichs ein neues, demokratisches, ein blühendes Deutschland aufzubauen.

In seinen Erinnerungen berichtet der Historiker Joachim Fest, dass in dem Jahr, als die großen deutschen Städte noch in Schutt und Asche liegen, Hitler für den Deutschen als unbestreitbar größter Staatsmann ihrer Geschichte gilt. In der fundierten Untersuchung, die 1946 von der amerikanischen Übergangsverwaltung durchgeführt wurde, stimmen zwischen 55 und 65 Prozent der Deutschen, die zur selben Zeit leugnen, *Mein Kampf* auch nur durchgeblättert zu haben, der Aussage zu, dass »bestimmte Rassen eher als andere zu herrschen vermögen«, 33 Prozent, dass »die Juden nicht die selben Rechte wie alle anderen haben sollten«, selbst wenn sie zu 77 Prozent antworten, dass Hitler »zu weit gegangen ist«. Ob sie *Mein Kampf* nun aufmerksam gelesen haben oder nicht – die Deutschen wurden eindeutig geprägt durch die Ideen, die das Werk vermittelt.

Deutschland will vergessen. Das bestätigen mehrere amerikanische Umfragen aus den Jahren 1945 bis 1960. Im August 1947 zeigt eine amerikanische Untersuchung, dass 55 Prozent der Deutschen den Nationalsozialismus als eine gute Idee ansehen, die allerdings schlecht umgesetzt wurde. 1948 halten nur 14 Prozent die Entnazifizierung und alles, was sie an Prozessen und Verurteilungen mit sich bringt, für notwendig; 1959 sind es auch erst 17 Prozent. Und die Prozesse gegen Tausende von Mitwirkenden in allen gesellschaftlichen Funktionen, etwa Richter, SS-Leute, Ärzte, kleine Nazi-Funktionäre, werden unpopulär – NS-Größen ausgenommen.

1954 wird also der SS-Obergruppenführer Otto Hofmann, einer der 15 Teilnehmer der Wannseekonferenz, auf der die »Endlösung der Judenfrage« beschlossen worden war, von der neu gegründeten Bundesrepublik begnadigt, während die Ermittlungsverfahren gegen zwei andere Teilnehmer, den ehemaligen Leiter der Hauptabteilung 1 (Politik), Georg Leibbrandt, und den SS-Gruppenführer Gerhard Klopfer eingestellt werden. Eine der treibenden Kräfte beim Aufbau der neuen deutschen Demokratie, Adenauers mächtiger Staatssekretär, Chef des Bundeskanzleramts, ist niemand anderes als Hans Globke, der brillante Jurist und Mitverfasser der Hitlers Ideen entstammenden Nürnberger Rassengesetze ... Als der ehemalige Generalstabschef von Gersdorff, der beim gescheiterten Attentat auf Hitler am 20. Juli 1944 eine wichtige Rolle gespielt hatte, den Antrag stellt, in die Bundeswehr aufgenommen zu werden, leistet eben dieser Globke erfolgreich Widerstand dagegen, mit der Begründung, dass von Gersdorff ein »Verräter« sei, ohne dass es darüber zu größeren Kontroversen kommt. 1951 fordert eine Abordnung des Bundestags vom amerikanischen Hohen Kommissar die Freilassung der letzten in Landsberg einsitzenden Nazi-Verbrecher. Ihre Inhaftierung erschwere die durch den Kalten Krieg notwendig gewordene Wiederbewaffnung Deutschlands.

1954 verabschiedet der Bundestag das Straffreiheitsgesetz, ein äußerst großzügiges Amnestiegesetz. So kommt es, dass ein illustrer Gefangener in Landsberg, der Generaloberst der Waffen-SS Sepp Dietrich, Vertrauter Hitlers und verurteilter Verbrecher, 1955 begnadigt wird. Den Rest seines Lebens, den er gemütlich in Ludwigsburg verbringt, engagiert er sich in der Hilfsgemeinschaft auf Gegenseitigkeit der Angehörigen der ehemaligen Waffen-SS (HIAG). Zu seiner Beerdigung im Jahre 1966 kommen gut 5000 Menschen, überwiegend Angehörige der SS.

Hier also, in dieser komplexen Atmosphäre aus erzwungener Entnazifizierung, Bestrafung der blutigsten Verbrecher und Amnestie für andere, zusammen mit Amnesie, Leugnung, dem Nachhall von Hitlers Popularität und den im Garten vergrabenen Büchern, verliert sich nach dem Krieg die Erinnerung an *Mein Kampf*. Der verfluchte Bestseller existiert nicht mehr. Der Beweis für das Verbrechen ist beseitigt – vorerst.

# II

# Die internationale Karriere geht weiter

## Ein Buch, das seinen Autor überdauert

Hitlers Tod am Ende des Zweiten Weltkriegs und die neue Haltung, die Deutschland zu *Mein Kampf* einnimmt, bedeuten nicht das Ende der internationalen Verbreitung des Buches, um die sich zumeist rechtsextreme Verlage kümmern. So wird es zum Beispiel in Mexiko 1950, in Italien 1969 – vom neofaschistischen Verlag Sentinella d'Italia –, in Spanien und in Brasilien veröffentlicht. Dort bezeichnet der Verfasser des Vorworts, der tatsächlich einige »Unstimmigkeiten« im Werk ausgemacht haben will, Hitler als einen »von Gott inspirierten Führer mit kreativen Ideen«. Der Verleger, die rechtsextreme Organisation CEDADE, steht der »Europäischen Neuen Ordnung« nahe und weist darauf hin, dass *Mein Kampf* »das nach der Bibel und ›Don Quijote‹ meistgekaufte und meistgelesene Buch« sei.

Aber Deutschlands Haltung hat sich von Grund auf geändert. Nachdem der Franz-Eher-Verlag die Verbreitung des Buches förderte, versucht die Regierung diese nun durch verschiedene Maßnahmen zu verhindern. Da Hitler mit Wohnsitz in München gemeldet war, erbt der Freistaat Bayern sowohl die Urheberrechte an *Mein Kampf* als auch den Auftrag, seine Verbreitung in jeglicher Form zu verbieten. Bayern wird vom deutschen Außenministerium angewiesen, dieses Verbot in der ganzen Welt durchzusetzen. Im Urteil der bayerischen Spruchkammer München I vom 15. Oktober 1948 wird der Freistaat als Eigentümer von Hitlers Nachlass bestätigt. Eine Veröffentlichung im Ausland würde dem

Ansehen Deutschlands schaden und den Vorwurf der Duldung einer Weiterverarbeitung nationalsozialistischen Gedankenguts aufkommen lassen.

Als in den 1960er Jahren von New York aus spanische Ausgaben auf dem amerikanischen Markt verbreitet werden, gelingt es Bayern, den Verkauf zu stoppen. In Argentinien, Dänemark, Griechenland, Japan und Portugal bleiben die deutschen Bemühungen hingegen fruchtlos. Auch dort bieten rechtsextreme Verlage, aber auch etablierte Verlagshäuser, *Mein Kampf* einer Leserschaft aus Neugierigen, Historikern, Nostalgikern des Dritten Reichs und faschistischen Aktivisten an. Wiederum andere, wissenschaftlichere und historisch-kritische Ausgaben erscheinen 1970 in Schweden – dort ist das Buch ein wahrer Verkaufsschlager – und in Italien, wo es der linke Verlag Pegaso veröffentlicht. In beiden Ländern erstattet der Freistaat Bayern Anzeige, aber weder in Schweden noch in Italien erkennen die Richter die Urheberrechte des Freistaates an. Sie weisen außerdem darauf hin, dass die Verlage der NS-Ideologie nicht im Geringsten nahestehen.

Anders ist es in Großbritannien und den USA. Dorthin hat der Eher-Verlag die englischsprachigen Rechte bereits verkauft. Der renommierte US-amerikanische Verlag Houghton Mifflin erwarb sie bereits 1933 und hat den Verkauf des Buches bis zum heutigen Tag nicht eingestellt. 1945 beschlagnahmte die US-Regierung die 15 Prozent Tantiemen, die der Verlag Hitler hätte überweisen müssen, und übergab sie einem Fonds für jüdische Flüchtlinge. Einer Untersuchung der *New York Times* aus dem Jahr 1960 zufolge verkauft der Verlag seit Ende des Krieges etwa 5000 Exemplare pro Jahr.

In Großbritannien schließt der Rechteinhaber Hurst & Blackett nach dem Krieg seine Pforten. Als ein anderer Verlag, Hutchinson & Co, ohne über die Rechte zu verfügen, 1963 seinerseits eine kommentierte Ausgabe von *Mein Kampf* herausgeben möchte, versucht der Freistaat Bayern das mit allen juristischen Mitteln zu verhindern. Der ehrenwerte Verlag hält neun Jahre lang durch, und der für die wissenschaftliche Begleitung der Veröffentlichung verantwortliche Professor D. C. Watt ist über diese »Orwell'sche« Situation entrüstet. Ihm zufolge sei Hitler »eine europäische und nicht spezifisch deutsche Erscheinung«. »Ich bin der Meinung, Hitlers Argumente können sich leichter erneut ausbreiten, wenn diejenigen, die sie benutzen, davon ausgehen können, dass ihr Publikum nicht weiß, von wem sie ursprünglich stammen. Die Argumente in *Mein Kampf* überleben leichter, wenn sie nicht erkannt werden«, bemerkt er treffend.[1] Letztlich wird das Buch nach heftigen Debatten, die insbesondere die jüdische Gemeinde in Großbritannien gespalten haben, veröffentlicht. Dort fürchtet man die Wirkung auf leicht beeinflussbare Leser.

Die Angelegenheit wird Jahrzehnte später erneut Wellen schlagen, als *The Guardian* 1999 berichtet, dass Hutchinson die Einnahmen aus den etwa 3000 pro Jahr verkauften Exemplaren nicht behalten und dem Freistaat Bayern überweisen möchte. Dieser nimmt sie aber nicht an, genauso wenig wie verschiedene jüdische Organisationen und das britische Rote Kreuz. Schließlich findet der Verlag eine Organisation, die das Geld unter der Bedingung, ungenannt zu bleiben, annimmt.

## Der zweite Prozess gegen Fernand Sorlot

Der Freistaat Bayern weiß, dass er nicht zu weit gehen darf. Von manchen Ländern lassen seine Beamten dem Historiker Ulrich Herbert zufolge die Finger. Das gilt etwa für Israel, wo 1995 eine neue historisch-kritische Ausgabe auf Hebräisch veröffentlicht wurde, aber auch für Frankreich. Dort kann *Mein Kampf* seit 1945 in den meisten Buchhandlungen auf einfachem Wege bestellt werden.

Verlegt wird es weiterhin von Fernand Sorlots Nouvelles Éditions latines. Sorlot hatte sich bereits – zum Leidwesen des NS-Regimes – Hitlers Urheberrechte angeeignet, den Prozess gegen ihn allerdings 1934 verloren. Nach dem Krieg ging es mit Sorlot auf und ab. Nach der Befreiung Frankreichs wurde er wegen seiner Unterstützung für Pétain verurteilt, wovor ihn auch seine mutige Herausgabe von *Mein Kampf* nicht bewahrte: Der Staatsanwalt war der Meinung, die patriotischen Überzeugungen Sorlots seien nicht so solide, wie er behaupte, und er sei vor allem auf der Suche nach reißerischer Literatur mit hohen Auflagen und entsprechend hohen Einnahmen gewesen. Sein Eigentum wurde konfisziert und sein Verlag einem ehemaligen Mitglied der Résistance übertragen. Sorlot durfte kein Unternehmen mehr führen, kam aber schließlich in den Genuss einer Amnestie, wurde 1948 rehabilitiert und bekam seinen Verlag zurück. Der Nonkonformist schloss sich nun einer revanchistischen und verbitterten extremen Rechten an, die gegen de Gaulle und für Pétain gewesen war und den katholischen Integristen nahestand. Er wurde zu einem der wichtigsten Nachkriegsverleger der extremen Rechten und veröffentlichte Bücher von François Duprat, einem virulenten faschistischen Aktivisten, aber auch eine Schrift zur Verteidigung des Kollaborateurs Brasillach, ein Buch, das die Unschuld des – jüdischen – Artillerie-Leutnants Alfred Dreyfus in Zweifel zog, sowie 1967 das letzte Buch des Holocaustleugners Paul Rassinier, *Les Responsables de la Seconde Guerre mondiale*.[2]

Nach dem Krieg gibt man sich nicht mehr mit halben Sachen zufrieden, man kann nicht mehr gleichzeitig gegen die Nazis und gegen die Juden sein. Die Geschichte hat entschieden. Und der Verleger hat sich für eine Seite entschieden. Aber das Geschäft läuft schlecht. Vor dem Krieg hatte es noch geblüht, jetzt muss er kleinere Brötchen backen. Er veröffentlicht ohne großen Erfolg unbedeutende Werke, Gedichtbände, ethnologische Studien, Handbücher, esoterische Heftchen usw.

Aber ihm bleibt ja *Mein Kampf*, das er wieder zu verkaufen beginnt, obwohl er die Rechte immer noch nicht besitzt, genauso wenig wie 1934. Um sein Lager aufzufüllen, druckt er 1952 eine neue Ausgabe, die erste nach dem Krieg. In den darauf folgenden Jahren verkauft er nur einige Dutzend Exemplare pro Jahr. Bis 1960 wird es in seinem Pariser Buchladen in der Rue Servandoni unter dem Ladentisch gehandelt. Als aber die Nachfrage steigt und weder die deutschen noch die französischen Behörden reagieren, beginnt er das Buch ganz offen zu verkaufen. Die Auslieferung an die Buchhandlungen übernimmt das Unternehmen Hachette. Seinen Söhnen zufolge soll Fernand Sorlot ab den 1970er Jahren bis zu seinem Tod im Jahr 1982 etwa 2000 Exemplare pro Jahr verkauft haben.

Trotz der relativ geringen Mengen erregt der öffentliche Verkauf schließlich doch Aufsehen. Ein Einwohner der nordfranzösischen Stadt Thionville bemerkt 1978, dass *Mein Kampf* in seinem Supermarkt verkauft wird, und wendet sich entrüstet an die LICRA, die Liga zum Kampf gegen Rassismus und Antisemitismus. Die Nachfolgeorganisation der LICA aus den 1930er Jahren erstattet Anzeige gegen den Verlag, mit der Begründung, das Buch sei geeignet, zu Diskriminierung, Hass und Gewalt gegenüber bestimmten ethnischen Gruppen und vor allem gegenüber den Juden aufzurufen. Die Organisation fordert – Ironie der Geschichte – deshalb ein Verbot des Buches, zu dessen Veröffentlichung und Verbreitung sie Jahrzehnte vorher beigetragen hatte.

Aber die politische Lage ist 1978 eine ganz andere. Der Antisemitismus nimmt wieder zu, der Nationalsozialismus wird verharmlost, und die Holocaustleugner werden lauter. Synagogen werden angegriffen, jüdische Friedhöfe geschändet. Louis Darquier de Pellepoix, ehemaliger Vorsitzender des Generalkommissariats für Judenfragen in der Vichy-Regierung, behauptet in der Zeitschrift *L'Express*: »In Auschwitz wurden nur Läuse vergast.« Der Holocaustleugner Robert Faurisson veröffentlicht einen Beitrag in *Le Monde*. René Bousquet, der ehemalige Polizeichef des

Vichy-Regimes, ist Führungskraft in einer Bank, und die Gerichte werden ihn auch nach Enthüllungen über seine Vergangenheit nicht zur Rechenschaft ziehen. Die französische Gesellschaft – die Überlebenden beginnen erst allmählich zu berichten – fühlt sich nicht betroffen von der Schoah.

Vor diesem Hintergrund der Untätigkeit und des Unwissens scheinen die NS-Ideologie und der radikale Antisemitismus erneut ins Kraut zu schießen. In diesem Umfeld beschließt die LICRA, alle erdenklichen juristischen Möglichkeiten auszuschöpfen und gegen die Verbreitung von *Mein Kampf* vorzugehen. Sie sieht in dem Buch nicht mehr nur eine einfache Warnung, sondern eine Botschaft des Hasses, die beseitigt werden muss.

Für die Historikerin Rita Thalmann, die als Mitarbeiterin der LICRA für den Prozess zuständig ist, geht es darum, »Schluss zu machen mit der Sensationsgier rund um das Buch«. »Wir befürchteten, dass *Mein Kampf* wieder ein Leitfaden werden könnte«, erklärte sie später.

Der Prozess findet 1979 in Versailles statt und schlägt in den Medien hohe Wellen. In der Zeitung *Le Matin de Paris* distanziert sich Jacques Debû-Bridel, ehemaliges Mitglied des Nationalen Widerstandsrats, von der LICRA: »Es ist immer gut, die Schrift einer Doktrin zu kennen, so schrecklich sie auch sein mag. Nur durch Wachsamkeit lässt sich die Nazi-Gefahr für immer bannen, denn schon Brecht sagte ›Der Schoß ist fruchtbar noch, aus dem das kroch‹.« Beate Klarsfeld hingegen ist der Überzeugung, das Buch sei nicht für jedermann geeignet und sollte Historikern vorbehalten bleiben. Der Philosoph Vladimir Jankélévitch gibt ihr recht und ist der Meinung, »die Veröffentlichung eines solchen Werkes [sei] ein wahrer Skandal«. Der Essayist Jean-François Revel wiederum ist kein »Befürworter einer vorbeugenden Zensur solcher Bücher. Eine demokratische Regierung muss ihren Bürgern gestatten, solch ein Phänomen kennenzulernen.« Er ist der Meinung, Gesetze gegen die Anstiftung zum Rassenhass reichten aus, um gegen die erneute Verbreitung des Nationalsozialismus vorzugehen.[3] Die Diskussionen in den intellektuellen Kreisen Frankreichs sind heftig.

Im Laufe des Verfahrens fordern die Anwälte der LICRA – darunter der spätere Justizminister Robert Badinter –, das Buch vollständig aus dem Verkehr zu ziehen, sowie eine Geldstrafe für Sorlot. Die Kläger prangern an, dass *Mein Kampf* als Neudruck der Ausgabe von 1934 ohne die nötige Distanz und jegliche historische Einordnung verkauft wird. Die LICRA fordert, dass der Leser bei jeder Ausgabe des Buches durch ein Vorwort aufgeklärt und der historische Kontext des Werkes erklärt wird. Während der Verhandlungen beschreiben die Anwälte *Mein Kampf* als »einen 800 Seiten langen Ausdruck wahnhafter Phantasien und eine magische Beschwörung des Hasses«. Außerdem heben die Anwälte hervor, dass von dem Buch kein offizielles Pflichtexemplar abgegeben wurde, wie es in Frankreich vorgeschrieben ist. Das wiederum ist nicht verwunderlich, da die Veröffentlichung von Sorlots Ausgabe ja 1934 verboten worden war. Aber so gelingt es ihnen, den damaligen Prozess zum Gegenstand der Verhandlung zu machen. Sorlots Anwalt, Geouffre de la Pradelle, erinnert daran, dass die LICRA damals zur Veröffentlichung des Buchs beitrug, und gibt sich verwundert, dass sie es nun Hitler gleichtue, der es damals verbieten ließ. Sorlot selbst erinnert das Gericht daran, dass die Provisorische Regierung der Französischen Republik in Algier »alle guten Franzosen dazu aufrief, *Mein Kampf* zu lesen«. Der Verleger des Holocaustleugners Rassinier und Freund des Kollaborateurs Henry Coston[4] gibt sich sogar als Kämpfer gegen den Rassismus und fordert, das gesamte Werk »mit all seinem Horror und seiner Absurdität« zu veröffentlichen, um vor den Gefahren des Nationalsozialismus zu warnen. Sorlot tut so, als habe sich seit 1934 nichts geändert.

In seinem Urteil erkennt das Gericht an, dass »durch die Zugehörigkeit von *Mein Kampf* zur jüngeren Geschichte seine

Gefährlichkeit nicht vergangen« sei. Es hebt hervor, dass seine pädagogische Bedeutung dadurch widerlegt werde, dass es in seiner Ausgabe von 1934 veröffentlicht werde. Und die Haltung des Verlegers sei »umso schwerwiegender, als sie sich in einen Kontext eines erstarkenden Antisemitismus« einfüge. Sorlot wird zu einer Geldstrafe in Höhe von 80 000 Francs verurteilt. Allerdings verbietet das Gericht *Mein Kampf* nicht, was es durchaus hätte tun können und was zum Beispiel mit den »Protokollen der Weisen von Zion« geschehen war. Es beschränkt sich darauf, dem Verlag aufzuerlegen, von nun an jedem Exemplar eine Warnung auf Blättern in leuchtender Farbe mit dem Wortlaut des Gesetzes über die Anstiftung zum Rassenhass, Auszügen aus den Urteilen der Nürnberger Prozesse und dem Urteil des Versailler Gerichts hinzuzufügen.

Das Gericht beauftragt die Französische Liga für Menschenrechte, gemeinsam mit der LICRA und dem Verleger den genauen Text zu erarbeiten. Sorlot und seine Anwälte versuchen noch, die Tragweite abzumildern, und verlieren sich in Spitzfindigkeiten – allerdings ohne Erfolg.

Das Urteil des Versailler Gerichts ist allerdings nicht wirklich von Nachteil für den Pariser Verleger. Er kann *Mein Kampf* nun legal verkaufen, mit einem sieben Seiten langen, auf grünem Papier gedruckten Warnhinweis am Anfang des Werkes.

Darin steht, dass »*Mein Kampf*, das zweifellos ein für die Kenntnis der Zeitgeschichte unerlässliches Dokument darstellt, auch ein Werk voller Polemik und Propaganda ist, dessen Gewalttätigkeit auch in die heutige Zeit hineinwirkt [...]. Seine Veröffentlichung kann all jene verletzen, die oder deren Angehörige in der jüngeren Vergangenheit unter den Verfolgungen und Verbrechen gelitten haben, die im Namen der Doktrin Hitlers verübt wurden. Trotzdem dürfen die Opfer des schrecklichsten Verbrechens gegen die Menschheit nicht in Vergessenheit geraten. Es ist wichtig, dass die Menschen sich an das Verbrechen erinnern und in Zukunft vor ihm zurückschrecken. Deshalb ist es notwendig, hier den Leser darauf hinzuweisen, wohin das Werk, das er in den Händen hält, geführt hat.«[5] Es folgen eine kurze Zusammenfassung der größten Nazi-Verbrechen sowie Zeugenaussagen von Tätern während der Nürnberger Prozesse. Ansonsten entspricht die Ausgabe mehr oder weniger der von 1934 mit ihrem Buchdeckel in leuchtendem Orange und mit minimalistischer Graphik.

## Eine triste Buchhandlung

In der Buchhandlung, die den Nouvelles Éditions latines als Verlagssitz dient – sie sind mittlerweile in die Rue de Vaugirard umgezogen, wenige Schritte vom Jardin du Luxembourg entfernt –, herrscht eine stickige, düstere Atmosphäre. Die Zeit scheint stillzustehen. Auf einem Regal thront ein Schwarzweißfoto von Fernand Sorlot, einer ernsten, beleibten Erscheinung mit einer Plastik-Sonnenbrille, wie sie zur Zeit der Aufnahme in Mode war. In den Ständern ein paar Dutzend Bücher, einige davon neueren Datums, der Großteil aber bereits vor mehreren Jahrzehnten erschienen. Darunter offene Kartons, in denen stapelweise Exemplare von *Mein Kampf* liegen, die jüngsten Nachdrucke der Nouvelles Éditions latines, zum Verkauf bereit.

Seit dem Prozess von 1979 ist in Frankreich kaum noch etwas von *Mein Kampf* zu hören. Das Buch kommt nicht mehr in den Nachrichten vor, abgesehen von dem einen oder anderen Bericht unter der Rubrik »Vermischtes«, aus dem man erfährt, dass irgendein Grabstein-Beschmierer, irgendein Möchtegern-Terrorist, ein Exemplar besessen hat, wie etwa Maxime Brunerie, der junge Faschist, der am Nationalfeiertag 2002 auf Präsident Chirac schoss, die Friedhofsschänder von Carpentras oder Frédéric Rabiller, der tagsüber bei der Post arbeitete und nachts im Namen einer mysteriösen »bewaffneten revolutionären nationalistischen

Front« Radaranlagen zerstörte. Heutzutage ist *Mein Kampf* nichts weiter als das Symbol eines nicht gerade aufgeklärten Extremismus.

Seit Fernand Sorlots Tod führen seine Söhne Bertrand, Jean und François den Verlag. Jacques Le Groignec, der ehemalige Präsident der Vereinigung zum Andenken an Marschall Pétain, brachte hier regelmäßig seine Arbeiten unter, und Jean Madiran, lange Zeit Direktor der rechtsextremen Zeitung *Présent* und Weggefährte des Front National, hat hier eine Schriftenreihe sowie Werke von Autoren der katholischen Integrismus-Bewegung herausgegeben.

In letzter Zeit haben die Nouvelles Éditions latines zwischen 2500 und 3000 Exemplare von *Mein Kampf* pro Jahr verkauft, zum Preis von 36 Euro. Eine Zahl, »die auch mal plötzlich steigen kann, etwa nach einer Fernsehsendung über den Nazismus«. Wer sind die Käufer? Dass es unter ihnen Extremisten gibt, daran kann kaum ein Zweifel bestehen, aber laut Verleger besteht die Mehrheit aus Neugierigen, Studenten, Schülern, Lehrern, Historikern und gerade auch älteren Leuten, die endlich dieses Buch lesen wollen, über das sie so viel gehört haben.

Um *Mein Kampf* zu erwerben, muss man nicht unbedingt bei den Verlegern persönlich vorbeischauen; man kann das Werk auch in jeder Buchhandlung bestellen. Erstaunlicherweise geht aber aus Umfragen oder auch der Lektüre von Diskussionsforen im Internet hervor, wie viele Franzosen meinen, *Mein Kampf* sei in ihrem Land verboten. Das zeigt ganz deutlich, wie weit verbreitet die Vorstellung von diesem Buch als etwas Verrufenem ist. Josselin Bordot, der bereits zitierte Politologe, hat zu seiner Überraschung festgestellt, dass sogar viele Buchhändler an die Mär vom Verbot des Werkes glauben. Und ein Wissenschaftler, der beabsichtigte, über *Mein Kampf* zu forschen, wurde von seinem Institutsleiter allen Ernstes gefragt: »Haben Sie keine Angst, von Ihrem Untersuchungsgegenstand vergiftet zu werden?«

Die französische Gesellschaft tut sich weiterhin ziemlich schwer mit diesem Buch, das in ihrem Land wahrscheinlich nicht dasselbe auslöst wie bei den Deutschen, aber eine noch immer nicht verwundene Vergangenheit in Erinnerung ruft, eine Vergangenheit, die beunruhigt.

Wie damit umgehen? Simone Veil stellt sich die Frage in ihrem Vorwort zu *Notre combat*, einem Album, in dem Künstler wie Laien Seite um Seite von *Mein Kampf* bearbeitet haben: »Es verbieten? Einige würden es dennoch heimlich herumreichen. Es vergessen? Das wäre beleidigend den Millionen gegenüber, die seinetwegen gestorben sind. Es verbrennen? Das hieße, auf Methoden der Nazis zurückzugreifen, derer sie sich in der Kristallnacht bedient haben.«[6]

*Mein Kampf* ohne Einschränkungen zu veröffentlichen, als historisches Zeugnis, wenn nötig auch mit einer Warnung an den Leser, scheint die beste Lösung zu sein. Die derzeitige Situation ist jedoch keineswegs ideal. Dass ein Verlagshaus der extremen Rechten quasi ein Monopol auf dieses Buch beansprucht, berührt Fragen moralischer Natur. Umso mehr, als der Verleger, im Gegensatz zu seinen englischen Kollegen, die Gewinne aus dem Verkauf nicht an entsprechende Organisationen spendet ... Damit üben die Nouvelles Éditions latines de facto die Kontrolle über Hitlers Werk in Frankreich aus. So müssen beispielsweise Autoren eines Schulbuches dort eine Genehmigung einholen und die Nutzung der Rechte vergüten. Nicht alle Lehrbuchverlage tun das, doch zumindest zwei – nicht unbedeutende – haben sich daran gehalten. Die Beträge, um die es geht, sind minimal – zwischen 60 und 120 Euro pro Auszug –, aber das Prinzip ist schockierend. Jean Sorlot findet nichts dabei; er bedauert vor allem, dass sein Vater die Gelegenheit verpasst hat, in den 1970er Jahren eine geplante Taschenbuchausgabe auf den Markt zu bringen. »Davon hätte er 50 000 Exemplare verkauft.«[7]

Am besten wäre es, wenn ein über alle Zweifel erhabener Verleger eine Referenzausgabe herausbringen würde, eventuell mit Kommentaren von Historikern. Bei der Gelegenheit könnte im Übrigen auch die Übersetzung des Buches überarbeitet werden, die aus dem Jahre 1934 stammt und nicht so gut ist, wie man es erwarten sollte. Mehrere Verlage haben dies bereits erwogen, sich dann aber zurückgezogen. Aus Sorge vor einem kommerziellen Misserfolg und aus Angst, ein Symbol anzutasten, an dem man sich immer noch die Finger verbrennt. Das Verlagshaus Fayard, das hinter dem echt-falschen *Mein Kampf* stand, hat die Herausforderung schließlich angenommen.

2020 soll eine von fünfzehn Forschern unter der Leitung des Historikers Florent Brayard verfasste kommentierte Ausgabe erscheinen. Sie umfasst etwa tausend Seiten und 2800 Erklärungen und Anmerkungen. Diese stammen zum Teil aus einer vor wenigen Jahren erschienenen deutschen kommentierten Ausgabe.[8] Darüber hinaus weist das Werk erhellende Einführungen zu den einzelnen Kapiteln von Hitlers Buch auf, das übrigens neu übersetzt wurde, um vor allem die Ideen und Hitlers sperrige Sprache besser wiederzugeben.

Dem praktisch seit zehn Jahren geplanten Erscheinen der Ausgabe waren Meinungsverschiedenheiten unter den Herausgebern sowie zahlreiche mediale und wissenschaftliche Auseinandersetzungen vorausgegangen, sodass sich das Erscheinen mehrfach verzögerte. 2015 veröffentlichte der linke Politiker Jean-Luc Mélenchon in seinem Blog einen öffentlichen Brief an Fayard, in dem er dazu aufrief, auf die Veröffentlichung dieses »Todesurteils für sechs Millionen Menschen in den NS-Lagern« – eine zumindest vereinfachende Formulierung – zu verzichten, und die Absicht des Verlags anprangerte, im Kontext einer Zunahme von Fremdenfeindlichkeit, Rassenhass und Antisemitismus ein Marketing-Event daraus machen zu wollen. Seine Überschrift lautete: »Kein *Mein Kampf* – wir haben schon Le Pen!« Der bissige Kommentar des Historikers Christian Ingrao, einer der Herausgeber des Buches von Fayard: »Man muss sich an Leser wie Sie wenden, Herr Mélenchon, um sie dazu zu bringen, damit aufzuhören, Hitler und *Mein Kampf* als pathologisch und dämonisch abzutun, und sie dazu zu bringen, ganz einfach in historischen und politischen Kategorien zu denken. Man muss aufhören, zu glauben, *Mein Kampf* verführe verwirrte Menschen, die zufällig darauf stoßen. Es handelt sich um ein Buch, das nur bereits Überzeugte überzeugen kann.«[9] Das ist nur allzu wahr. Aber allein der Gedanke an eine in Buchhandlungen erhältliche Neuausgabe von *Mein Kampf*, ob in Frankreich oder in anderen Ländern, reicht aus, um lebhafte Diskussionen und Unbehagen auszulösen. Die Gründe dafür sind komplexe, wenn nicht gar in sich widersprüchliche Zusammenhänge: eine Vergangenheit, die nicht vergeht, ein Interesse für die Geschichte des Nationalsozialismus, das so groß ist wie nie zuvor, die Spannungen innerhalb der französischen Gesellschaft[10] und – nach wie vor – eine übertriebene, aber verständliche Dämonisierung des Buches von Adolf Hitler.

# III

# Ein deutsches Gespenst

## Landsberg heute

Mitten in Bayern liegt, fünfzig Kilometer von München entfernt, die Stadt am Ufer eines breiten, stillen Wasserlaufs. 30 000 Einwohner, der Stadtkern von historischen Mauern umschlossen, die Häuser reizvoll im Neobarock restauriert, eine majestätische Brücke, eine lange Geschäftsstraße und – dank Wirtschaftswunder der Nachkriegszeit – kilometerweit friedliche grüne Gartensiedlungen mit adretten Einfamilienhäusern. Am Ortseingang, unmittelbar vor einem McDonald's, das Schild: Landsberg am Lech.

Landsberg oder eine der zahlreichen deutschen Durchschnittsstädte, deren Architektur den Eindruck erweckt, als wären sie von einem Goldenen Zeitalter ins nächste – mit eiligem Schritt über die verfluchten Zeiten des Nationalsozialismus hinweg – in die Ära der Fast-Food-Kultur gelangt.

Um sich davon zu überzeugen, genügt ein Besuch im Stadtmuseum, einem imposanten Gebäude mit fünf Stockwerken, von denen eines der Stadtgeschichte von den Gründungszeiten vor 700 Jahren bis zur Gegenwart gewidmet ist. Zu sehen sind Gemälde, Modelle der Stadt aus mehreren Epochen, die wissenschaftlichen Erfindungen der Stadt, Werke ortsansässiger Maler. Ein winzig kleiner Teil der Ausstellung ist dem Zeitraum des Dritten Reichs vorbehalten. Er beschränkt sich auf ein großes Gemälde, das einen riesigen, in mehrere Stücke zerbrochenen Schlüssel aus Stein zeigt, der im Gras liegt. Außerdem gibt es eine große Tafel mit etwa dreißig Passbildern: Juden, die vor dem

Krieg in Landsberg lebten. »Sie haben alle überlebt«, versichert der Museumsleiter eifrig.

In dieser musealen Retrospektive fehlt allerdings das einzige geschichtliche Element der Stadt, das weit über ihre Grenzen hinaus bekannt ist. Warum geht die Ausstellung nicht darauf ein? Die Antwort des Leiters klingt verlegen: »Wissen Sie, 700 Jahre Geschichte, ein langer ereignisreicher Zeitraum, mit guten und auch schlechten Abschnitten. Man muss eine Auswahl treffen.«

Verdient die Tatsache, dass ein Buch von nachweislichem Einfluss auf den Verlauf des 20. Jahrhunderts hier im Festungsgefängnis der Stadt geschrieben wurde, nicht irgendeine Thematisierung im Museum? Der Museumsleiter gibt sich beschämt: »Wir haben tatsächlich nichts, was an diese Geschichte erinnert, das stimmt. Wir müssen an den Gespenstern dieser Zeit arbeiten.«

»Gespenster«, das ist genau das Wort, das er gebraucht.

Dass Hitler *Mein Kampf* in Landsberg geschrieben hat, ist sicher ein Zufall, denn die hier verbüßte Gefängnisstrafe hätte er auch irgendwo anders absitzen können. Doch es geschah in Landsberg, und die Stadt profitierte von dem Zufall. Zwischen 1933 und 1945 wurden Gefängnis und Stadt zu Kultorten, denen Hunderttausende Nazis aus ganz Deutschland ihren Besuch abstatteten. Das bescheidene Landsberg wurde sogar in den Rang einer zentralen Stätte des Nationalsozialismus, der »Stadt der Jugend«, gehoben, neben Berlin, neben München als »Hauptstadt der Bewegung« und Nürnberg als »Stadt der Reichsparteitage«. Die Landsberger waren zu jener Zeit stolz darauf, ihre Stadt als »treueste Führerstadt« oder auch als die »Geburtsstätte der Ideen des Nationalsozialismus« zu bezeichnen. Anfang 1933 wurde Hitler zum »Ehrenbürger der Stadt« erklärt und eine Straße nach ihm benannt. Sämtliche Ratsherren, auch die sozialdemokratischen,[1] stimmten den Maßnahmen zu. Der Stadtrat ließ den Marktplatz neu pflastern und die Straße nach München ausbessern, um den durch *Mein Kampf* ausgelösten Tourismus angemessen aufzufangen.

Siebzig Jahre später hat der Enthusiasmus der Verleugnung Platz gemacht. Im Museum und auf der Straße.

Auf dem Marktplatz spreche ich, *Mein Kampf* in der Hand, Passanten an. Ich frage sie, ob sie das Buch kennen, ob sie es selber gelesen oder eine Ahnung hätten, ob es damals gelesen worden sei. Die ältesten unter den angesprochenen Passanten reagieren mit Erschrecken. Die nachfolgende Generation der Baby-Boomer antwortet entspannter, dass man nun auch zu anderem übergehen sollte, dass man »einen Strich unter die Vergangenheit ziehen muss«. Ein Jugendlicher gesteht mir, nicht zu wissen, dass das Buch hier geschrieben worden ist, und versichert, niemand habe es gelesen und zur Zeit des Nationalsozialismus sei es völlig bedeutungslos gewesen. Als ich einer seit zwanzig Jahren hier ansässigen Französin den Grund meines Aufenthalts erläutere, bestürmt sie mich: »Sie sind ja verrückt! *Mein Kampf* ist hier tabu. Darüber spricht man nicht.« Das wirft vielleicht auch ein Licht auf anderes, denn sie schildert mir, wie die Einwohner aus der Situation damals noch anderweitig ihren Gewinn schlugen. Sie weist auf einen Schuhladen. »Die dahinten haben ihr Geschäft den Juden entrissen, die vorher dort lebten.« Und sie deutet auf ein weiteres Geschäft und versichert: »Der da nicht anders.«

Hitler saß seine Haftstrafe im Gefängnis der Festung ab. Ihr Schicksal spiegelt den Geist des 20. Jahrhunderts wider. Vor 1933 Gefängnis, danach im Dritten Reich Nationaldenkmal, schließlich Lager für die 1944 zwangsverschleppten Gefangenen, die von Dachau nach Landsberg verlegt und im Innenbereich des Landsberger Festungsgefängnisses bei der Waffenherstellung eingesetzt wurden. 15000 von ihnen starben dabei. In der Nachkriegszeit wurde es zum »Gefängnis Nr. 1« für die Nazi-Verbrecher. Unter anderen saßen dort der Industrielle Alfred Krupp und der SS-General Sepp Dietrich ein. Heute ist das Landsberger Gefängnis ins bayerische Strafvollzugssystem eingegliedert und zu einem gewöhnlichen Gefängnis geworden.

Vor einigen Jahren kam eine Petition gegen ein Vorhaben der Stadt in Umlauf. Es gab Pläne, den an das Rathaus angrenzenden kleinen Friedhof mit den anonymen Grabstätten der dort 1945 exekutierten Nazi-Verbrecher aufzulösen. Das Vorhaben verlief im Sande. Noch heute schmücken unbekannte Hände die Gräber auf dem Friedhof regelmäßig mit Blumen.

Nun flüchtet natürlich nicht eine ganze Stadt vor ihrer Vergangenheit, noch ehrt eine ganze Stadt die innerhalb ihrer Mauern gelegenen Nazi-Gräber. Manfred Deiler, Gründer einer Vereinigung zur Erinnerung an den Nationalsozialismus, bemüht sich, die Geschichte um *Mein Kampf* in Landsberg bekannt zu machen. Nichts, was ihn im Voraus zu einer solchen Beschäftigung im Ruhestand bestimmt hätte. Er ist 1953 geboren, ein Kind der Nachkriegszeit und der neuen Bundesrepublik. »Ich bin in einer liberalen, aufgeklärten Familie aufgewachsen, aber niemand hat mir von *Mein Kampf* erzählt, auch nicht von der Rolle, die Landsberg im Nationalsozialismus gespielt hat. Ich habe von Dachau und Auschwitz gehört, aber nichts über Landsberg erfahren.« Über seiner Jugend schwebt der Schatten des Buches, ohne dass irgendjemand, Verwandter oder Lehrer, diese Frage jemals angeschnitten hätte. »Und man hat das unter uns mehr oder weniger – unter uns Jugendlichen – so als geheime Mundpropaganda weitergegeben, weil die älteren Generationen hatt[en] uns darüber nicht aufgeklärt, also das war schon eine besondere Geschichte damals.«[2] Anfang der 1970er Jahre klärt einer der Lehrer Deiler und seine Freunde auf. Er schildert ihnen die Vergangenheit Landsbergs. Das wirbelt Staub auf, und danach bekommt der Lehrer den Groll seiner Kollegen und gewisser Eltern seiner Schüler zu spüren.[3]

Heute führt Deiler das Werk seines Lehrers fort. Seine Initiativen – ein Projekt für eine Gedenkstätte, Auftritte in den Schulen – stoßen jedoch auf überraschende Schwierigkeiten, besonders vonseiten der Bürger, die die Vergangenheit nicht anrühren wollen, und der Stadtverwaltung, die das Ansehen der Stadt nicht in Verruf bringen möchte.

In gewisser Hinsicht kann Landsberg als Metapher – mit größeren und kleineren regionalen Unterschieden – für das gesamte Deutschland stehen.

## Ein fortdauerndes Verbot

Da Hitler in München gemeldet war, überantworteten die Alliierten seine gesamte Habe und die Verwaltung all seiner persönlichen Besitztümer, so auch die Urheberrechte, dem Freistaat Bayern. Seitdem liegt das Lizenzrecht an *Mein Kampf* beim Freistaat Bayern. In Abstimmung mit den Alliierten ergeht als erste Entscheidung der Landesverwaltung, wie wir gesehen haben, das Verbot, das Buch zu verbreiten oder neu aufzulegen. 1948 wird die bayerische Inbesitznahme der Güter und Urheberrechte Hitlers durch das Landgericht München bestätigt. Juristisch im Grunde ein Ausnahmefall, denn es wurde nicht nach eventuellen Erben gesucht, deren Zustimmung für die Übertragung der Urheberrechte auf Dritte – in diesem Fall aus den Freistaat – erforderlich wäre. Seit Gründung der Bundesrepublik 1949 ist übrigens offiziell kein Gesetz zum Status von *Mein Kampf* verabschiedet worden. Das unter der alliierten Administration angenommene, juristisch jedoch unklar belassene Verbot bleibt deshalb weiterhin maßgeblich.

Als die Berliner Polizei 1960 eine Razzia unter den fliegenden Buchhändlern veranstaltet, um noch zirkulierender Exemplare von *Mein Kampf* habhaft zu werden, meldet der Börsenverein des Deutschen Buchhandels, dass das Werk zukünftig nur noch Käufern mit nachweislich professioneller Begründung sowie »einem begrenzten Kreis von Spezialbuchhandlungen« zugänglich sein werde. 1976 wird ein Antiquar, weil er hundertfünfzig Exemplare in den Verkauf geschleust hat, zu einer empfindlichen Geldstrafe verurteilt, obwohl nichts den Handel mit dem Buch untersagt hätte. Dann, 1974, veröffentlicht Werner Maser ein auf ein breiteres Publikum zugeschnittenes Werk mit ausgedehnten Zitaten aus *Mein Kampf.* In der Theorie war die Verwendung von Auszügen zu dem Zeitpunkt nach vorheriger Prüfung durch den bayerischen Staat autorisiert. In der Praxis jedoch hatte die Selbstzensur die Autoren zu äußerst sparsamer Zitierweise angehalten.

Nach Ablauf einiger Jahrzehnte ist der juristische Rahmen schließlich präzisiert worden. Am 25. Juli 1979 bestätigt eine Entscheidung des Bundesgerichtshofs die geltenden Verbote und erlaubt lediglich die auszugsweise kommentierte Veröffentlichung mit wissenschaftlicher Zielsetzung, jedoch in keiner Weise die Neuausgabe des vollständigen Textes. Sie duldet den Besitz von Exemplaren mit Erscheinungsdatum aus der Zeit vor 1945 und den Kauf in Antiquariaten. In der Begründung heißt es, dass es »sich hierbei um eine vorkonstitutionelle Schrift handelt, aus deren unverändertem Inhalt sich eine Zielrichtung gegen die in der Bundesrepublik Deutschland erst später verwirklichte freiheitliche demokratische Ordnung noch nicht ergeben konnte« (3 StR 182/79 (S)). Die eher juristische denn politische Haarspalterei um den Grundsatz der Nicht-Rückwirkung mutet seltsam an.

Die relative Liberalität des Gerichtshofs wird kritisiert: Karl Dietrich Bracher, einer der größten deutschen Historiker, ein Mann unzweifelhafter moralischer Autorität, greift zur Feder, um die Bedrohung der Idee der Demokratie durch die von *Mein Kampf* ausstrahlende Botschaft festzustellen. Jeder Verteidiger der Demokratie, jeder antitotalitäre Aktivist müsse der Verbreitung des Buches »Widerstand leisten«. Der mächtige Deutsche Gewerkschaftsbund bedauert, dass der Gerichtshof den eigentlichen Grund für das Verbot von *Mein Kampf* nicht hinreichend bewertet habe: den Kampf gegen »jedes mögliche Wiederaufkeimen nationalsozialistischen Ideenguts«. Auf der anderen Seite des politischen Kräftespiels betont der bayerische Ministerpräsident Franz Josef Strauß, *Mein Kampf* gefährde die deutsche Demokratie und insofern sei die Unterscheidung nach der Staatsverfassung vorausliegenden und nachfolgenden Exemplaren wenig sinnvoll. Die BRD fürchtet noch immer die »Nazi-Bibel«.

Da erhebt sich eine einsame Stimme. *Mein Kampf*, verkündet sie, sei unerlässlich für all diejenigen, die verstehen wollten, warum der Nationalsozialismus über Deutschland hereingebrochen sei, und dass es sich Jahrzehnte nach Kriegsende bei dem Buch eher um einen historischen Text als um ein propagandistisches Instrument handele. Diese Stimme gehört Martin Niemöller, einem der wenigen Menschen, die sich Hitler widersetzt hatten. Er fürchtet sich nicht vor *Mein Kampf*: Er lebt in Frieden mit seinem Gewissen. Seiner Ansicht nach sollte das Buch besser ein für allemal in die öffentliche Debatte eingeführt werden, statt dass man sich schamhaft von ihm abwendete.

Denn trotz seines Verbots in der Öffentlichkeit lädt *Mein Kampf* sich regelmäßig selber wieder dorthin ein und verstört Deutschland. Die Skandale und Affären, die es immer wieder ins Zentrum der Aktualität katapultieren, reißen nicht ab. Häufig sind es Künstler, die zu diesem Thema die Grenzen des Sagbaren ausloten. 2001 veranstaltet der Schauspieler Serdar Somuncu öffentliche Lesungen von seitenlangen Passagen, eine »auf der Bühne dargestellte, satirische und kommentierte« Lesung, in der der Darsteller die Deutschen mit ihrer Vergangenheit konfrontieren und sie bis an die Schwelle führen will, an der sie sich selbst fragen, wieso sie Hitler haben Folge leisten können. Die Behörden haben sich mit dem Fall beschäftigt, am Ende jedoch auf eine strafrechtliche Verfolgung verzichtet. Serdar Sumuncu wird zum »einzigen Künstler mit dem Recht zu öffentlicher Lesung von *Mein Kampf*«.[4] Somuncu sei ein türkischer Einwanderer, und dieser Umstand habe, so die Mutmaßungen einiger Kommentatoren, zu Milde veranlasst. Als ob er »gegen Faschismus immun«[5] wäre.

In anderen Fällen verblüfft dann wieder ein Verbot: 1998 hat Ekkehard Schall, Schauspieler am angesehenen Berliner Ensemble und Schwiegersohn von Bertolt Brecht, eine Audio-CD mit Auszügen aus dem Buch aufgenommen. Zu Trommeln im Hintergrund brüllt er in unzweifelhaft pädagogischer und satirischer Absicht einige der gewaltsamsten Passagen heraus. Trotzdem untersagen ihm die bayerischen Behörden unter Androhung von Strafverfolgung die Verbreitung seines Werkes, weil auch die von ihm auf der Bühne angewandte auszugsweise Verwendung nicht vor dem Zugriff des Gesetzes schütze und die Beamten seine Darstellung nicht für hinreichend ernsthaft halten. 2003 liest in Ostdeutschland ein junger SPD-Abgeordneter auf einer Versammlung mit jungen Leuten seines Wahlkreises Passagen aus *Mein Kampf*, um ihnen in Erinnerung zu rufen, wie Fremdenfeindlichkeit und Rassismus entstehen und wohin sie führen. Ein interessanter Einfall, denn die neuen Bundesländer erleben gerade einen Höhepunkt rassistischer Ausschreitungen und einen Anstieg rechtsradikaler Wähler: Der Vorfall löst eine lebhafte Debatte im Landtag aus und erregt bundesweit Aufsehen. Und doch wurden eigentlich nur ein paar Abschnitte vorgelesen …

Das Verbot des Buches trifft bei der Mehrheit der Bevölkerung auf Zustimmung. Einer Meinungsumfrage des *Stern* von 2004 zufolge sprechen sich 52 Prozent der Deutschen dafür aus, gegenüber 37 Prozent, die eine Lockerung der Regeln befürworten – insgesamt nichts als leere Absichtserklärungen im Zeitalter des Internets. Denn *Mein Kampf* ist zwar verboten, aber leicht zugänglich. Um sich den vollständigen Originaltext gescannt zu beschaffen, bemüht man nur die nächstbeste Suchmaschine, und schon bieten sich dem Surfer zahlreiche Dokumente im PDF-Format an.

Wer ein gedrucktes Exemplar haben möchte, muss deswegen

nicht mehr das nächste Antiquariat aufsuchen und dort argwöhnische Blicke auf sich ziehen: Online-Buchhändler offerieren auf zahlreichen Seiten im Netz antiquarische Exemplare – in eher höherer Preisklasse –, und bekannte Adressen wie Amazon halten die stark preisreduzierten Ausgaben vor: Nur ein paar Klicks, und jeder kann für zehn Euro ein Exemplar in englischer Sprache erstehen. Tatsächlich kaufen hier zumeist Deutsche mit guten Englischkenntnissen: Wie der *Guardian* im November 1999 aufdeckte, zählt *Mein Kampf* auf Amazon.com, der internationalen Seite des Online-Anbieters, zu den drei von Deutschen meistgekauften Titeln. Die deutsche Justizministerin protestierte dagegen, dass man in Deutschland Exemplare der vom amerikanischen Verlagshaus Barnes & Noble veröffentlichten englischen Ausgabe bestellen konnte. Das Internet ermögliche den Verstoß gegen die deutsche Gesetzgebung und den Kauf eines »verbotenen Buches«, monierte sie und übersah dabei, dass die amerikanische Version legal ist. Ergebnis der Affäre: Die Webseite stellte den Versand von *Mein Kampf* an deutsche Adressen ein.

Olaf Simons ist zur Zeit der Recherche noch Dozent für Buchwissenschaft an der Universität Oldenburg. Eine typische deutsche Uni mit ihren Fahrradständern, weitläufigen Rasenflächen und ihrer den Opfern des Nationalsozialismuss gewidmeten Gedenkstätte – ein mehrere Meter hohes Stück Stacheldrahtzaun, daneben eine Tafel, die die Studenten daran erinnert, wohin Technik führen kann, wenn sie besinnungslos arbeitet. 2006 hat er ein Seminar über die Verlagslandschaft im Dritten Reich abgehalten. Wie hätte man bei diesem Thema das Buch *Mein Kampf* ausklammern können? Im Gesetz steht nichts, was gegen die Verteilung von Auszügen aus dem Werk an seine Studenten spräche; allerdings, meint Simons, müsse man einen Text vollständig kennen, um sich mit ihm angemessen auseinandersetzen zu können. Und er hätte seine Studenten zweifellos bitten können, sich zu diesem Zweck der Bibliotheksausgaben zu bedienen. Nun zählt sein Seminar ungefähr 30 Teilnehmer, viel mehr als die wenigen in der Bibliothek unter Aufsicht zur Verfügung gestellten Exemplare. Ebenso gut hätte Simons seine Studenten um die Anschaffung eines Exemplars im Internet oder Antiquariat bitten können; das wäre für jeden auf Kosten nicht unter 60 Euro hinausgelaufen; ein erkleckliches Sümmchen für einen Studenten und ein solches Buch. Simons verfällt auf einen Ausweg: *Mein Kampf* vollständig zu fotokopieren und an die Studenten zu verteilen.

Im Zusammenhang mit seinem Seminar verfasst Simons auch eine Internetseite zur Information für seine Studenten über den je aktuellen Stand seines Seminars. In einer Seminarsitzung behandelt er *Mein Kampf* und möchte dazu eine Abbildung des historischen Covers online stellen. Er weiß allerdings bei Fragen zur Verbreitung von Nazi-Symbolen um den Kleingeist der deutschen Gesetzgebung. Da die genannte Frontansicht ein Hakenkreuz aufweist, fragt er per E-Mail beim bayerischen Staat an, ob die Sache machbar wäre. Er erklärt, wer er ist und dass seine Gründe pädagogisch seien. Umgehend wird ihm per Post mitgeteilt, er sei nicht autorisiert, eine Reproduktion des Buches online zu stellen. Ungefähr 14 Tage später erhält Simons einen offiziellen Brief der bayerischen Staatskanzlei: Die Beamten hätten bei Überprüfung seiner Webseite festgestellt, dass er Kopien des Werkes in Umlauf gebracht habe. Jede vollständige Reproduktion von *Mein Kampf*, sieht Simons sich belehrt, sei untersagt, und seine Unterlagen kämen der Verbreitung einer Neuausgabe des Werkes gleich, was eben gesetzlich verboten sei. Ihm drohe also Anklage und eine empfindliche Geldstrafe, wenn er weiterhin daran festhalte. Simons ist schockiert und lenkt ein. Er wird später erfahren, dass er nicht als einziger Hochschullehrer eine solch absurde Situation erlebt hat.

Mühelos begreiflich also, dass nach dem Krieg die alliierten und später die deutschen Behörden es für ratsam hielten, *Mein Kampf* außer Reichweite der breiten Masse zu halten beziehungsweise seinen Ausschluss aus der Öffentlichkeit zumindest symbolisch kenntlich zu machen. Symbolisch wohlgemerkt, denn Forschern und Neugierigen ist das Buch zu keiner Zeit unzugänglich gewesen. Was rechtfertigt heutzutage eine derart drakonische Politik, wenn doch eine Rückkehr des Nazismus angeblich nicht mehr drohe? Warum wird die Veröffentlichung nur in Auszügen – zudem kommentierten – und nicht in der vollständigen Version autorisiert? Warum der Zwang zu genauer Angabe der spezifisch wissenschaftlichen oder kulturellen Zielsetzung bei solchen Unterfangen? Warum so viel Mühe und Aufwand, um die Lektüre unter so strengen Bedingungen zugänglich zu machen? Soll man vor jedem Kontakt mit dem Rohstoff »Mein Kampf«, mit diesem Text von siebenhundert Seiten, Reißaus nehmen? Wovor genau ängstigt man sich?

## Ein Besuch beim Rechteinhaber von *Mein Kampf*

Diese Fragen wollte ich jemandem stellen, den ich an kompetentester Stelle für ihre Beantwortung sah, dem bayerischen Finanzminister, Inhaber von Hitlers Urheberrecht und daher oberster Verantwortlicher für die Verbote.

München und seine majestätischen Denkmäler des 18. Jahrhunderts erstrahlen in der Wintersonne. Die prächtig restaurierten Straßen rufen ihre glanzvolle Vergangenheit in Erinnerung. Eine Vergangenheit, die gewisse Leute nicht von bösen Erinnerungen überschattet sehen wollen. In allen Großstädten Deutschlands, in Berlin, Hamburg, Frankfurt, Düsseldorf, haben Verbände und Studenten beschlossen, die sogenannten Stolpersteine überall dort auf den Bürgersteigen zu verlegen, wo Opfer des Nationalsozialismus gelebt haben, auf der Oberseite – und Gehfläche – der Steine ihre Namen eingraviert. München hat als einzige deutsche Stadt die Teilnahme an dieser Initiative abgelehnt. Die Erinnerung sei zu bedeutsam, als dass man sie im Alltag auf dem Straßenpflaster wiederfinden sollte, haben die Stadtväter entschieden, wobei andere noch unterstrichen, dass diese Initiative dem Image der Stadt nicht zuträglich sei. Als trotzdem Schüler des Luisengymnasiums 2004 zwei kleine Pflastersteine zum Gedenken an die in Litauen nahe Kaunas ermordeten Siegfried und Paula Jordan auf dem Bürgersteig anbrachten, ließ die Stadt sie drei Wochen später nachts von städtischen Angestellten wieder herausreißen. Schlecht fürs Image. Wie *Mein Kampf*?

Nach verschiedensten Bedenken wird mir im Frühjahr 2006 schließlich eine Unterredung mit dem Finanzminister eingeräumt. Die Ministerialverwaltung billige erst zum zweiten Mal ein Interview zu *Mein Kampf*. Deutsche Journalisten mit solchen Anfragen würden alle hinauskomplimentiert; das erste Interview wurde einem Israeli gewährt. »Sie verstehen, diese Leute kann man schlechterdings nicht abweisen«, hatte man mir feinsinnig dargelegt. In einem Land mit solch mächtiger Presse wäre ein Kommunikationsfehler vonseiten einer öffentlichen Institution keine Bagatelle mehr.

Das imposante Ministeriumsgebäude liegt am Münchner Odeonsplatz. Der Ort ist geschichtsträchtig. Hier hat Hitler 1923 den Putsch angeführt, der ihn nach Landsberg gebracht hat. Das Gedenken an die dort erschossenen NSDAP-Mitglieder hat den Platz im Dritten Reich zu einem wichtigen Kultort werden lassen. Vom Odeonsplatz geht die Thierschstraße ab. Die Nummer 15, ein Gebäude, auf dessen Fassade »Piano-Fischer« geschrieben steht, war Sitz des Eher-Verlags. Es gibt in München kein Entrinnen vor der Vergangenheit.

Der Minister hat sich im letzten Moment aus der Verantwortung geschlichen und einen hohen Beamten in Vertretung vorgeschickt. Bernd Schreiber, Ministerialrat, ist mit den Verwaltungsaufgaben um *Mein Kampf* betraut. Er wird von einem Pressereferenten mit besorgter Miene begleitet. »Das ist für uns ein sensibles Thema«, erklärt er mir, als wolle er um etwas Milde bei dem angekündigten Interview bitten. Auch Schreiber ist nervös. Er erkundigt sich nach den Fragen, die ich ihm stellen werde, und wirft immer wieder unruhige Blicke zur Kamera. Dabei wirkt er nicht unerfahren: Ende der 1990er Jahre war er Pressesprecher des Finanzministeriums.

Der Beginn des Gesprächs verläuft immerhin ohne Zwischenfälle. Alle Anfragen zur Autorisation, aus *Mein Kampf* zitieren zu dürfen, und seien es auch nur wenige Passagen, so lässt Schreiber mich wissen, laufen über seinen Schreibtisch. Sein Team, erläutert mir der Mann, zöge sogar Erkundigungen über Doktorarbeiten ein, wenn ein Forscher die Autorisation erbitte, einige Auszüge aus dem Buch in seine Untersuchung mit einzubeziehen. »Wir prüfen eingehend das Thema der Untersuchung, um sicherzustellen, dass es sich auch bestimmt um eine kritische Auseinandersetzung mit dem Buch handelt. Wir genehmigen die Autorisationen, das gilt ganz allgemein, allerdings mit gewissen Auflagen. Wir fordern zum Beispiel eine Kopie der Arbeit an, um Missbrauch auszuschließen.«[6] Welche Art Missbrauch? »Die Wiedergabe beispielsweise langer Passagen ohne Kommentare oder natürlich des ganzen Werks.«[7] Ich trage ihm den grotesken Fall von Olaf Simons vor. Es spreche natürlich nichts gegen eine von einem Universitätsdozenten durchgeführte Studie zu *Mein Kampf*, macht Herr Schreiber geltend, und auch nichts dagegen, dass er diese Studie danach an seine Studenten verteile, wohl aber gegen die anschließende Austeilung des ganzen Buches an seine Studenten. Offensichtlich nimmt sich der hohe Beamte seinen Auftrag sehr zu Herzen. »Die Verhinderung von *Mein Kampf* ist natürlich eine Daueraufgabe und zwar eine tägliche Aufgabe. Wir verhindern Neuauflagen. Was wir nicht verhindern können, ist natürlich, dass in schon bestehenden Auflagen, die damals vor 1945 erlaubtermaßen in den Handel oder in den Umlauf gebracht wurden, natürlich nachgelesen werden kann. Und das machen wir so lange, wie wir das Urheberrecht haben und solange es uns irgendwie möglich erscheint.«[8]

Als ich ihn dann aber frage, welche Philosophie jenseits der gängigen Praxis die ministerielle Handlungsweise leite, ob er meine, das Buch stelle eine Bedrohung für Deutschland dar, wirkt der Mann verwirrt. Er bittet um eine Kamerapause und bespricht sich mit dem Pressereferenten. Dann antwortet er: »Das Buch steht in öffentlichen Bibliotheken zur Verfügung, es ist also frei zugänglich. Wir verhindern mit aller Kraft nur den Nachdruck des Werkes. Das Buch an sich ist gefährlich, und besonders dann, wenn es unkommentiert vertrieben wird.«[9] Ob denn der bayerische Staat befürchte, lege ich nach, große Teile der deutschen Bevölkerung bekämen Zugang zu dem Buch, wenn es veröffentlicht wäre? Ob er befürchte, dass sie durch die Lektüre infiziert würden? Er schweigt, wendet sich erneut an den Pressereferenten. Er zögert und setzt zweimal neu an, ehe er schließlich sagt: »Wir haben keine Angst davor. Nein, das ist hier nicht die entscheidende Frage. Nein, wir handeln aus Achtung, aus Achtung vor der Reaktion ...« Er hält inne, lässt die Kamera noch einmal pausieren, bespricht sich erneut mit seinem Berater und führt dann in einem Zug aus: »Wir verhindern den Nachdruck aus Achtung vor den Opfern des Nationalsozialismus, aus Achtung vor ihren Reaktionen und vor allem, um keine Irritationen auszulösen.« Die »Opfer« ... Er denkt an die Juden, denn ohne Mikro diskutiert er mit seinem Pressereferenten, ob er »sechs Millionen Opfer« sagen soll.

»Um keine Irritationen auszulösen.« Sprich, um nur keine hohen Wellen zu schlagen. Das ist also, wenn man ihm glauben darf, der Grundsatz für das Verbot von *Mein Kampf* in Deutschland.

Als ich im Ministerium ankam, war ich auf vorformulierte Antworten gefasst, darauf, dass man mir das Verbot – jenseits aller Schwierigkeiten, die seine Umsetzung verursacht – als Zeugnis für eine symbolische und moralische Zurückweisung der Nazi-Ideologie erklären würde. Dass es vor allem um das Prinzip gehe. Keinesfalls erwartete ich eine mühsam austarierte, aufgesetzte Antwort. Am Schluss des Interviews eilt der Mann mit seinem

Dossier unter dem Arm in einen anonymen Korridor davon. Nicht ohne mich zuvor noch daran zu erinnern, dass das Ministerium dieses Thema »sehr ernst« nehme und man ausnahmsweise von der Regel, keine Interviews zuzulassen, abgewichen sei und dass er auf eine »sorgsame Behandlung« seiner Erklärungen durch mich zähle; falls nicht, werde das Thema »hier für sehr viel Aufregung sorgen«.

Welches Gewicht soll man diesen Antworten beimessen? Es sind offizielle Antworten, aber mit höchst vielsagender Befangenheit geäußert. Offizielle Antworten einer ministerialen Verwaltung, die keinem Zwang zur Rechtfertigung ihrer Politik unterliegt, in einem Land zudem, das sich kaum eines prüfenden Blicks auf seine Haltung zu diesem Buch befleißigt und dem die »Opfer« insofern eine bequeme Ausrede bieten.

Als *Mein Kampf* am 1. Januar 2016 gemeinfrei wurde, erloschen damit die Urheberrechte des Freistaats Bayern. Allerdings könnte der Vertrieb einer Neuausgabe auch nach Erlöschen des Urheberrechts als Verbreitung verfassungsfeindlicher Propaganda oder als Volksverhetzung strafbar sein, wenn er nicht »in erster Linie als Mittel der Unterrichtung über Wesen und Programm des Nationalsozialismus«[10] dient.

## Die Angst vor den Neonazis

Die Befürchtung, *Mein Kampf* könne die Bewegung der Neonazis anheizen, zählt zu den Argumenten, die das Verbot rechtfertigen, wenngleich es nur an zweiter Stelle rangiert: So hat Bernd Schreiber diese Frage auch nur kurz gestreift. Denn wie jeder weiß, hindert das Verbot die Neonazis keineswegs daran, sich das Buch zu beschaffen.

Laut Matthias Adrian bewirkt es sogar das Gegenteil. Der aus Westdeutschland stammende Berliner ist heute in einer antirassistischen Vereinigung aktiv. Er kennt die Neonazi-Szene sehr gut, denn er hat ihr selber mehrere Jahre lang angehört. *Mein Kampf* war Teil seiner Ausrüstung als militanter Neonazi. Die Aura des Verbotenen, die das Buch umschwebt, hatte seine Neugier angestachelt. Es zu kaufen, schmeckte nach Rebellion, fühlte sich an wie ›den Schritt auf die andere Seite tun‹. Matthias hat sich eine 1995 erschienene Ausgabe mit dem vollständigen Text besorgt. Im gesetzgeberisch liberaleren Dänemark gedruckt, war sie für den überschaubaren Markt der Nazi-Nostalgiker in Deutschland bestimmt. Der Einband gleicht genau dem der Ausgaben aus der Zeit vor 1945, nur das Vorsatzblatt sieht anders aus: Dort heißt es »›Widerstandsausgabe‹ gegen den Staat […] [und] gegen das so genannte System«.[11]

Er hatte »Interesse, was steht da wirklich drin, weil man hört immer sehr viel darüber, aber kaum jemand kennt das Buch wirklich und ich wollte das halt einfach wissen«[12], erläutert Matthias. Die Enttäuschung war groß. Er habe das Buch zu lang und unverdaulich, den autobiographischen Teil langweilig gefunden, etwas Neues habe er auch nicht erfahren. Obendrein habe ihn erstaunt, »dass in dem Buch so gewalttätig geredet wird. Da geht's um Prügeleien gegen die Juden, um solches Zeug. Ich war baff, denn ich hatte angenommen, dass das Buch viel wissenschaftlicher daherkäme.« Der Splittergruppe in Matthias' Vergangenheit waren die »Protokolle der Weisen von Zion« ohnehin viel wichtiger als Hitlers Werk.

Die Neonazis lösen im demokratischen Deutschland Panik aus. In der alten BRD war die politisch radikale Rechte in Splittergruppen organisiert. Der Fall der Mauer hat die Lage ein wenig verändert. In den neuen Bundesländern verschaffen Armut, Arbeitslosigkeit und ein eingeschränkter Geschichtsunterricht den ausländerfeindlichen Parteien inzwischen erhebliche Wahlergebnisse. Diese populistische und ausländerfeindliche radikale Rechte ist aber nicht neonazistisch. Sie wertet in ihren nostalgisch angehauchten Anspielungen vielmehr die »positiven Umsetzungen« des Nationalsozialismus auf und stellt vor allem die Verbrechen der Alliierten an den Pranger. 2006 hat die rechtsextremistische NPD in Mecklenburg 7,3 Prozent erreicht, im Gesamtbild der ehemaligen DDR mit Westablegern aber kaum 3 Prozent der Wählerstimmen überschritten. Seitdem hat die ursprünglich gemäßigtere AfD, die inzwischen – u.a. in ihrem sogenannten »Flügel« – zahlreiche Bewunderer des Dritten Reiches in ihren Reihen zählt, die Nachfolge angetreten. 2019 erzielte sie bei Wahlen in den ostdeutschen Bundesländern Ergebnisse von bis zu 27,5 Prozent. Auf dem tendenziell fruchtbaren Boden sind die neonazistischen Gruppierungen oder Skinheads dann gut gediehen. Mehrere Tausend sollen sie sein, und sie haben Dutzende gewalttätiger Übergriffe im Osten zu verantworten – Prügeleien mit Immigranten, Brandstiftung in Asylbewerberunterkünften, Mordanschläge. Im Oktober 2019 war zum ersten Mal seit dem Zweiten Weltkrieg, in Halle an der Saale, eine Synagoge das Ziel eines von einem Neonazi verübten Anschlags, bei dem zwei Menschen ermordet wurden. In einem Video beschuldigte der Mörder die Juden als »Wurzel all dieser Probleme«. Auf seinem PC fand die Polizei ein PDF-Dokument mit *Mein Kampf*.

Matthias hat die Neonazi-Bewegung verlassen, als ihm klar wurde, dass er an die ihm dort beigebrachten Mythen, wie zum Beispiel die Existenz von Atlantis, dem Urparadies der Arier, oder die Theorien zur jüdischen Weltverschwörung, nicht glaubte. Genau an dem Punkt verspürte er paradoxerweise das Bedürfnis, sich noch einmal in *Mein Kampf* zu vertiefen, diesmal mit der allergrößten Ernsthaftigkeit, um die Nazi-Ideologie zu verstehen und schließlich zu erkennen, dass er nicht mit ihr übereinstimmte.

Das Verbot, vertraut mir Matthias an, sei in seinen Augen praktisch sinnlos. Es sei ein Leichtes, an das Buch heranzukommen.

Doch ist auch er heute der Ansicht, dass dieses Verbot »eine symbolische, moralische, beinahe religiöse Hürde« aufbaue. Und trotzdem, bedauert er, all die Tabus um *Mein Kampf* verhinderten im Grunde, das Buch richtig zu verstehen. Ihren größten Elan, erläutert er, zögen die Neonazis nicht aus der Verherrlichung der übelsten Nazi-Verbrechen, sondern umgekehrt aus deren Verharmlosung. So zeigt sich, dass die rechtsradikale Bewegung der Neonazis und auch ein wachsender Teil der Bevölkerung in ihrem Wunsch, mit der Vergangenheit aufzuräumen, dem »jetzt reicht es mit der Reue« anhängen und vorbringen, Hitler habe den Krieg gar nicht gewollt, sondern sei durch die Handlungsweise der Westmächte und der Russen dazu gedrängt worden. Und die schlimmsten Verbrechen seien aus einer schrecklichen Verkettung von Ereignissen hervorgegangen, die Deutschland gar nicht geplant hätte. Diese Denkweise gewinnt in Deutschland zunehmend an Boden. So argumentierte auch Göring, erinnern wir uns, in den Nürnberger Prozessen zu seiner Verteidigung.

Wenn sich der Unterricht an den Schulen mit *Mein Kampf* auseinandersetzte, betont Matthias, würden die Schüler erkennen, dass Hitler es von 1925 an schwarz auf weiß geschrieben, dass er den Krieg gewollt hatte, dass er den »Lebensraum« mit allen Mitteln erobern wollte. *Mein Kampf* als ein Werkzeug gegen das Wiederlaufleben des Nazifaschismus? Warum nicht ...

## Die Gründe für das Tabu

Der deutsche Jude Rafael Seligmann, Historiker und Schriftsteller, eins dieser »Opfer«, bei denen man keine Irritationen auslösen will, reagiert fuchsteufelswild in seiner Berliner Wohnung, als er die vom Ministerium offiziell geltend gemachten Gründe für das Verbot der Verbreitung von *Mein Kampf* erfährt.

»Das ist natürlich Blödsinn. Sie haben Angst, das ist der wahre

Grund, dass, wenn *Mein Kampf* freigegeben wäre, die Deutschen es kauften, wie Schüler Zigaretten kaufen, aus Lust an der Überschreitung, und davor, dass es mit einem Mal auf der Bestsellerliste steht. Sie haben Angst, dass die ganze Welt mit dem Finger auf uns zeigt und sagt: Die Deutschen sind schon wieder Nazis. Das ist keine Frage von Achtung vor den Opfern, das ist eine deutsche Angst.«[13]

Eine Panik, die Seligmann für unbegründet hält: »Ich glaube nicht, dass ein normaler, reifer Bürger befürchten könnte, von *Mein Kampf* infiziert zu werden: Wir leben in Freiheit, wir haben eine seit sechzig Jahren funktionierende Demokratie. Die Argumentation des Bayerischen Freistaates unterstellt, dass die Leute nicht erwachsen genug seien, nicht ausreichend vertrauenswürdig. Die Deutschen sind reif genug, um keine Angst zu haben.«[14] Der Wunsch nach einem Verbot von *Mein Kampf* rührt also weder von einem Seligmann noch von einer kleinen jüdisch-deutschen Gemeinde her, die seit langer Zeit in der Gewissheit lebt, dass der Nazismus nicht mehr droht.

Ende 2007 in einem Vorort von Hamburg. Im Verlauf meines Film-Interviews mit Peter Reichel drücke ich ihm ein Exemplar von *Mein Kampf* in die Hand. Das Unbehagen steht ihm ins Gesicht geschrieben, als ob er sich an dem Buch wirklich die Finger verbrennen könnte. »Ich gucke nicht gern auf dieses Buch, das ist ne ausgesprochen – strange würde man sagen – Situation. Also gefilmt mit meinen Büchern, habe ich ja schon ein paarmal erlebt, da lächele ich dann auch, … aber dieses Zeugs, nee, … und was man aufschlägt, also diese laufende Kolumne da drüber … es ist wirklich ein sprechendes Buch …«[15] Dabei ist Reichel Historiker, ein Spezialist für die Geschichte des Nationalsozialismus nach 1945, für die Erinnerung an das Dritte Reich im zeitgenössischen Deutschland. Er ist die Gegenüberstellung mit dieser Geschichte gewohnt. Und doch, *Mein Kampf* so plötzlich in seinen Händen zu halten, vor der Kamera, das wird ihm zu viel.

Reichel skizziert eine Erklärung für das Unbehagen, das Deutschland erfasst, sobald es um *Mein Kampf* geht. Seiner Ansicht nach sei Hitler keineswegs wie ein Teufel über Deutschland hergefallen: »Ja, ich glaube, die deutsche Gesellschaft hat bis heute allergrößte Schwierigkeiten, zu sagen, wahrzunehmen und zu akzeptieren, dass drei Generationen vor der heutigen diese Person eine hohe Akzeptanz, eine hohe Sympathie, eine große Unterstützung in einer Gesellschaft gehabt hat, die sich dafür rechtfertigen muss, die sich immer noch schämt. Und deswegen ist Hitlers Buch heute ein Tabu.«[16]

Die Deutschen seien zwar von Hitler befreit worden, ihn von sich abzuschütteln, würde ihnen jedoch nie gelingen, meint der Historiker Eberhard Jäckel. Denn auf den Seiten von *Mein Kampf* sei Hitlers Denken ausgedrückt, so lebendig, wie es Worte nur vermögen, und sie ließen das Gespenst des Führers fortleben.

Peter Reichel bietet noch eine andere Erklärung: »Das Buch ist in den 1930er und 1940er Jahren von den Deutschen unterschätzt worden. Danach hat sich alles dramatisch ins Gegenteil verkehrt. Jetzt wurde seine Schädlichkeit überbewertet. Zwei sich widersprechende Beurteilungen haben sich eine über die andere gelegt und nun flüchtet man schließlich vor dem Buch. Erst wenn es eines Tages gelingt, die Überbewertung und die Unterschätzung zu überwinden, wird man ohne Handschuhe, ohne großes Schutzbollwerk, ohne Präventivimpfung zu dem Buch greifen können. Aber das wird vielleicht noch fünfzig oder hundert Jahre dauern.«[17]

Der Historiker Edouard Husson untersucht seit vielen Jahren das Verhältnis der deutschen Gesellschaft zum Nationalsozialismus. Er vervollständigt Reichels Gedanken mit jenem zusätzlichen Schuss Freiheit, die dem Nicht-Deutschsein erwächst. »Nach dem Krieg fürchteten die Besatzermächte, aber auch die deutschen Behörden das Wiedererstarken des Nationalsozialismus. Das Verbot hätte schon längst aufgehoben werden können. Doch dann haben die Deutschen voller Schrecken begriffen, dass schon seit den 1920er Jahren die Dinge so klar auf der Hand lagen! Sie empfinden a posteriori Scham, ohne das Eingeständnis zu wagen. *Mein Kampf* verweist auf zwei Arten von Schuld: es nicht gelesen zu haben oder es nicht verstanden zu haben. Oder, wenn man es gelesen beziehungsweise in Auszügen gelesen hat, es nicht als solches erkannt zu haben.«[18] Über sechzig Jahre nach Kriegsende ringt Deutschland noch immer mit seinen Dämonen.

## *Mein Kampf* neu veröffentlichen, letzter Abschnitt der Erinnerungsarbeit?

Deutschland versucht sich durchaus seiner Vergangenheit zu stellen. 2005 hat Berlin in seinem Zentrum ein imposantes Denkmal für die jüdischen Opfer des Nationalsozialismus errichtet – die Opfer *par excellence* des Nazismus, obschon sie nicht allein für ihn stehen. Unweit des Brandenburger Tors und des Reichstags, des Sitzes des Bundestags im wiedervereinten Deutschland, nicht weit auch von der französischen Botschaft, erbaut auf den Ruinen der französischen Botschaft François-Poncets, der Vorgängerin, stehen hier, im Herzen der Stadt, Hunderte massiver schwarzer Stelen gleich einem reglosen Appell. Der symbolische Abschluss einer langen, echten Erinnerungsarbeit, die bei den Verbrechen des Nationalsozialismus den Begriff der Kollektivschuld hat anerkennen lassen.[19]

Bevor die jungen Widerstandskämpfer der Weißen Rose 1943 unter dem Fallbeil des Scharfrichters starben, hatten sie diese Erinnerungsarbeit eines Deutschlands nach Hitler festgelegt. In ihrem an nur wenige mutige, zur Annahme bereite Menschen verteilten vierten Flugblatt schrieben Hans und Sophie Scholl und ihre Freunde: »Obgleich wir wissen, daß die nationalsozialistische Macht militärisch gebrochen werden muß, suchen wir eine Erneuerung des schwerverwundeten deutschen Geistes von innen her zu erreichen. Dieser Wiedergeburt muß aber die klare Erkenntnis aller Schuld, die das deutsche Volk auf sich geladen hat […] vorausgehen.«

In nur wenigen Jahrzehnten ist der Wunsch der jungen Studenten aus München Wirklichkeit geworden. Dieses »Wir wussten nichts davon« hat durch Historiker, Medien oder Ausstellungen wie die Wehrmachtsausstellungen Risse bekommen. Bis dahin hatte man in den Angehörigen der Wehrmacht nur einfache Soldaten gesehen, die mit den Grausamkeiten des Nationalsozialismus nichts zu tun hatten. Nur wenige Deutsche würden heute behaupten, von der Schuldfrage, der Kollektivschuld ausgenommen zu sein.

Diese Erinnerungsarbeit sollte allerdings auch nicht überbewertet werden. Wie Olivier Guez in seinem brillanten Werk *Die Heimkehr der Unerwünschten* darlegt, hat sich die deutsche Gesellschaft, ihre aufgeklärten Eliten ausgenommen, in Wahrheit erst spät zu dem Verbrechen aller Verbrechen, zur Schoah, bekannt. Die Regierung der BRD hat ihre Verantwortung in den frühen 1950er Jahren anerkannt und trägt die finanziellen Folgelasten. Das war aber der Staat und geschah auch nicht ohne Hintergedanken: Deutschland sollte ins normale Staatenleben der Nationen wieder eingegliedert werden. 1979 werden die Deutschen durch die amerikanische Fernsehserie *Holocaust* und den durch sie ausgelösten Gefühlsdramen mit den emblematischsten Verbrechen des Dritten Reiches konfrontiert. Von dem Zeitpunkt an steigt die Zahl der Buchpublikationen in die Hunderte, ja Tausende, unzählige Dokumentarfilme und Fernsehsendungen werden gezeigt, und die großen Worte und starken Gesten der Politiker reißen nicht ab.

Seit Deutschland seinen Gespenstern ins Gesicht gesehen hat, steht es nun am Beginn einer neuen Phase, in der es leichter an der Bürde seiner Vergangenheit tragen könnte. Olivier Guez schreibt: »In den Achtzigerjahren, als die ›Holocaust‹-Welle auf ihrem Höhepunkt war, hatte die Intelligenzia geglaubt, wegen Auschwitz könne Deutschland nicht auf Normalität bestehen. Nun folgten die meisten ihrer Vertreter der umgekehrten Argumentation: Weil Deutschland Auschwitz auf sich genommen habe, könne es seine Normalität einfordern.«[20] Als Martin Walser in seiner Dankesrede zur Verleihung des Friedenspreises des Deutschen Buchhandels, seiner so genannten Paulskirchenrede, 1998 öffentlich den Missbrauch von Reue seziert und über mögliche Gefahren der Ritualisierung und Instrumentalisierung im Zusammenhang mit Auschwitz nachdenkt, schlägt er eine hitzige Debatte los. Und es ist keineswegs sicher, ob er als Unterlegener aus ihr hervorgegangen ist.

Selbst die Person Hitlers gilt mittlerweile nicht mehr als absolutes Tabu. 2007 ist die Filmkomödie *Mein Führer* von Dani Levy in die Kinos gekommen – ohne große Diskussionen auszulösen. *Der Untergang*, ein Film über die letzten Tage Hitlers, der ein menschliches Bild des Führers zeichnet, wurde ein großer Kinoerfolg. Ein satirischer Comicfilm von Walter Moers über den Chef des Dritten Reichs hat sich zum Internet-Hit entwickelt, der über fünf Millionen Mal angeklickt wurde, ohne dass der Anblick eines Hitlers in der Badewanne mit seiner Schäferhündin Blondie und den Nazi-Gummienten ernsthaft schockiert hätte – im Gegenteil. Man kann an diesen Darstellungen aussetzen, dass sie sich auf die Person Hitlers konzentrieren und den Aspekt der Kollektivschuld unterschlagen, indem sie das Geschichtsbild der 1950er Jahre in Unterhaltungsformaten aufgehen lassen. Wer über solche Grotesken lachen kann, ist über Hitlers Verbrechen und die Umstände seiner Machtübernahme meist genau im Bilde. Von Büchern bis zu Fernsehreportagen – es wächst die Versuchung, Nazi-Verbrechen gegen die mörderischen Bombardements der Alliierten aufzurechnen. »Unsere Opfer haben gelitten, wir haben genauso gelitten«, denken mehr und mehr Deutsche, während sich im Fernsehen die Dokumentarfilme über die Zerstörung Dresdens durch die Alliierten oder über die Flucht von deutschsprachigen Bevölkerungsteilen 1945 häufen. Ernster 2007 die Affäre Herman: »Es war nicht alles schlecht im Nationalsozialismus«, erklärt die Star-Moderatorin des Fernsehens öffentlich, lobt die vorzügliche Familienpolitik des Nationalsozialismus und bedauert, das man sich nicht mehr davon anregen lasse. Skandal. Herman wird gekündigt. Die Intelektuellen empören sich. Die junge Frau besteht auf ihrer Ansicht und setzt auch die Autobahnen auf die Liste positiver Errungenschaften des Nationalsozialismus. Dann veröffentlich der *Stern* eine Umfrage, die belegt, dass Millionen Deutsche wie Eva Herman denken. Die gestellte Frage lautet klar und deutlich: »Hat der Nationalsozialismuss gute Seiten gehabt?« Ja, antworten 25 Prozent der Befragten – ein Viertel der Bevölkerung – bei den über 60jährigen sind es sogar 37 Prozent. Beinahe noch beunruhigender, dass bei den unter 25jährigen immerhin 20 Prozent dem Nationalsozialismus gute Seiten abgewinnen können.

Auch wenn *Mein Kampf* eine Besonderheit bleibt, entgeht das Buch nicht gänzlich diesem Prozess der Normalisierung. Insbesondere unter dem Einfluss sich wandelnder Zeiten und Gesetze. Aufgrund europäischer und deutscher Regeln lief die Schutzfrist für das Urheberrecht siebzig Jahre nach dem Tod des Autors aus. Folglich steht seit dem 1. Januar 2016 jedem, der im deutschsprachigen Raum oder im Ausland *Mein Kampf* veröffentlichen und verkaufen möchte, die Möglichkeit dazu offen.

In diesem Zusammenhang kündigte das Münchner Institut für Zeitgeschichte, die führende öffentliche Einrichtung zur Erforschung des Nationalsozialismus, am 24. April 2012 die Veröffentlichung der vollständigen – kommentierten – Version von *Mein Kampf* an, damit die Gemeinschaft der Forscher, aber auch das breite Publikum über einen Referenztext verfügen können, ohne gezwungenermaßen antiquarische Exemplare oder rechtsextreme Ausgaben kaufen zu müssen. Nach jahrelangen heftigen Diskussionen unterstützt inzwischen die Mehrheit der Historiker diese Initiative. Im April 2008 erhielt das Institut die Zustimmung des Zentralrats der Juden in Deutschland, um die es zuvor ersucht hatte. Als sei diese Zustimmung unerlässlich, als könnten die Juden die Deutschen tatsächlich als einzige von dem Zauber befreien. Ein Anzeichen für die weiterhin rund um das Thema bestehenden Spannungen war die Tatsache, dass der Freistaat Bayern, nachdem er 2012 seine Förderung des Projekts des Münchner Instituts bekanntgegeben hatte, diese im Jahr darauf wieder zurückzog. Jüdische Institutionen, darunter der Jüdische Weltkongress, hatten ihre Besorgnis zum Ausdruck gebracht. Allerdings wird das Institut für Zeitgeschichte aus Mitteln des Bundes und mehrerer Bundesländer gefördert und darunter befindet sich der Freistaat Bayern. So wahrte dieser das Gesicht und trug dennoch indirekt zum Erscheinen der kommentierten Ausgabe bei. Das zweibändige Werk mit etwa zweitausend Seiten erschien schließlich 2016. Die umfangreiche Ausgabe ist zweifellos von großem historischen Interesse. Obwohl sie keine bedeutenden Neuerungen für die Erforschung des Nationalsozialismus liefert, ermöglicht sie den Stellenwert von *Mein Kampf* in dessen geschichtliche Entwicklung einzubetten und zu erklären. Trotz des Kaufpreises von 60 Euro, ihrer zweitausend Seiten und ihrer nüchternen Kommentare traf sie erwartungsgemäß auf großes öffentliches Interesse. Im ersten Jahr nach ihrem Erscheinen wurden 85 000 Exemplare verkauft, anschließend gingen die Verkaufszahlen ein wenig zurück. Wie viele Leser die beiden ja vor allem wissenschaftlichen Bände tatsächlich gelesen haben, ist schwer zu sagen. Man kann nicht umhin zu denken, dass der Besitz des Werkes allzu oft mehr zählt als seine Lektüre. Der ungute Zauber wirkt immer noch.

Rafael Seligmann ist einer der ganz wenigen Deutschen, die es wagen, öffentlich die Freigabe von Verkauf und Wiederauflage der unkommentierten Version von *Mein Kampf* zu fordern. Hierzu hat er vor einigen Jahren mehrere Artikel veröffentlicht und damals ein nachsichtiges Erstaunen hervorgerufen, nachsichtig, wie gewöhnlich sympathischen Exzentrikern begegnet wird. Nachsichtig, da er Nazi-Nostalgien schlicht unverdächtig war. *Mein Kampf* sei nur deshalb verboten, stellt Seligmann 2004 in der *Bild* klar, weil man befürchte, Jugendliche könnten sich für seine Ideen begeistern. Das Gegenteil sei der Fall, denn nichts enthülle Wahn und Gewalt seines Antisemitismus besser als dieses Buch, dessen Veröffentlichung daher endlich freigegeben werden müsste, so Seligmann in dem doppelseitigen, in keinster Weise pateiischen Bericht über das Ereignis.

Entsprechend ironisch greift Seligmann heute die Initiative des Instituts für Zeitgeschichte auf: »Ich habe *Das Kapital* von Marx gelesen und bin kein Marxist geworden. Ich habe *Mein Kampf* gelesen und bin kein Nazi geworden. Als freier und verantwortlicher Bürger will ich die Möglichkeit haben, mir mein eigenes Urteil zu bilden. Wir sind reif genug, dass wir auch ohne kommentierte Ausgabe auskommen können. Ich brauche keinen Historiker, der mir erklärt, was ich zu denken habe. Ich sag' … ich geb da ein Beispiel. Wenn Hitler zum Beispiel sagt, die Juden – in *Mein Kampf* – sind minderwertig, und man muss sie beseitigen, was muss ich dann … eine Fußnote … da hinzufügen? Sagen, das ist falsch?«[21]

Seligmann, ein Provokateur? Zweifellos. Doch Deutschland braucht wahrscheinlich diese Art von katalytischen Gestalten, die den gangbaren Weg weisen. Deutschland braucht seine Absolution, um hoffentlich eines Tages im Garten *Mein Kampf* wieder ausgraben zu können.

Aber diese Zeit ist noch nicht gekommen. Denn sogar die Diskussionen um die zukünftige kommentierte Ausgabe bergen überraschende Gehemmtheiten. In einem Gespräch mit der *Frankfurter Allgemeinen Zeitung* argumentiert Horst Möller, der einflussreiche Leiter des Instituts für Zeitgeschichte, solange eine solche sorgfältig kommentierte Veröffentlichung nicht vorliege, würden die oft einfältigen Spekulationen über den Inhalt des Buches weiterhin fröhlich ins Kraut schießen. Eine wissenschaftlich kommentierte Ausgabe könnte diesen seltsamen, *Mein Kampf* umrankenden Mythos brechen. Und er fügt noch einen weiteren, immerhin bizarren Grund hinzu: es käme einem Stück politischer Hygiene gleich, die schlechte Qualität dieses trotzdem hochwirkungsvollen Machwerks nachzuweisen. Wie kann ein Historiker des 21. Jahrhunderts sich mit dem Gedanken tragen, die gute oder schlechte »Qualität« eines Textes nachzuweisen, der einem totalitären Regime als ideologische Stütze diente? Es würde sich a priori um den Nachweis insbesondere der »Konstruktionsfehler« handeln. Muss den Deutschen wirklich der Nachweis mangelnder Stichhaltigkeit, konzeptueller Schwachstellen, logischer Mängel an einer Ideologie erbracht werden, die Millionen Menschen in den Tod geschickt hat?

# IV

## *Mein Kampf* – ein Buch mit Zukunft

### Ein weltweiter Bestseller

Trotz der jahrelangen Bemühungen des Freistaats Bayern wird *Mein Kampf* in der ganzen Welt vollständig oder in Auszügen verlegt und verkauft. In Griechenland, China, Bulgarien, Japan, Kroatien, Neuseeland, Südkorea, Australien, Italien, Indien, der Türkei, Finnland, Indonesien, Kolumbien, Marokko, Dänemark, Argentinien, Brasilien, Spanien und anderen Ländern ist das Buch erhältlich.

Trotzdem meldeten sich in den vergangenen Jahren immer wieder deutsche Botschaften bei der bayerischen Landesregierung. Dem Finanzministerium gelang es, *Mein Kampf* durch gerichtliche Schritte oder diplomatische Interventionen in Russland (1992), Portugal (1998), Tschechien (2000) – dort hatte der Verlag zuvor mehrere tausend Exemplare verkauft –, Polen (2005) und kürzlich in der Türkei aus den Regalen der Buchläden entfernen zu lassen. In keinem dieser Fälle waren die Verlage dafür bekannt, ausschließlich Neonazi-Bücher zu veröffentlichen. Hugin in Portugal und Zitko in Tschechien gelten als durchaus klassische Buchverlage. Das polnische Verlagshaus verfolgte sogar ein ausgesprochen pädagogisches Ziel und veröffentlichte gleichzeitig die »Mao-Bibel«. In Schweden musste Bayern hingegen eine Niederlage hinnehmen und nach einer Auseinandersetzung mit dem dortigen Verlag 1998 nachgeben, nachdem sich der Oberste Gerichtshof Schwedens geweigert hatte, das Urheberrecht des Freistaats anzuerkennen.

Wenn die Haltung des Ministeriums in Deutschland aufgrund der Notwendigkeit, die »Nazi-Bibel« symbolisch von der Öffentlichkeit fernzuhalten, durchaus verständlich erscheinen mag, so ist sie auf internationaler Ebene sehr viel fragwürdiger. Man könnte meinen, das Buch gehöre allen Nationen, wo diese doch im Allgemeinen unter seinen Auswirkungen gelitten haben, und man sollte sie entsprechend ihrer eigenen Gesetze und Prinzipien selbst entscheiden lassen, was sie damit tun. Diesen Standpunkt teilt Bernd Schreiber nicht. Er freute sich 2007 über die Erfolge seines Teams. Auf meinen Einwand, ich könne diese Politik nicht nachvollziehen, erwiderte er, dass er sie im Gegenteil für »entscheidend« hält, und er führt zu ihrer Rechtfertigung eine Metapher an: »Auch wenn der Vergleich gewagt ist: Jemand, der ein musikalisches Werk komponiert, hat das Recht zu entscheiden, wo und von wem dieses Werk aufgeführt wird. Das Gleiche gilt für *Mein Kampf*.«[1]

Außerhalb Deutschlands und Österreichs hatte die Politik Bayerns nur eine begrenzte Wirkung. Trotz des offiziellen Verbots ist *Mein Kampf* sowohl in Portugal als auch in den Niederlanden, in Tschechien und in Polen weiterhin erhältlich. Dort wird das Buch lediglich mehr oder weniger unter dem Ladentisch gehandelt, denn die Gerichte sind oft nachsichtig mit Buchhandlungen, die sich nicht an das Verbot halten. Aber die Debatte ist sowieso obsolet, denn durch den Ablauf der Schutzfrist am 31. Dezember 2015 laufen das Urheberrecht des Freistaats Bayern und seine Möglichkeiten, auf internationaler Ebene gegen die Veröffentlichung vorzugehen, aus.

Anders ist es im Fall Russland: Dort wurden in den vergangenen Jahren nicht weniger als drei Ausgaben veröffentlicht, und das Buch ist zu einem wahren Kultobjekt der boomenden extremen Rechten geworden; seitdem hat die Duma ein Verbot beschlossen. Allerdings war man auch nicht zu eifrig: Das Buch wurde 2007 auf der Moskauer Buchmesse vorgestellt, ohne dass die Behörden etwas dagegen einzuwenden gehabt hätten – der Verleger wurde sogar mit dem Preis für den »Jungunternehmer des Jahres« ausgezeichnet. Obwohl das Land unter dem Nationalsozialismus gelitten hat, stoßen Hitlers Äußerungen über den jüdischen Marxismus, unter dessen Fuchtel die UdSSR gestanden habe, nämlich auf eine interessierte Leserschaft. In der Ukraine ist das Buch zwar offiziell verboten, wird aber bei Veranstaltungen der einflussreichen rechtsextremen Partei Kongress Ukrainischer Nationalisten angepriesen. Das Buch steht für den Kampf gegen die Russen und gegen die Juden, weil die Nazis deren Feinde waren. In den postkommunistischen Ländern Europas, die noch keine gefestigten demokratischen Strukturen haben, sind die Nachwirkungen des in der Vergangenheit von lautstarken Minderheiten bestimmten Geschehens noch immer zu spüren.

So ist *Mein Kampf* in den meisten Staaten nach geltendem Recht legal erhältlich. Das gilt zum Beispiel für Italien, wo das Buch seit Kriegsende mehrmals neu aufgelegt wurde. Der Universitätsverlag Napoleone bietet sogar eine Kurzfassung zu ermäßigtem Preis an. Im Süden des Landes, der nicht unter der deutschen Besatzung zu leiden hatte, stößt das Buch mit Erstarken der extremen Rechten und ihres Gedankenguts sogar auf zunehmendes Interesse. Sehr viel beliebter als *Mein Kampf* und sein Verfasser ist jedoch deren früherer Verleger Benito Mussolini.[2] Er genießt bei einem Teil der italienischen Bevölkerung weiterhin recht hohes Ansehen.[3] Ein Grund für die Popularität des Duce ist, dass die in der Verabschiedung der Rassengesetze von 1938 nach deutschem Vorbild zum Ausdruck kommende Radikalisierung des faschistischen Regimes in Italien oft kleingeredet bzw. ignoriert wird. So löste der Historiker Giorgio Fabre 2004 mit seinem Buch[4] über die italienische Ausgabe von *Mein Kampf*, in dem die antisemitische Wende des Regimes in neuem Licht erscheint, heftige Diskussionen aus: »Wenn Sie zu diesem Thema Recherchen anstellen, stoßen Sie auf beachtliche Schwierigkeiten. Ein Teil der Elite hat die

Nachkriegsgeschichte vollständig verfälscht. Bis heute verkennt sie die enge Zusammenarbeit zwischen Mussolini und Hitler und weigert sich, die ideologischen Bande zwischen Faschismus und Nationalsozialismus aufzudecken.«[5]

Die Verkaufszahlen sind nirgendwo besonders hoch und belaufen sich jährlich höchstens auf einige hundert bis einige tausend Exemplare. Nimmt man allerdings auf weltweiter Ebene die Verkaufszahlen seit Jahrzehnten zusammen, dann wird *Mein Kampf* zu einem wahren Bestseller. Der New Yorker Zeitschrift *Cabinet* zufolge werden jährlich insgesamt etwa 20 000 Exemplare in englischer Sprache verkauft. Wenn sich diese Zahl nicht wesentlich geändert hat, dann wurden seit dem Ende des Zweiten Weltkriegs etwa 1,2 Millionen Exemplare der englischsprachigen Ausgaben verkauft.

In den Vereinigten Staaten sieht sich der Verlag Houghton Mifflin, der dem Staat 1979 die Rechte abkaufte, dazu gezwungen, seine gesamten Einnahmen aus dem Verkauf des Buches für wohltätige Zwecke zu stiften, nachdem die Zeitschrift *News and World Report* im Jahr 2000 berichtete, dass er bei einem Verkauf von jährlich 15 000 Exemplaren beachtliche Gewinne einstreichen konnte. Der Verlag gab sogar zu Beginn des 21. Jahrhunderts über seinen Tochterverlag Mariner Books eine Taschenbuchausgabe heraus. Beim britischen Verlag Hutchinson & Co. verläuft der Verkauf nicht ganz so gut. Durch die Globalisierung und den Trend zu Kosteneinsparungen erwächst ihm starke Konkurrenz. So nahm im Mai 2008 eine andere englischsprachige Ausgabe von *Mein Kampf* auf der Bestsellerliste des britischen Ablegers von Amazon bei 1,5 Millionen angebotenen Büchern den 269. Platz ein – 1999 war es noch der 622. Platz. Nicht weniger überraschend ist, dass es sich dabei um einen indischen Verlag handelt. Jaico International Publishing House mit Sitz im westindischen Mumbai verfügt über Niederlassungen in Großbritannien und den USA und bietet eine preisgünstige Ausgabe des Buches für 7 Pfund an, etwa 8,50 Euro. Die steigenden Verkaufszahlen spiegeln die technologische Entwicklung wider. 2013 verzeichnete die E-Book-Ausgabe von *Mein Kampf* bei iTunes zeitweilig die zwölfthöchste Verkaufszahl in der Abteilung Politik und Zeitgeschichte. Bei Amazon war der Erfolg noch deutlicher. Denn dort startete ein Verlag gleichzeitig eine Ausverkaufs- und eine Marketing-Aktion: Zusätzlich zu den zehn vom Online-Händler angebotenen Ausgaben bot er eine digitale Ausgabe zu 0,99 US-Dollar an. Der Verleger dieser Billigausgabe, der kalifornische Unternehmer Michael Ford, erklärte seinen Erfolg in den Medien folgendermaßen: Im Vergleich zur gedruckten Version sei es leichter, das Buch in der Öffentlichkeit auf einem E-Book-Reader zu lesen oder in seiner Bibliothek aufzubewahren. Außerdem wies er darauf hin, dass er wegen des unlauteren Wettbewerbs durch kostenlose Ausgaben im Internet dazu gezwungen sei, das Buch zu einem niedrigen Preis anzubieten.[6] Das ist verständlich: Allein von der Website archive.org war die kostenlose PDF-Version bereits 100000 Mal heruntergeladen worden. Elite Minds Inc, Fords kleines Unternehmen in der Nähe von Los Angeles, ist auf den Verkauf von Rechtschreibprogrammen und Smartphone-Apps zum Englischlernen spezialisiert. Es hatte wahrscheinlich seine Aktivitäten durch den Verkauf einer preisgünstigen E-Book-Ausgabe von *Mein Kampf* ein wenig diversifizieren wollen. »Unzensierte Ausgabe« steht sogar auf der Titelseite, um Kunden anzulocken.

## »The most satanic book« der westlichen Welt

Das gleichbleibende Interesse, das tausende Leser Jahr für Jahr diesem langatmigen und trockenen Werk entgegenbringen, ist auch die Folge eines anderen Phänomens: Der Nationalsozialismus, die Schoah und die Haltung gegenüber Deutschland in den

1930er Jahren bestimmen und prägen weiterhin die Wertesysteme, die politischen Systeme und die Vorstellungen der Gesellschaften. Viele Gesetze, Einrichtungen zum Schutz des Individuums, moralische Debatten, Fragen der internationalen Politik, Diskussionen über Bioethik und sogar Analysen des Nahostkonflikts greifen auf die Erinnerung an die NS-Zeit zurück.

So wird bei internationalen Spannungen immer wieder gern das Münchner Abkommen heraufbeschworen. Deshalb ist es verständlich, dass dieser Zeitabschnitt die Bürger fasziniert, anzieht und beunruhigt und dass mancher mehr darüber wissen, *Mein Kampf* kaufen und so die Wurzeln des Nationalsozialismus an der Quelle ergründen möchte.

Dieser Rückgriff auf die Geschichte ist teils spektakulär, teils anekdotenhaft, teils provokant – als Auflehnung gegen vorherrschende Werte –, teils ganz einfach Ausdruck intellektueller Neugier. Immer aber ist er ein Ausloten der Grenzbereiche unserer demokratischen Gesellschaften.

Die Abertausende von Exemplaren des Buches werden sicher nicht nur von Geschichtsstudenten oder Forschern gekauft. In den zumeist englischsprachigen Kommentaren auf der Website des Online-Händlers finden sich die Motive der Käufer. *Mein Kampf* ist für sie etwas Besonderes, ein »faszinierendes« Objekt. Eine Minderheit gibt an – womöglich aus Lust an der Provokation –, mit gewissen Gedanken des Autors konform zu gehen. Andere überrascht Hitlers »Intelligenz und Fähigkeit, andere zu verstehen«. Ein Käufer erklärt, dass Hitlers Gedanken zu »Demokratie und Parlamentswesen« ihm die Augen geöffnet hätten. Ein anderer, dass seine Ansichten über »politische Propaganda« auch heute noch gültig seien. Ein Leser schreibt, das Buch sei eine Warnung vor »Gefühlen, die weiterhin immer noch viele Menschen unter dem Deckmantel der Zivilisation antreiben«. Wieder andere berichten über die »Langeweile« beim Lesen dieses »langen und weitschweifigen« Textes. Ein Leser bemerkt sogar: »Das sind die perversesten Absurditäten, die ich jemals gelesen habe. Dieser Mensch ist wirklich noch teuflischer als Skeletor.« Skeletor war der Hauptschurke einer Zeichentrickserie für Kinder in den 1980er Jahren.

Auf den amerikanischen Internetseiten von Amazon ist *Mein Kampf* eines der meistkommentierten Bücher. Die 147 Kundenrezensionen können von anderen Internetnutzern bewertet werden. Drei davon haben sehr gute Bewertungen und werden auf der Startseite angezeigt. Die Rezension mit der besten Bewertung fasst das Buch korrekt zusammen, wobei darauf hingewiesen wird, dass es »nicht so antisemitisch ist, wie man hätte denken können«, und endet mit der gelassenen Feststellung, das amerikanische Mediensystem sei gar nicht so weit entfernt von dem von Hitler geforderten »System aus Propaganda und Kontrolle des einzelnen«. Aus den Angaben zum Rezensenten geht hervor, dass er kürzlich sein Diplom an einer politikwissenschaftlichen Fakultät erhalten hat. Der Rezensent mit der zweitbesten Bewertung »vermute[t], dass die meisten Menschen das Buch lesen, um zu erfahren, was Hitler über die Juden sagt«. »Ich hatte ein Monster erwartet und traf auf ein politisches Schwergewicht mit so manchen glänzenden Ideen«, gibt er an. Die dritte Rezension ist politisch am korrektesten. Die Lektüre des Buches sei eine einzigartige Möglichkeit zu verstehen, wie die Lage Deutschlands in den 1930er Jahren war und »wie es Hitler gelang, Millionen Menschen zu beeinflussen, und was er dachte, damit so etwas nie wieder passiert«.

*»The most satanic book ever written«,* wiederum ist es für eine amerikanische Website, auf der eine Ausgabe von *Mein Kampf* für MP3-Player und Handy angeboten wird. So wird *Mein Kampf* für das breite Publikum in den westlichen Ländern zum einfachen Symbol, losgelöst von einer immer weniger bekannten, wenn nicht sogar eingebildeten historischen Realität. Zu Beginn des dritten Jahrtausends erscheint dieses Symbol für Hitlers Un-

ternehmung wie ein schwaches, fernes, aufregendes und faszinierendes Echo eines Breitwandspektakels, dem der »Verdienst« zukommt, tatsächlich stattgefunden zu haben. Obwohl nicht unterschätzt werden darf, dass für Ultranationalisten, Neonazis und Radikale aller Provenienz das Buch ein politisches Manifest ist, hält *Mein Kampf* – nunmehr eher spektakuläres als politisches Objekt – Einzug ins Kabinett des Grauens.

## Handbuch des Nationalismus

Jaico International, der indische Verlag, der *Mein Kampf* über Amazon.uk nach Großbritannien exportiert, stellt das Buch auf ungewöhnliche Weise vor: »Dieses Buch stellt Ihnen einen der größten Tyrannen des letzten Jahrhunderts vor, seine politischen Vorstellungen, seine Gedanken, seine Motive und seinen Kampf, Deutschland zu einer großen Nation zu machen«, liest man nach einem kurzen geschichtlichen Überblick im Klappentext. Zwar wird der Nationalsozialismus nicht verherrlicht, aber durch die mehrdeutige Vorstellung wird *Mein Kampf* zum Manifest eines Nationalisten, der darum kämpft, sein Land zu einer »großen Nation« zu machen, und eines »Tyrannen«. Wer möchte sein Land nicht zu einer großen Nation machen?

In Ländern, in denen der Nationalismus ohne die durch historische Erfahrungen auferlegte Zurückhaltung zum Ausdruck kommt, in jüngeren Nationen, ist *Mein Kampf* inzwischen ein regelrechter Publikumserfolg. Das gilt auch für Indien: Dort findet man den vollständigen Text – auf Hindi, auf Englisch und in mehreren indischen Regionalsprachen, insgesamt ein knappes Dutzend Ausgaben – in den meisten Buchhandlungen, bei Straßenverkäufern und am Bahnhofskiosk. Einer Umfrage von *Time* in der Hauptstadt Neu-Delhi zufolge ist das Buch ein Bestseller bei den meisten Straßenverkäufern, vergleichbar mit Büchern von Barbara Bradford oder John Grisham! Einer der Verkäufer, Vinod Jain, erklärte dem Korrespondenten der Zeitschrift: »Ich weiß nicht, warum sie es wollen, aber es ist ein wahrer Verkaufsschlager.«[7]

Verkaufszahlen für das ganze Land sind nicht leicht zu bekommen. Der Verlag Jaico gibt an, zwischen 2003 und 2010 100000 Exemplare verkauft zu haben, was für Indien eine beachtliche Zahl ist.[8] Jedenfalls handelt es sich um ein Massenphänomen, das inzwischen für Touristen und Journalisten aus der ganzen Welt sogar zu einer Besonderheit geworden ist. 2006 berichtete die *Chicago Tribune*, dass allein in Mumbai die größte Buchhandlung 35 Exemplare pro Woche verkaufte.[9] In einem Artikel über den Hindu-Nationalismus für die französische Zeitschrift *Marianne* berichtete Martine Gozlan, dass in Ahmedabad, der Hauptstadt des Bundesstaates Gujarat, »die größte Buchhandlung der Stadt *Mein Kampf* in verschiedenen Ausgaben mit einem Hitler-Porträt auf dem Buchdeckel anbietet, für jeden Geldbeutel und für jeden Geschmack. Nazi-Literatur ist in den Tagen vor dem Monsun geradezu angesagt.«[10] Auch Indien wird von technologischen Neuerungen erfasst. Der Zeitschrift *The Daily Beast* zufolge wurden 2012 mehr E-Book-Ausgaben als gedruckte Exemplare verkauft.[11] Beim indischen Ableger von Amazon bekam man *Mein Kampf* für unschlagbare 0,76 Dollar für die E-Book-Ausgabe, wodurch diese 2012 auf dem elften Platz der Bestsellerliste landete. »Das Taschenbuch gibt es an allen Ständen mit Literatur für das breite Publikum«, schreibt eine amerikanische Geschichtsdozentin auf Reisen in ihr Blog.[12] Den im Sommer 2006 auf Einladung des Goethe-Instituts in Bangalore lebenden deutschen Schriftsteller und Rechtsanwalt Georg Martin Oswald wiederum überraschte ein indischer Bekannter, ein brillanter und mehrsprachiger zweiunddreißigjähriger Arzt, mit der Äußerung, er habe extra Deutsch gelernt, um *Mein Kampf* im Original lesen zu können, und habe es mehrmals auf Englisch gelesen. Er wollte begreifen, was Hitler für ein Mensch war: »Jemand, der so viele Anhänger hatte, kann nicht der Dummkopf gewesen sein, als den ihn die amerikanische Propaganda hinstellt.« Hitler habe in Indien viele Bewunderer, fügt Oswald hinzu.[13]

Das Interesse der Bevölkerung für *Mein Kampf* lässt sich durch die politische Lage in Indien erklären. Zwischen 1998 und 2004 regierte die BJP, eine rechtsextreme Partei. Ihr Leitmotiv ist *Hindutva*, »Indien den Hindus«. Die Partei hat sogar eine eigene bewaffnete Miliz, die RSS. Zum nationalistischen Programm gehören auch soziale Maßnahmen: Das Kastensystem wird in Frage gestellt, da es das Volk spalte, und Sozialprogramme für Hindus werden gefördert. Die nationale und soziale BJP errang bei den Parlamentswahlen 2014 31 Prozent der Stimmen.

Die antimuslimischen Aufstände in mehreren indischen Bundesstaaten sind die Folge dieser nationalistischen Spannungen. Vor allem in Gujarat, dem Bundesstaat an der Grenze zu Pakistan, fanden 2002 regelrechte Pogrome statt, bei denen etwa tausend Muslime ums Leben kamen. Dieser Bundesstaat, in dem *Mein Kampf* erfolgreicher ist als überall sonst im Land, wurde bis 2014 von dem BJP-Politiker und amtierenden Premierminister Indiens Narendra Modi regiert, einem faschistoiden und rassistischen Anführer, in dem seine Anhänger den Retter des Hinduismus sehen.

Dieser Ultranationalismus hat im Buch des Führers eine intellektuelle Grundlage gefunden. Er wird beeinflusst vom hinduistischen Fundamentalismus, dessen Begründer wie z. B. Krishna Adavani sich auf Hitler und auf *Mein Kampf* berufen, um wissenschaftlich darzulegen, dass die Errichtung einer multikulturellen Gesellschaft unmöglich ist. Und in Subhas Chandra Bose haben die Ultranationalisten ihr Idol gefunden. Im Zweiten Weltkrieg hatte sich der Anführer der Unabhängigkeitsbewegung, der heute bei der indischen Jugend sehr beliebt ist, gegen Gandhi gestellt und den Schulterschluss mit Nazi-Deutschland befürwortet. Bose hatte sich übrigens mit Hitler getroffen.

So ist es auch nicht verwunderlich, dass die Regierung des Bundesstaates Gujarat unter der Führung der BJP 2005 ein Geschichtsbuch für Gymnasien und Universitäten herausgab, in dem zu lesen ist, dass »Hitler Deutschland durch eine starke Regierung Würde und Ansehen zurückgegeben«, »ein großes Deutschland« geschaffen und »politische Maßnahmen zum Widerstand gegen die Juden ergriffen« habe. Das gilt nicht nur für Gujarat. 2002 veröffentlichte die *Times of India* eine Umfrage, der zufolge ein großer Teil der jungen Inder Hitler als ein Modell betrachtete, an dem sich die Politiker ein Beispiel nehmen sollten, und dass er in ihren Augen für »Tüchtigkeit, Nationalismus und Disziplin« stand. Diese Meinung war so verbreitet, dass sich die Deutsche Welle veranlasst sah, ein Informationsblatt über die Missverständnisse bei der Hitlerwahrnehmung in Indien zu veröffentlichen. Ohne großen Erfolg: 2012 berichtete ein indischer Sozialwissenschaftler, dass in einer Schule in Mumbai 9 von 25 Kindern Hitler als die Person bezeichneten, die sie am meisten bewunderten, noch weit vor Gandhi.[14]

Zu den Missverständnissen trägt auch der Stolz mancher Inder auf die Verwendung des Symbols der Swastika, des Hakenkreuzes, durch die Nazis bei.

»Wir Hindus bilden die Mehrheit, allerdings eine bedrohte Mehrheit«, erklärt eine Lehrerin der Journalistin Martine Gozlan. In diesen Worten hallt die Logik der Deutschen wider, die sich, obwohl sie in der Mehrheit und in Sicherheit waren, aufgrund von Propaganda im eigenen Land von den Juden bedroht fühlten. In Indien fühlt man sich von den Muslimen – 14 Prozent der Bevölkerung – bedroht, aber auch von den Liberalen, die dem Land eine fremde Lebensweise aufzwingen wollen, den Christen, den globalen Finanzmärkten, den die Inder bekehrenden Evangelikalen und den Feministinnen. Und sogar von den Juden: In Indien leben etwa 6000 Juden, und der Antisemitismus ist zwar nur eine Randerscheinung, aber er nimmt zu.

*Mein Kampf* ist auch im übrigen Asien, in Lateinamerika und in Afrika präsent, wenngleich in kleineren Größenordnungen. Die Nouvelles Éditions latines stellten fest, dass das Buch in den afrikanischen Ländern, nachdem diese ihre Unabhängigkeit erlangt hatten, über eine internationale Verkaufsplattform, die sich vom Verlag beliefern ließ, regelmäßig verkauft wurde. Zwischen den 1960er und den 1990er Jahren wollen die Sorlots jede Woche 15–20 Exemplare in die französischsprachigen Länder Afrikas geliefert haben, das wären immerhin 720–1000 Exemplare pro Jahr. In Ländern, in denen weniger gelesen wird als in europäischen Ländern, ist das durchaus beachtlich. Viele junge afrikanische Staaten machten in dieser Zeit politische Identitätskrisen durch, die unter anderem mit ethnischen Problemen zusammenhingen.

Das Phänomen erreichte sogar die Mongolei, ein Land mit 2,8 Millionen Einwohnern, das nicht durch historische Bande mit Europa verknüpft ist. Der französische Journalist François Hauter berichtete kürzlich in der Tageszeitung *Le Figaro*, dass junge Mongolen ihren Patriotismus durch Hakenkreuze auf ihren Autos zur Schau stellten.[15] Auch dort scheint *Mein Kampf* also eine Zukunft zu haben.

Wenn man von der Neugier absieht, die jemanden dazu führen kann, das Buch lesen zu wollen – Hitler und die Geschichte des Nationalsozialismus machen umso neugieriger, als sie außerhalb der westlichen Staaten kaum oder nur unzureichend in der Schule behandelt werden –, warum liest man heutzutage in diesen Ländern *Mein Kampf*?

Zwar sollte man den Aspekt des symbolischen Widerstands gegen die westliche Zivilisation nicht unterschätzen. Das Buch, das einen »Bruch mit den zivilisatorischen Standards des Westens« darstellt, zu besitzen oder auch zu lesen oder gutzuheißen, sei eine Art, den Westen zu provozieren, sagt der Historiker Ulrich Herbert.[16]

Der eigentliche Grund aber ist ein anderer: »Dieses Buch stellt

Ihnen einen der größten Tyrannen dieses Jahrhunderts vor, seine politischen Vorstellungen, seine Gedanken, seine Motive und seinen Kampf dafür, Deutschland zu einer großen Nation zu machen.« In dieser Werbung des Verlags Jaico schimmert eine Wahrheit durch: Eine der universellen und zeitlosen Ansichten aus *Mein Kampf* ist der Ultranationalismus. Ein Ultranationalismus, dessen Prinzipien die – mythische – Einheit des Volkes und der Gesellschaft, die ethnische Reinheit, die Ausgrenzung des anderen – des Ausländers, der Minderheit, des Rivalen – und die Glorifizierung der Macht sind und der die zukünftige Revanche für militärische oder geopolitische Demütigungen beinhaltet und sich gleichzeitig in einer paranoiden Haltung gegenüber der dekadenten Umwelt gefällt, die ihre Werte verloren hat, oder durch einen Rückgriff auf mystifizierte Traditionen der Modernität verweigert. Wer auch immer diese Ansichten teilt, wie die indischen Nationalisten, für den wird *Mein Kampf* ein nützliches Handbuch sein.

## Eine arabische Geschichte

In Kairo treffe ich mich für eine Reportage mit dem Anwalt Montasser al-Zayed. Der islamische Fundamentalist war einst Zellengenosse und Freund von Aiman al-Sawahiri – später die rechte Hand von Osama bin Laden –, nachdem die ägyptische Regierung nach der Ermordung Sadats zahlreiche Fundamentalisten inhaftiert hatte. Er hat inzwischen der Gewalt abgeschworen und ist überzeugt davon, dass man durch demokratische Wahlen an die Macht gelangen muss.

Al-Zayed ist Anwalt der radikalen Islamisten, Ideologe und eine Persönlichkeit des ägyptischen Islamismus, ein stämmiger Mann mit langem Bart und knöchellanger Djellaba. Sein schummriges Büro ist überladen mit Akten und Büchern in arabischer Schrift, und die Ausstattung beschränkt sich auf Verse aus dem Koran. Das einzige Zugeständnis an die Modernität ist ein Laptop.

Wir sprechen über seinen Werdegang, den Dschihad, bin Laden, und am Ende unseres Gesprächs frage ich ihn, was er von den »Protokollen der Weisen von Zion« hält, einem Bestseller in Ägypten, den es dort in allen Buchläden zu kaufen gibt. Er zieht ein schiefes Gesicht: »Ein interessantes Dokument, aber man weiß nicht, ob es echt ist. Wenn sie wirklich etwas über die Juden wissen wollen, gibt es einen viel besseren Text«, sagt er, dreht mir seinen Laptop zu und öffnet eine PDF-Datei in englischer Sprache: *Mein Kampf*.

Dass dieses Buch in die Hände eines arabischen Fundamentalisten aus der Generation des 11. September fiel, ist letztlich eine logische Konsequenz aus einer Geschichte, die in den 1930er Jahren begann. Denn seit 70 Jahren hat *Mein Kampf* auch eine arabische Geschichte.

Als Symbol für einen übersteigerten Nationalismus zeichnet sich *Mein Kampf* natürlich auch durch einen weiteren universellen und zeitlosen Aspekt aus – den Antisemitismus. Und im Nahen Osten ist die Verbindung von Nationalismus und Antisemitismus, die in Hitlers paranoider und fremdenfeindlicher Logik untrennbar miteinander verbunden sind, seit langer Zeit sehr erfolgreich.

Bereits 1934 veröffentlichte die irakische Zeitung *Die Arabische Welt* auf Initiative panarabischer Nationalisten Auszüge aus *Mein Kampf* in Form einer Serie. Später erschienen die Auszüge auch als Buch.

Das sind nur erste Anzeichen für die Verbindung zwischen arabischem Nationalismus und den Nazis, aber sie scheint bereits sehr eng zu sein. Denn in zwei nicht unwesentlichen Punkten haben sie gemeinsame Interessen. In den 1930er Jahren haben sie gemeinsame Feinde: Großbritannien als Besatzungs- bzw. Mandatsmacht in Ägypten, Palästina und dem Irak, Frankreich, das die Maghrebstaaten und Syrien besetzt hält, und – vor allem – die Juden, die in Palästina eine jüdische Heimstätte errichten wollen und denen Großbritannien die Unabhängigkeit versprochen hat.

Außerdem interessieren sich viele Nationalisten, die gegen den Niedergang ankämpfen und alle Araber in einem Staat vereinen möchten, für die Ideologie der Nazis, deren Nationalismus, Demokratieverachtung, Personenkult, Verherrlichung des Blutes, Verteidigung des Bodens und soziale Gerechtigkeit für die Mitglieder der Gemeinschaft sie teilen.

In seinen Memoiren beschreibt der Syrer Sami al-Jundi, einer der Gründer der Baath-Partei, die im Irak unter Saddam Hussein und in Syrien an die Macht gelangen sollte, die in den 1930er Jahren in Damaskus herrschende Stimmung: »Wir waren Rassisten und bewunderten den Nationalsozialismus, wir verschlangen seine Texte und die Werke, die ihn inspiriert hatten. […] Wir waren die ersten, die *Mein Kampf* übersetzen wollten. Wer damals in Damaskus lebte, erinnert sich an die allgemeine Begeisterung für den Nationalsozialismus, die einzige Kraft, die der arabischen Sache dienen konnte; der Schwache bewundert immer den Starken.«[17]

Zu jener Zeit entstehen in allen arabischen Ländern faschistoide Bewegungen wie die ultranationalistische »Jungägyptische Partei« Misr el-Fatah, die eher im linken Spektrum angesiedelt ist. Sie richtet sich am Faschismus und am Nationalsozialismus aus, hat das Motto »ein Volk, eine Partei, ein Führer«, und die Kleiderordnung ihrer Jugendorganisation entspricht der, die auch in Rom und Berlin gilt. Ihr gehört auch der junge Gamal Abdel Nasser an, der spätere Staatspräsident. Gleichzeitig entsteht in Syrien die Syrische Sozial-Nationalistische Partei, deren Flagge an die Hakenkreuzflagge und deren Gruß an den Hitlergruß erinnert. Sie möchte auf einer ethnischen Grundlage alle Syrer in einem ›Groß-Syrien‹ vereinen, das sich von der Sinai-Halbinsel bis in den Irak erstrecken soll.[18]

In Deutschland wiederum erkennt man den Nutzen, den man aus willigen Helfern ziehen kann, die den Briten und Franzosen das Leben schwer machen. Kontakte werden geknüpft und Gesandte verbreiten bei ihren Gesprächspartnern Nazi-Propaganda, und, genau wie in Deutschland, insbesondere Auszüge aus *Mein Kampf* in Form von Broschüren. 1938 entsteht sogar ein deutscher Rundfunksender in arabischer Sprache.

Der renommierte Orientalist Bernard Lewis bemerkt: »Nazi-Deutschland [...] betrieb in den arabischen Ländern einen großen Propaganda-Aufwand, um dort seine eigene nationalistische Ideologie zu verbreiten, die Position der westlichen Mächte zu untergraben und so seinen eigenen Einfluss und letztlich seine Vorherrschaft auszuweiten. Die Saat fiel auf einen fruchtbaren Boden und mit bisweilen mäßigem Bemühen konnten beeindruckende Ergebnisse erzielt werden. Der arabische Nationalismus wurde damals von der nationalsozialistischen und faschistischen Ideologie stark beeinflusst.«[19] Der französische Konsul in Jerusalem stellte bereits 1933 fest, wie empfänglich die arabischen Nationalisten für das Gedankengut der Nazis waren, und beschrieb in einer Depesche »die Wirkungen der Propaganda durch das deutsche Konsulat; dieses nutzt die Bewegung und ermutigt sie durch die Verteilung einiger Bücher an abgemagerte Journalisten; letztlich kommt in den veröffentlichten Artikeln der Hass der Araber gegen das jüdische Element zum Ausdruck, egal wo es sich befindet, und ihr Wunsch, an dem von ihnen erwarteten europäischen Konflikt teilzuhaben, um daraus Nutzen gegen die so genannten ›Kolonial‹-Mächte zu schlagen«.[20]

In Palästina hat *Mein Kampf* einen so großen Erfolg, dass die Londoner *Times* in ihrer Ausgabe vom 13. März 1939 berichtet, dass die dort lebenden Araber zu den eifrigsten Lesern außerhalb Deutschlands gehören. Erhältlich ist das Buch auch im Libanon und in Ägypten, wo die Deutschen auf einen arabischen Aufstand gegen die das Land kontrollierenden Briten hoffen. Ein Korrespondent der LICA berichtet aus Kairo: »Die Deutschen lassen nicht nach. Auf dem panarabischen Kongress verteilten sie Verlautbarungen des Welt-Dienstes, die angeblich Palästina unterstützen sollen, und versuchten in großem Stil und unangemeldet *Mein Kampf* in arabischer Sprache zu verteilen. Natürlich hatten sie darin alle unfreundlichen Anspielungen auf die Ägypter gestrichen.«[21]

»Unfreundliche Anspielungen« wie die, in der Hitler die internationale Versuchung der NSDAP kritisiert: »Schon in den Jahren 1920/21, als die junge nationalsozialistische Bewegung sich langsam vom politischen Horizont abzuheben begann und da und dort als Freiheitsbewegung der deutschen Nation angesprochen wurde, trat man von verschiedenen Seiten an die Partei mit dem Versuch heran, zwischen ihr und den Freiheitsbewegungen anderer Länder eine gewisse Verbindung herzustellen. [...] Hauptsächlich handelte es sich dabei um Vertreter einzelner Balkanstaaten, weiter um solche Ägyptens und Indiens, die auf mich im Einzelnen immer den Eindruck schwatzhafter Wichtigtuer, bar jedes realen Hintergrundes, machten. Es gab aber nicht wenige Deutsche, besonders im nationalen Lager, die sich von solchen aufgeblasenen Orientalen blenden ließen und in irgendeinem hergelaufenen indischen oder ägyptischen Studenten nun ohne weiteres einen ›Vertreter‹ Indiens oder Ägyptens vor sich zu haben glaubten.« (2/318) Hitler beschreibt dort auch seine Verachtung für »die Hoffnungen auf den sagenhaften Aufstand in Ägypten. Der ›Heilige Krieg‹ kann unseren deutschen Schafkopfspielern das angenehme Gruseln beibringen, dass jetzt andere für uns zu verbluten bereit sind – denn diese feige Spekulation ist, ehrlich gesprochen, schon immer der stille Vater solcher Hoffnungen gewesen –, in der Wirklichkeit würde er unter dem Strichfeuer englischer Maschinengewehrkompanien und dem Hageln von Brisanzbomben ein höllisches Ende nehmen.« (2/321) Diese feindseligen Passagen veranlassten einen deutschsprachigen Anwalt aus Kairo, Hamed al-Masigli, der *Mein Kampf* im Original gelesen hatte, eine Broschüre zu veröffentlichen, in der er den Nationalsozialismus als unvereinbar mit dem Islam bezeichnete und Hitlers Rassentheorien und die Verachtung, die er für die »Orientalen« überhatte, anprangerte. Von seiner Broschüre wurden nur eine Handvoll Exemplare gedruckt, und sie konnte die Sympathiewelle für Hitlers Theorien nicht stoppen.

Der Großmufti von Jerusalem, Amin al-Husseini, Anhänger des Panarabismus, erbitterter Gegner der jüdischen Präsenz in Palästina und eine der Schlüsselfiguren der arabisch-deutschen Annäherung, trägt sehr früh zur Verbreitung des Buches im gesamten Vorderen Orient bei. Er war auch für die Veröffentlichung von Auszügen aus *Mein Kampf* in der Zeitung *Die Arabische Welt* in Bagdad verantwortlich. Der Geistliche ist 1937 in den Irak geflohen und unterstützt dort das prodeutsche Regime unter Rashid Ali. Dieses kann sich ein paar Monate lang an der Macht halten und verübt ein Pogrom gegen die Juden, an dem al-Husseini teilnimmt.

Die Zusammenarbeit des Großmuftis mit den Nazis wird nicht folgenlos bleiben. Er flieht 1941 nach Deutschland und wird von Hitler empfangen. In seinen Memoiren schreibt er: »Die Grundbedingung, die wir den Deutschen für unsere Mitarbeit stellten, war freie Hand bei der Vernichtung aller Juden, bis zum allerletzten, in Palästina und in der arabischen Welt. Ich bat Hitler darum, mir sein ausdrückliches Einverständnis zu geben, um uns zu ermöglichen, das jüdische Problem auf eine für unsere nationalen Forderungen geeignete Art zu lösen, entsprechend der von Deutschland für seine Behandlung der Juden erfundenen wissenschaftlichen Methoden. Ich erhielt folgende Antwort: ›Die Juden gehören Ihnen.‹«[22] Einige Monate zuvor hatte der deutsche Gesandte in Bagdad dem Auswärtigen Amt bereits gemeldet, dass die Araber den Anspruch stellten, »die Frage der jüdischen Elemente, die sich in Palästina und in den anderen arabischen Ländern befinden, so zu lösen, wie es den nationalen und völkischen Interessen der Araber entspricht und wie die Judenfrage in den Ländern in Deutschland und Italien gelöst worden ist.«[23]

Dem Übersetzer des Gesprächs, Paul-Otto Schmidt, zufolge sei Hitlers Antwort eindeutig gewesen: »Deutschland trete für einen kompromißlosen Kampf gegen die Juden ein. Dazu gehöre selbstverständlich auch der Kampf gegen die jüdische Heimstätte in Palästina, die nichts anderes sei als ein staatlicher Mittelpunkt für den destruktiven Einfluß der jüdischen Interessen.«[24] Hitler verspricht, die Araber zu unterstützen, und betont, es gehe scheinbar um einen Konflikt zwischen England und dem Dritten Reich, sei aber in ideologischer Hinsicht in Wahrheit ein Kampf zwischen dem Nationalsozialismus und den Juden, und erklärt, »daß in dem gegenwärtigen Kampf auch das Schicksal der arabischen Welt mit entschieden werde«.[25]

Außer der Bildung einer muslimischen SS-Division in Bosnien und einer in die Wehrmacht integrierten arabischen Legion in Nordafrika führt das Gespräch zu keinen konkreten Ergebnissen, denn die Arabien-Politik gehört nicht zu den Prioritäten der Deutschen und wird durch die Misserfolge der Achsenmächte in Nordafrika sowieso bald überholt sein. Hitler verweigert eine öffentliche Erklärung, um das Vichy-Regime, das im Vorderen Orient eigene Interessen verfolgt, nicht zu verärgern. Er verspricht dem Großmufti lediglich, dass ihm Deutschland zu gegebener Zeit bei der Vernichtung der im arabischen Raum lebenden Juden helfen werde.

Das Interesse des Führers für die arabische Frage wird bis in die letzten Tage des Dritten Reichs nicht nachlassen. 1945 diktiert Hitler im Berliner Führerbunker seinem Vertrauten Martin Bormann ein politisches Testament, in dem er nichts zurücknimmt und in dem er Bilanz zieht. Mehrere Abschnitte sind den Arabern gewidmet. Er bedauert, zu sehr auf die Italiener und die Diplomaten gehört zu haben, die ihm dazu rieten, die französischen Interessen im Vorderen Orient und in Nordafrika zu wahren. »[Deshalb] konnten wir in Nordafrika keine von Grund auf neue Politik betreiben. [...] Allein hätten wir die Möglichkeit gehabt, die von Frankreich beherrschten islamischen Völker zu befreien. Ein solcher Aufstand mußte unabsehbare Auswirkungen in Ägypten und dem von den Engländern unterworfenen Nahen Osten haben. Dadurch, daß wir unser Schicksal mit dem der Italiener verknüpften, war eine solche Politik undenkbar. Dabei bebte die islamische Welt in Erwartung unserer Siege. Die Völker Ägyptens, des Irak und des ganzen Nahen Ostens waren bereit zum Aufstand. Wir hätten alles tun müssen, ihnen zu helfen, um ihren Mut zu stärken, wie es unser Vorteil und unsere Pflicht verlangten. [...] Dabei war für uns Deutsche eine großzügige proislamische Politik so einfach und naheliegend. Sie ist uns versaut worden [...]. Eine solche Politik wäre im ganzen Islam mit Begeisterung aufgenommen worden. Es ist in der Tat eine Eigenheit der mohammedanischen Welt, daß gute und schlechte Erfahrungen des einzelnen Stammes und Volkes mit genau gleicher Eindringlichkeit auch von allen andern mitempfunden und beurteilt werden – vom Atlantik bis zum Pazifik.« Vor allem sagt Hitler zu Bormann zu einem Zeitpunkt, zu dem die Schlacht verloren ist: »Ich bin überzeugt, daß die [...] islamischen Völker uns immer näher stehen werden als etwa Frankreich, und das trotz der zwischen uns bestehenden Blutsverwandtschaft.«[26] Al-Husseini flieht vor der deutschen Niederlage und kehrt nach Jerusalem zurück, wo er die Zionisten bekämpft. Seine Sympathie für die Nazis wird er nie verleugnen.

Die Ironie ist nicht zu verkennen: Die arabischen Unterstützer der NS-Politik und der Verfolgung der Juden erkennen nicht, dass eben diese Verfolgungen zur Auswanderung zahlreicher Juden nach Palästina und dort schließlich zur Gründung eines jüdischen Staates führen.

Nach dem Zweiten Weltkrieg, insbesondere nach der Gründung Israels und dessen militärischen Erfolgen gegen die Nachbarstaaten Syrien, Jordanien und Ägypten dauert auch der Erfolg von *Mein Kampf* an. Dutzende ehemalige Nazis, oft hochrangig und direkt an der »Endlösung« beteiligt, finden in der arabischen Welt Zuflucht. Alois Brunner, verantwortlich für die Deportation der Juden aus Österreich und Griechenland, macht sich auf den Weg nach Damaskus. Alois Moser, Gruppenführer SS an der Ostfront, unterrichtet Bewegungen in Kairo. Wilhelm Fahrmbacher, General der Artillerie und überzeugter Nazi, wird Militärberater der ägyptischen Regierung. Bernhardt Bender, der für die Gestapo in Warschau tätig war, berät Nassers politische Polizei. Franz Bartel, stellvertretender Leiter der Gestapo in Kattowitz, arbeitet in der jüdischen Abteilung des Informationsministeriums. Joachim Dämling, Chef der Gestapo in Düsseldorf, übernimmt den Umbau des ägyptischen Strafvollzugssystems und arbeitet für Radio Kairo. Aribert Heim, der »Schlächter von Mauthausen«, wird Arzt bei der ägyptischen Polizei. Das sind nur einige Namen von vielen. Nach dem Untergang des Dritten Reichs tragen diese deutschen Flüchtlinge erheblich zur Verbreitung der Nazi-Ideologie und ihrer Bibel bei, so auch Johann von Leers.

Von Leers, enger Mitarbeiter Goebbels', SS-Offizier, war im Dritten Reich einer der wichtigsten antisemitischen Propagandisten, der ausdrücklich zur physischen Auslöschung der Juden aufrief. 1942 veröffentlichte er in einer Nazi-Zeitschrift einen Artikel über »Judentum und Islam als Gegensätze«, in dem er eine islamische Welt anpries, der es ihm zufolge gelungen sei, die Juden »in den schmutzigen Gassen der Mellah«[27] in Schach zu halten. Nach dem Krieg floh er während der Herrschaft Nassers nach Kairo, wo ihn der Großmufti al-Husseini mit folgenden Worten empfing: »Wir danken Ihnen dafür, dass Sie bis hierhin gekommen sind, um den Kampf gegen die Mächte der Finsternis, die durch das Weltjudentum verkörpert werden, wieder aufzunehmen.«[28]

Von Leers tritt zum Islam über, nennt sich Omar Amin und führt seine Propagandaarbeit gegen die Juden im Dienste des Nasser-Regimes fort.[29] Mithilfe des Übersetzers Louis el-Hadj, eines ehemaligen SS-Offiziers, der früher Ludwig Heiden hieß, und des Druckers Per Anderson, ebenfalls ein ehemaliger Nazi, bringt er eine neue arabische Ausgabe von *Mein Kampf* heraus, die sofort gut ankommt. Im Vorwort schreibt von Leers, Hitlers Ideologie und seine Theorien vom Nationalismus, der Diktatur und der Rasse seien auf dem ständigen Vormarsch in den arabischen Staaten. Der Übersetzer bemerkt in der Einführung, dass Adolf Hitler nicht nur dem deutschen Volk gehöre, sondern zu den wenigen großen Männern gehöre, die das Antlitz der Welt verändert hätten. [...] Der Nationalsozialismus sei nicht mit seinem Begründer untergegangen; er habe seine Saat in der ganzen Welt ausgebracht.

Da von Leers begriff, dass die Schoah die Sympathie für die Juden in den Augen der Welt rechtfertigte, war er – der die Realität der »Endlösung« aus erster Sicht kannte – ein eifriger Leugner der Schoah, und es gelang ihm, Nasser und einen Teil der Führungsschicht des Regimes davon zu überzeugen, dass die Vernichtung der Juden eine Lüge war. Johann von Leers starb 1965. Sein Werk lebt fort.

## Der Vexierspiegel der arabischen und islamischen Welt

Auch wenn sich die »Protokolle der Weisen von Zion« unbestritten noch weitaus besser verkaufen als das Buch des Führers, wird *Mein Kampf* in der gesamten arabischen und islamischen Welt weiterhin nachgefragt, in Algier, Kairo, Tunis, Teheran, Tripolis, Damaskus, Beirut, Islamabad, Bagdad und Jakarta. Man muss in all diesen Städten nur durch die Straßen flanieren, um festzustellen, dass das Buch dort nicht etwa in Hinterzimmern, sondern meistens gut sichtbar oder an den Ständen der Straßenverkäufer angeboten wird.

Verkaufszahlen sind nicht leicht zu bekommen, aber die vielfältigen arabischen Ausgaben von *Mein Kampf* – meistens in Form von Auszügen – zeugen von verlegerischer Vitalität. Die letzte Ausgabe stammt von 1995. Sie hat einen schlichten rot-weißen Einband mit Hitler-Foto und wird regelmäßig neu aufgelegt. Der Verlag aus Beirut, inzwischen die kulturelle und intellektuelle Hauptstadt der arabischen Welt, vertreibt sie über Buchhandlungen in arabischen Großstädten. Was den Text anbelangt, so handelt es sich um die Übersetzung von Louis el-Hadj alias Ludwig Heiden, die offensichtlich den Lauf der Zeit überdauert hat.

In einem Artikel vom 16. November 1999 berichtet die britische Zeitung *The Guardian*, dass *Mein Kampf* auf den Bestsellerlisten der Buchläden in Ramallah im Westjordanland den sechsten Platz einnimmt. Und einer AFP-Depesche von 2007 zufolge wurden auf der Buchmesse von Kairo, der wichtigsten in der gesamten Region, mehrere Ausgaben von *Mein Kampf* vorgestellt, darunter die des ägyptisch-syrischen Verlags Dar al-Kitab al-Arabi. »Das Buch trägt in erheblichem Maße zu unserem Erfolg bei, vor allem bei den 18–25-Jährigen«, erklärt Verlagschef Mohammed Abdallah der Presseagentur.

Ebenfalls 2007 stieg in Indonesien, dem Land mit den meisten Muslimen weltweit, das Interesse an *Mein Kampf* plötzlich sprunghaft an. Dem Verlag Naseri zufolge wurden damals von dem zweibändigen Werk mit dem gesamten Text 15000 Exemplare verkauft, sodass drei Neuauflagen notwendig waren. »Es gibt hier zweifellos starke antiisraelische Einstellungen. Sicherlich kommt die antisemitische Ideologie von *Mein Kampf* manchen gelegen, vor allem Menschen der religiösen extremen Rechten. Aber ich glaube, dass das eine Minderheit ist. Hingegen trifft man nicht selten auf Menschen, die das Buch besitzen oder es gelesen haben, weil sie ganz einfach ihre Allgemeinbildung erweitern wollten«,[30] beschwichtigt Endy Bayuni, Chefredakteur der *Jakarta Post*. Der Kommentar von Dyssia Hayat, einer in Jakarta lebenden 24-jährigen Französin, auf der Website des TV-Senders *France 24* ist weniger zaghaft: »Am Tag meiner Ankunft in Jakarta kam mir auf dem Weg vom Flughafen in die Stadt ein Bus entgegen, an dessen Fahrerfenster ein Schwarzweiß-Porträt von Hitler prangte. Als ich mich in den Tagen danach in den Buchläden der Stadt umsah, musste ich bald feststellen, dass die Regale dort anders aussehen als bei uns. In der Buchhandlung im Sogo Senayan, einem der großen Einkaufszentren der Hauptstadt, stand auf einem Ständer direkt gegenüber dem Eingang *Mein Kampf* neben all den Neuerscheinungen und Bestsellern. Außerdem findet man dort Bücher, die den Dschihad oder die NS-Ideologie befürworten, Comics zu Ehren des hier sehr beliebten iranischen Präsidenten Ahmadinedschad, aber auch Bücher über die Schrecken des Zweiten Weltkriegs und Autobiographien indonesischer Bürger, die durch die Hölle der Konzentrationslager gegangen sind. Solch ein Nebeneinander ist verwirrend.«[31]

Der algerische Schriftsteller Boualem Sansal bietet in seinem Buch *Das Dorf des Deutschen*, einem mutigen Roman über die Verbindungen zwischen den Nazis und der arabischen Welt, einen Schlüssel zum Verständnis des Phänomens für die Menschen der westlichen Welt an. Er beschreibt die Ähnlichkeiten zwischen dem Nationalsozialismus und den arabischen Diktaturen, die ihre Länder seit Jahrzehnten unterdrücken und ihren Geist prägen. Diese Gemeinsamkeiten fasst er in einem Interview mit der französischen Zeitschrift *Nouvel Observateur* so zusammen: »Einheitspartei, Militarisierung des Landes, Gehirnwäsche, Geschichtsfälschung, Verherrlichung der Rasse, manichäisches Weltbild, Einnahme der Opferrolle, ständige Behauptung der Existenz einer Verschwörung gegen die Nation, Fremdenfeindlichkeit, dogmatischer Rassismus und Antisemitismus, Helden- und Märtyrerkult,

Glorifizierung des obersten Führers, Allgegenwart der Polizei und ihrer Spitzel, flammende Reden, disziplinierte Massenorganisationen, große Meetings, religiöse Indoktrinierung, unaufhörliche Propaganda, Verallgemeinerung einer das eigenständige Denken abtötenden Phrasendrescherei, das Gefühl der Macht beflügelnde gigantische Bauprojekte wie die drittgrößte Moschee der Welt, die Präsident Bouteflika in Algier errichten wird, obwohl das Land bereits mehr Minarette als Schulen hat, verbale Aggressionen gegen andere Länder, Wiederbelebung alter Mythen usw. Den durch all das gestärkten Diktaturen der arabischen und islamischen Länder geht es gut und immer besser.«[32] Ob infolgedessen das Gemüt der Leser so vorgeformt ist, dass für sie *Mein Kampf* aufgrund ihrer alltäglichen Erfahrung lesbar wird, wäre durchaus eine Untersuchung wert.

Man sollte die Wirkung von *Mein Kampf* und der NS-Ideologie in der arabischen und islamischen Welt aber auch nicht überschätzen. Innenpolitische Gegebenheiten haben Vorrang vor der Übernahme einer fast 90 Jahre alten Schrift. Besorgniserregender und verstörender ist ein anderes, bedeutsameres Phänomen, die ›Nazifizierung‹ Israels, bei der es darum geht zu behaupten, dass Israel ein Nazi-Staat und seine Haltung gegenüber den Palästinensern bzw. Arabern eine Nazi-Haltung seien und dass die Palästinenser bzw. Araber als neue Juden von einem neuen Völkermord bedroht sind. Dieser Vorwurf ist inzwischen in der arabischen und islamischen Welt immer öfter zu hören. Dazu gehört auch die 2001 vom TV-Sender *Al Jazeera* veranstaltete und von Hunderten von Millionen Menschen gesehene Diskussionsrunde zum Thema »Ist der Zionismus schlimmer als der Nationalsozialismus?«. Drei von vier Gästen bejahten die Frage, und ein Teilnehmer kam beim Vergleich von Auszügen aus *Mein Kampf* mit der Thora zu dem Ergebnis, die intellektuellen Wurzeln von Hitlers Schrift lägen im Buch Josua. Der Moderator der Runde, Fayçal al-Qassem, stellte daraufhin eine Umfrage vor, die auf der Website des Senders mit

12 374 Teilnehmern durchgeführt worden war: 84 Prozent waren der Meinung, der Zionismus sei schlimmer als der Nationalsozialismus, 11 Prozent fanden beide gleich schlimm und 3 Prozent den Nationalsozialismus schlimmer!

Zweifellos ist der unbestreitbare Erfolg von *Mein Kampf* genauso auf den Antisemitismus wie auf den ideologischen Schwulst zurückzuführen, der auf dem Nährboden aus politischen Spannungen und Unkultur gedeiht. Das ist nicht erstaunlich, wenn man bedenkt, dass genau aus diesen Gründen das Buch im Vorkriegsdeutschland zum Bestseller wurde.

## Ein Leitfaden für Islamisten?

In seinem Büro in Kairo ist es Montasser al-Zayed nicht im Geringsten unangenehm, mir zu erklären, warum er ein Exemplar von *Mein Kampf* besitzt. »Es ist wichtig, Hitlers Standpunkt zu kennen, denn er lüftet den Schleier über den Juden. Das Buch ermöglicht dem Leser und insbesondere dem Muslim, seinen Feind auszumachen. Es erklärt, wie die Zionisten denken. Daran ist nichts auszusetzen.« Dem Anwalt zufolge enthält das Buch weniger ein besonderes politisches Programm als vielmehr eine objektive Analyse des jüdischen Volkes. Ein aufschlussreiches Argument, denn genau das wollte Hitler erreichen. Dieser hatte den Eindruck, ein wissenschaftliches Werk vollbracht zu haben, und war überzeugt davon, sich auf Fakten, auf die Beweise für eine tatsächliche jüdische Verschwörung zu berufen.

Was hat Montasser al-Zayed von seiner Lektüre in Erinnerung behalten? »Die Zionisten sind Rassisten und wollen keinen Frieden. Sie sind gerissen und intelligent und haben einen starken Hang zum Verrat.« Er sagt also nicht, dass Hitler Rassist ist, sondern – im Einklang mit dem Autor – dass es die Juden sind, die

Rassisten und Verschwörer sind. Diese Umkehrung der Logik – die Hitler selbst dazu führt, zu behaupten, Deutschland werde von den Juden angegriffen, wo er sie doch vernichtet, oder es werde von den Tschechen angegriffen, wo er doch ihr Land besetzt –, diese Fähigkeit, eine blindwütige Ideologie als klaren Scharfsinn zu verkaufen – Hitlers Denkweise –, hat die Jahre überdauert und ist bis hierhin, in unsere Zeit, in dieses Büro in Kairo gelangt, tausende Kilometer von Deutschland entfernt.

Seit etwa 20 Jahren wird der arabische Nationalismus von einer anderen Ideologie überholt, dem Islamismus und seinen verschiedenen politischen, kulturellen, revolutionären oder terroristischen Spielarten. Islamismus und arabischer Nationalismus teilen allerdings ein gemeinsames Gedankengut, darunter den Hass auf die Juden. So berufen sich – wie Hitler – die nationalistischen und islamistischen Ideologen jeweils auf die »Protokolle der Weisen von Zion«. Die Charta der Hamas beruft sich auf das gefälschte Dokument und prangert eine jüdische Verschwörung an, die »die Gesellschaften erschüttern, Werte vernichten, Tugenden ins Schwanken bringen« sowie »das Wesen des Islam beschädigen und ihn auslöschen«[33] will. Allerdings beschränken sich die gemeinsamen geistigen Wurzeln von Islamismus und Nationalsozialismus im Wesentlichen auf die ›Protokolle‹. Für Islamisten, die um eine orthodoxe Auslegung ihrer Ideologie bemüht sind, die allem misstrauen, was über den strengen Rahmen der islamischen Welt hinausgeht, und die deshalb weniger für äußere Einflüsse empfänglich sind als die Nationalisten, bleibt *Mein Kampf* ein äußerst nebensächliches Buch.

Trotzdem ist es nicht allzu überraschend, dass ein islamistischer Intellektueller wie Montasser al-Zayed das Buch besitzt. Denn nicht nur der panarabische Nationalismus liebäugelte mit nationalsozialistischem Gedankengut – Kult um Blut, Volk und Führer und das sich um den Führer scharende Volk –, auch der extreme und ideologisch verbrämte Islamismus weist eine beeindruckende Zahl von Gemeinsamkeiten mit dem Nationalsozialismus auf: Verschwörungswahn nach innen und außen; Antisemitismus; Ablehnung der liberalen Modernität, der Demokratie, des Pluralismus, der Meinungsfreiheit, der Rechte von Frauen und Minderheiten; Versprechen sozialer Gerechtigkeit für die Mitglieder der Gemeinschaft; revolutionäre Utopie mit Heilsversprechungen für die Zeit nach der Machtergreifung; Gefühl des sozialen Abstiegs, des Niedergangs; Wunsch nach Revanche; Streben nach Macht; Hass auf die USA, eine liberale, angeblich »jüdische« Demokratie; Streben nach Weltherrschaft, in diesem Fall des Islam, nötigenfalls durch Krieg; Verherrlichung des Kriegs, des Märtyrertodes, des Opfers; Verherrlichung menschlicher Werte; Manichäismus und Ablehnung von Kompromissen; Zynismus in einem totalen Kampf, in dem alles erlaubt ist; Entmenschlichung des Feindes; Ablehnung der Trennung zwischen Staat und ideologischer Geistlichkeit, zwischen Politik und Glauben; Mythos eines goldenen Zeitalters; Abscheu vor Kosmopolitismus und Globalisierung; Einschluss der Mitglieder der Gemeinschaft im Namen einer gemeinsamen ethnischen Identität; Wille zur Schaffung eines von jeglichem äußeren Einfluss unberührten politischen Raums; Streben nach Expansion; Wille zur Einrichtung eines von einem vereinigenden Prinzip regierten Gebietes; Ablehnung des Rechtsstaates; totale Kontrolle des Einzelnen. »Der Islam ist Ideologie und Glauben, Vaterland und Nationalität, Religion und Staat, Wort und Tat, Buch und Schwert«, schreibt Hassan al-Banna, der Gründer der Muslimbruderschaft, in Anknüpfung an Hitlers Logik in Landsberg.

Zu diesen Prinzipien bekennen sich ausdrücklich die Schlüsseltexte des Islamismus, die Schriften von Autoren wie Sayyid Qutb, Abdallah Azzam, Aiman al-Sawahiri, Hassan al-Banna, Ibn Taimiya, al-Afghani und Abd al-Wahhab, allesamt Theoretiker des Islamismus.[34] Boualem Sansal geht sogar so weit, den Islamismus als »National-Islamismus« zu bezeichnen, und manche muslimischen Demokraten sprechen von einem »dritten Totalitarismus« in der Fortführung von Stalinismus und Nationalsozialismus.[35]

## Das dschihadistische Pendant zu *Mein Kampf*

Eine weitere Ähnlichkeit ist der Drang zur Niederschrift, schwarz auf weiß, des jeweiligen Projektes, um Anhänger zu mobilisieren, Prophezeiungen zu machen und die theoretischen Grundlagen für die Vorgehensweise darzulegen. Während der Islamische Staat – *Daesh* auf arabisch – als bedeutende Bedrohung für die Welt erscheint und immer mehr abscheuliche Verbrechen in Syrien und dem Irak verübt, ist es durchaus von Interesse, sich mit der Schrift zu befassen, die so etwas wie *Mein Kampf* für den Dschihadismus ist: *Idarat al-Tawahhush* (Verwaltung der Barbarei). Die 113 Seiten lange Schrift wurde zuerst 2015 in islamistischen Diskussionsforen im Internet in Form einer PDF-Datei verbreitet. Als Autor fungiert ein gewisser Abu Bakr Naji, der damals den Anführern von Al Qaida nahestand.[36] Er findet sofort regen Zuspruch bei den Kämpfern von Al Qaida, den Shabaab-Milizen in Somalia und Boko Haram in Westafrika. Ab 2004 spricht er sich für die Einrichtung eines »Islamischen Staates« aus, eines Kalifats nach überliefertem Modell, aber mit modernen Mitteln. Die Muslime sollen sich der Scharia unterwerfen und gegen den Westen kämpfen. Zur Erreichung dieses Ziels legt er eine genaue Strategie aus Chaos und Terror – der Autor nennt es »Barbarei« – zur Eroberung und Kontrolle großer Gebiete in der arabischen Welt fest, eine dezentrale Form des Dschihad, die Nutzung der Medien, die Anwendung von Terrorismus zur Zerstörung des gesellschaftlichen Zusammenhalts in den westlichen Staaten, die Ausweitung des Kalifats und schließlich der Endkampf gegen Israel.[37]

Bis zum Aufstieg des Islamischen Staates 10 Jahre später wurde das Buch kaum beachtet, wenn nicht sogar unterschätzt. Der französische Forscher Romain Caillet, einer der besten Kenner des IS, gibt das unumwunden zu: »Ich muss gestehen, dass ich, als ich vor ein paar Jahren in der Militärakademie von West Point in den USA, wo man sich damit beschäftigte, zum ersten Mal davon hörte, der Meinung war, dass man ihm womöglich zu viel Bedeutung beimaß. Als *Daesh* allerdings 2013 in Syrien aktiv wurde, war die Ähnlichkeit der Handlungsweisen frappierend. Inzwischen muss ich feststellen, dass alle Brigadeführer des IS das Buch gelesen haben.«[38] Und so beschreibt *Verwaltung der Barbarei* zum großen Teil die Handlungsweise des Islamischen Staates.

*Verwaltung der Barbarei* wurde zunächst 2006 unter der Leitung der Harvard-Universität ins Englische und ein Jahr später von dem kleinen Verlag Editions de Paris von Max Chaleil auch ins Französische übersetzt.[39] Eine Reminiszenz an die Geschichte: Chaleil erbte von seinem Vater den Verlag Éditions de France, der kurz vor dem Zweiten Weltkrieg eine französische Ausgabe von *Mein Kampf* veröffentlicht hatte. Und so steht denn im Vorwort zur französischen Ausgabe von *Verwaltung der Barbarei*: »›Franzosen, Ihr müsst dieses Buch lesen!‹ Diesen Rat gab der französische Marschall Lyautey bezüglich Hitlers *Mein Kampf*. Denn er wusste, dass sich die Zukunft der Franzosen – und die der Welt – dort klar ankündigte, schwarz auf weiß. Das ist der Rat bzw. die Aufforderung, die wir durch die Veröffentlichung von *Verwaltung der Barbarei* geben.«

Historische Vergleiche haben natürlich ihre Grenzen, und es geht weder darum, den Islamismus zu einem neuen Nationalsozialismus zu erklären, noch darum, sich mit Ähnlichkeiten zufriedenzugeben, die es uns ersparen würden, seine Einzigartigkeit herauszuarbeiten. Es gibt bedeutende Unterschiede zwischen den beiden Ideologien: Der Islamismus kennt keinen Sozialdarwinismus, Rassefragen sind unwichtig, und dem Personenkult wird wenig Bedeutung beigemessen. Trotzdem kommt man nicht umhin festzustellen, dass die Umstände der zunehmenden Bedeutung des Phänomens Ähnlichkeiten mit dem Kontext aufweisen, in dem der Nationalsozialismus in den 1930er Jahren an Bedeutung gewann: ein Drängen der Massen auf die politische Bühne, ein Übergang zwischen einer alten und einer neuen Ordnung, ein militärischer, technologischer und strategischer Abstieg sowie eine bedeutende soziale Misere.

Vielleicht handelt es sich um ein Generationenproblem: In der arabischen Welt wie auch in den vernachlässigten Vorstädten der westlichen Länder entsteht eine Art »Neoislamismus«. Diese mutierende Ideologie, weit ab vom apokalyptischen Terror von Al Qaida und den überholten Ideen der Muslimbrüder, ist im Hinblick auf geistige Bezugspunkte weniger wählerisch und gewinnt besonders junge Anhänger. Der Nährboden ist der gleiche wie der der Vorgänger, aber weniger auf die Nachahmung des Propheten als auf den Willen zu islamischer Macht und den Widerstand gegenüber dem westlichen Liberalismus und Israel ausgerichtet. Diese neue Generation wird vielleicht ihren Weg zu *Mein Kampf* finden.

Gesehen wurde das Buch denn auch in den islamistischen Buchläden in London, die von den Neubekehrten wie etwa den für die Anschläge auf die Londoner U-Bahn von 2005 Verantwortlichen aufgesucht werden. Der Fall Ahmed Rami ist in dieser Hinsicht besonders bezeichnend. Der als Flüchtling in Schweden lebende Marokkaner betreibt eine ausgesprochen antisemitische Website. Rami ist das Bindeglied zwischen Islamisten, Neonazis aus der ganzen Welt, europäischen und amerikanischen Negationisten sowie den Extremisten der arabisch-islamischen Welt. Dort hält er regelmäßig Vorträge, wie kürzlich im Iran. Vor allem aber bietet er auf seiner Website Ausgaben von *Mein Kampf* in allen Sprachen an und ist dadurch einer der wichtigsten Online-Anbieter des Buches für alle Zielgruppen geworden. Diese können es von seiner Website in nicht weniger als 14 Sprachen – Französisch, Englisch, Deutsch, Italienisch, Polnisch, Tschechisch, Ungarisch, Bulgarisch, Niederländisch, Dänisch, Portugiesisch, Schwedisch,

Finnisch und Russisch – herunterladen. Man kann davon ausgehen, dass *Mein Kampf* in einem die Grenzen herkömmlicher Ideologien sprengenden hybriden Extremismus einen fruchtbaren Nährboden für seine weitere Verbreitung finden wird.

# V

# Ein türkischer Bestseller

## *Mein Kampf* bricht alle Rekorde

Der Sonnenuntergang am Ufer des Bosporus, die sich vor dem Abendhimmel am Horizont abzeichnenden Minarette und Kuppeln der Moscheen – all das ist ein unbeschreibliches, unvergleichliches Schauspiel. In Istanbul fällt dem Besucher aber noch etwas anderes auf: Wohin man auch blickt, überall weht die türkische Flagge. An den Ufern des Bosporus, an gigantischen Masten, an den Balkons der Wohnhäuser, vor Geschäften, an den Windschutzscheiben der Autos – überall sieht man den Stern und die Mondsichel auf rotem Grund. Istanbul, die westlichste Stadt der Türkei, ist womöglich die Metropole mit den meisten Flaggen. Ist sich das Land, das seine Vaterlandsliebe dermaßen zur Schau stellt, seiner nationalen Identität wirklich so sicher?

Die Türkei ist ein Land voller Widersprüche: Bürohochhäuser stehen neben Gassen voller Straßenverkäufer, Schuhputzer, Bettler und Teeverkäufer. An der Schnittstelle zwischen islamischer Welt und Europa, zwischen Morgenland und Abendland, zeichnet sich das Land durch eine wahre Lebenskraft, eine reiche und bisweilen avantgardistische Kulturszene und ein nachhaltiges Wirtschaftswachstum aus, was sich in Hochhäusern und Autobahnen widerspiegelt. Auch macht sich eine mehr und mehr amerikanische Lebensweise breit, was etwa in der zunehmenden Privatisierung des Gesundheitswesens zum Ausdruck kommt. Das Land hat eine starke laizistische Tradition und ist als langjähriger Verbündeter der USA Mitglied der NATO.

Trotzdem ist die Türkei Umfragen zufolge seit langem[1] das antiamerikanischste Land der Welt, und das ist nicht der einzige Widerspruch. So kann z. B. die kurdische Sprache zu verteidigen ernsthafte Konsequenzen haben, und Intellektuelle wie Hrant Dink, dem vorgeworfen wurde, die nationale Identität zu untergraben, wurden in den vergangenen Jahren ermordet.[2]

Die Türkei scheint noch nach ihrer eigenen Identität zu suchen, und in diesem Kontext veröffentlicht der kleine Verlag Manifesto 2005 *Mein Kampf* in einer neuen Übersetzung zu einem besonders niedrigen Preis, etwa 3 Euro, mit einem ansprechenden bunten Cover, das an ein Plakat erinnert. Die kostengünstige Ausgabe von *Mein Kampf* verkauft sich sofort sehr gut. Ein paar Wochen später bringen zwei weitere Verlage, die eine günstige Gelegenheit wittern, ihrerseits zwei neue Ausgaben von *Mein Kampf* heraus, ebenfalls zu niedrigen Preisen. Und so gehen innerhalb weniger Monate 80 000 Exemplare über den Ladentisch.

Nachdem weltweit die Medien darüber berichten, ringt sich der Freistaat Bayern zum Handeln durch. Der türkischen Regierung sind die Wellen, die die Angelegenheit schlägt, unangenehm, und sie fordert die Verlage auf, den Verkauf der Bücher einzustellen, woraufhin die von Bayern eingeleiteten rechtlichen Schritte zum Erliegen kommen. Trotzdem wird *Kavgam*, die türkische Ausgabe von *Mein Kampf*, weiterhin in der gesamten Türkei verkauft. In den großen, modernen Buchhandlungen ist das Buch zwar nicht mehr zu haben, aber bei den Straßenverkäufern, in Antiquariaten und im Internet ist es weiterhin erhältlich.

In der arabischen Welt, in Indonesien, in Indien, in Osteuropa und anderswo mag *Mein Kampf* als ein aus der finsteren Vergangenheit aufgetauchtes Buch, dessen Gift weiterhin wirkt, einen unterschwelligen Einfluss ausüben – in der Türkei ist es hochaktuell. In nur wenigen Monaten gelangte *Kavgam* im Sommer 2005 dauerhaft auf die Bestsellerlisten. Medien aus aller Welt berichteten mit einer Mischung aus Erstaunen und Abscheu, so als handele es sich um eine unsympathische, uns völlig fremde folkloristische Erscheinung.

Nur ist das Neue an diesem Phänomen lediglich sein Ausmaß, die 80 000 verkauften Exemplare. Denn in der Türkei werden bereits seit mehreren Jahren die meisten Exemplare von *Mein Kampf* verkauft. Seit der ersten Ausgabe von 1939, der ein beachtlicher Erfolg beschieden war – mehrere tausend verkaufte Exemplare pro Jahr –, sind die Verkaufszahlen nun plötzlich angestiegen. Nachforschungen der türkischen Zeitschrift *Aksam* zufolge waren es in den vergangenen 10 Jahren 10 000 Exemplare pro Jahr und allein im Jahr 2004 30 000. Rifat Bali, Forscher an der Universität Istanbul, kommt auf nicht weniger als 30 verschiedene Ausgaben zwischen 1939 und 2000. Inzwischen haben 11 Verlage *Mein Kampf* im Angebot. Und der Trend scheint sich zu beschleunigen: Allein 2017 waren neun Neuausgaben zu verzeichnen. Ein zur Supermarktkette Migros Ticaret gehörendes Buchvertriebsnetz verkaufte es sogar in seinen Buchläden, zog es dann aber wieder aus seinem Angebot zurück.

Was ist los in der Türkei, dass *Mein Kampf* wieder zu dem wird, was es einst in Deutschland war, ein Leitfaden für die breite Öffentlichkeit?

## Ein merkwürdiger Verlag

Für den Hype von 2005 ist der Verlag Manifesto verantwortlich. Das Verlagshaus in einem gutbürgerlichen Viertel von Istanbul unweit der Hagia Sofia ähnelt anderen Verlagen mit seinen mit Papier überladenen Büros und Räumen voller Bücherstapel, die auf ihre Auslieferung an die Buchhandlungen warten. An der Wand hängt ein Plakat des Spielfilms *Kill Bill* mit einer den Säbel schwingenden Uma Thurman.

Das Unternehmen hat am meisten von den hohen Verkaufszahlen ab 2005 profitiert und allein 50 000 Exemplare von *Mein Kampf* abgesetzt, was ihm einen erheblichen Gewinn eingebracht hat. Der Geschäftsführer von Manifesto rechtfertigte sich gegenüber der französischen Nachrichtenagentur AFP in einem seiner seltenen Interviews mit dem Hinweis, das Buch lediglich aus kommerziellen Gründen neu veröffentlicht zu haben. Die Erklärung klingt nicht recht überzeugend.

Der mittelgroße Verlag genießt in türkischen Verlegerkreisen einen guten Ruf und veröffentlicht etwa 50 Titel im Jahr. Der Name des Geschäftsführers, Oguz Tektas, steht auf den Büchern eines der Stapel am Eingang, denn er hat ein *Wörterbuch der Achtzigerjahre* herausgebracht. Darin ist die Rede von türkischen Persönlichkeiten des Jahrzehnts, aber auch von der Rockband a-ha, dem Meeresforscher Jacques Cousteau und der Discomusik. Daneben stapeln sich Bücher von einem anderen Tektas, Nazim Tektas. Oguz' Vater ist bekannt für seine Sympathie für die türkische extreme Rechte. Sein letztes Buch ist ein historischer Roman. Darin geht es um die Zeit vor dem Osmanischen Reich und die ethnischen Wurzeln des türkischen Volkes. Bei dieser unter den Nationalisten weit verbreiteten Geisteshaltung geht es darum, die einheitlichen ethnischen Wurzeln einer Bevölkerung zu suchen, die zahlreichen Vermischungen ausgesetzt war. Die Nationalisten gehen davon aus, dass die Türken aus dem Tal Ergenekon stammen, aus dem sie mithilfe eines Wolfes ausgezogen seien, um neue Gebiete zu erobern. Sie wollen alle Türken in der mythischen Landschaft Turan zusammenfassen, der Urheimat des türkischen Volkes, die von der Türkei bis nach Zentralasien reicht.

Statt des Geschäftsführers, der nicht gern mit ausländischen Journalisten spricht, empfängt mich der Verkaufsleiter. Er ist etwa dreißig Jahre alt, hat ein rundes und joviales Gesicht und trägt ein T-Shirt mit der Aufschrift Rock and Roll. Sein Name ist Murat. Er hat Landschaftsarchitektur studiert, fotografiert für sein Leben gern und träumt davon, für *National Geographic* tätig zu sein. Neben seinem Studium arbeitet er seit drei Jahren halbtags bei Manifesto. Er gibt zu, *Kavgam* nicht gelesen zu haben, aber als Verkaufsleiter weiß er natürlich alles darüber. Er räumt ein, dass bei Manifesto niemand mit diesem Erfolg gerechnet hatte. Warum also ging das Buch weg »wie warme Semmeln«, wie er sagt? »Hitler macht die Leute neugierig, deshalb haben sie das Buch gekauft. Sie mögen Hitler nicht, sie haben es nur aus Neugier gekauft.« Und er fügt hinzu: »Hitler hat einen Völkermord begangen. Die Menschen möchten wissen, wie er war.«

Neugier und Wissensdurst – das ist *die* Erklärung für den Erfolg von *Kavgam*, die von den Medien, der türkischen Regierung und manchen Akademikern wie dem Professor für Soziologie, Mustapha Erkal, gebetsmühlenartig wiederholt wird. Dieser erklärte der türkischen Zeitschrift *Aksam*: »Natürlich möchten die Leute mehr über Hitlers Antisemitismus sowie über das, was er getan hat und tun wollte, wissen.«[3] Die Neugier wird von Manifesto auch auf der Buchrückseite hervorgehoben: »*Kavgam* ist längst ein Klassiker. Ein jeder möchte mehr über den Mann wissen, der die Welt erschütterte, über seine Vorstellungen und die damalige Situation. Hitler schreibt in diesem Buch über die Gefühle seiner Kindheit, die seine Weltanschauung geformt, und über die Menschen, die seine Jugend geprägt haben, er schreibt über sein Leben. In diesem Buch über seine innersten Überzeugungen, das er während seiner Haft schrieb, äußert er seine Ansichten zu Deutschland, Österreich, den Juden, der Freimaurerei, der Lage der Minderheiten, der Presse, den politischen Parteien, der Innen- und Außenpolitik, der Situation im Parlament, dem Ersten Weltkrieg und seiner persönlichen Meinung zur Rasse, aber auch zu seinen Taten und der Wirklichkeit, die er sich erhoffte.«

Auch wenn zugegebenermaßen Neugier auf den Nationalsozialismus Leser zum Kauf bewogen haben mag, lässt die Erklärung, wenn es sich um 80000 Menschen und einen Verkaufserfolg in einem solch kurzen Zeitraum handelt, zu wünschen übrig. Für die

Verleger kommt zum Wissensdurst ein weiterer, weniger scheinheiliger Grund hinzu: »Wir dachten, dass sich das Buch in der heutigen Zeit gut verkaufen lässt«[4], verrät der Leiter des Verlags Emre, der ebenfalls am Verkaufserfolg von 2005 teilhatte, dem Sonderkorrespondenten von *Libération*, Marc Semo. Dem pflichtet Murat bei: »Die Sachbücher zur Geschichte in unserem Programm werden von der aktuellen Lage bestimmt. Wir leben in einer Zeit, in der sich die Türken für den Zionismus interessieren.«

*Mein Kampf* zum besseren Verständnis Israels und des Zionismus? Ein erschreckendes Argument. Außerdem erwähnt Hitler, der sich ausführlich über die Juden auslässt, den Zionismus nur ein einziges Mal und zwar auf eine Art, die »die aktuelle Lage« – die Existenz des Staates Israel, den Konflikt zwischen Israelis und Palästinensern und die Probleme im Nahen Osten – wohl kaum erhellen dürfte. »Ein Teil seiner Rasse bekennt sich schon ganz offen als fremdes Volk, nicht ohne dabei auch wieder zu lügen. Denn indem der Zionismus der anderen Welt weiszumachen versucht, daß die völkische Selbstbesinnung des Juden in der Schaffung eines palästinensischen Staates seine Befriedigung fände, betölpeln die Juden abermals die dummen Gojim auf das gerissenste. Sie denken gar nicht daran, in Palästina einen jüdischen Staat aufzubauen, um ihn etwa zu bewohnen, sondern sie wünschen nur eine mit eigenen Hoheitsrechten ausgestattete, dem Zugriff anderer Staaten entzogene Organisationszentrale ihrer internationalen Weltbegaunerei; einen Zufluchtsort überführter Lumpen und eine Hochschule werdender Gauner. Aber es ist das Zeichen nicht nur ihrer steigenden Zuversicht, sondern auch des Gefühls ihrer Sicherheit, wenn frech und offen zu einer Zeit, da der eine Teil noch verlogen den Deutschen, Franzosen oder Engländern mimt, der andere sich als jüdische Rasse dokumentiert.« (1/344)

Zweifellos sollte man Murat nicht beim Wort nehmen. Wie für viele andere – darunter der Anwalt Montasser al-Zayed – ist für ihn Zionismus ein politisch korrekter Begriff für die Bezeichnung der Juden. Die Entscheidung zur Veröffentlichung von *Mein Kampf* dürfte kaum etwas zu tun haben mit einem Wunsch, die internationalen Ereignisse zu analysieren und zu begreifen, sondern ist wohl eher Wasser auf die Mühlen einer Leserschaft, deren Gefühlswelt nur wenig mit Neugier zu tun hat.

Dem widerspricht Murat heftig. Der Erfolg von *Kavgam* sei ganz einfach eine »Modeerscheinung«, »ein Glücksfall«. »Nachdem alle Welt von dem Buch und seinem Erfolg gesprochen hatte, wollten es die Leute kaufen, um zu erfahren, worüber alle Welt sprach.« Manifesto betrieb zur Veröffentlichung des Buches einen erheblichen Aufwand: Der Verlag machte Werbung und schickte Gratisexemplare an Journalisten. Als ich ihn frage, ob dem Verlag der weltweite Skandal peinlich gewesen sei, ist er pikiert: »Überhaupt nicht. Ist es Ihnen peinlich, wenn man über das Osmanische Reich spricht? Ich wüsste nicht, warum mir *Mein Kampf* peinlich sein sollte.« Wenn ich ihn richtig verstehe, vergleicht er das Osmanische Reich, das bei der nationalistischen türkischen Jugend bekanntlich sehr beliebt ist, mit dem Dritten Reich. Neben seinem Schreibtisch steht eine Kiste mit Büchern. »Der Zionismus und die Türkei« steht auf dem Umschlag.

Anschließend frage ich ihn, ob die Veröffentlichung von *Mein Kampf*, einem Buch voller Hasstiraden gegen die Demokratie und die Juden, das zu Mord und Krieg aufruft, nicht die Frage der Verantwortung eines Verlags gegenüber seiner Leserschaft aufwirft. Die Antwort des jungen Verkaufsleiters kommt wie aus der Pistole geschossen: »Entweder man ist Geschäftsmann oder man ist verantwortlich gegenüber seiner Leserschaft. In beiden Fällen ist die Veröffentlichung von *Kavgam* kein Problem.« Und er wendet sich glucksend an meine Dolmetscherin: »Wenn ich gewusst hätte, dass das alles in dem Buch steht, dann hätte ich es gelesen!« Zu mir gewandt fügt er versöhnlich hinzu: »Wenn die Leute aus Neugier lesen, besteht keine Gefahr. Die Türken sind intelligent genug, sich ihre eigene Meinung zu bilden.«

Bevor ich gehe, frage ich Murat, ob Manifesto angesichts des Erfolgs von *Kavgam* und des Interesses der Türken für die NS-Zeit erwägt, andere Originaltexte – z. B. von Goebbels oder von Rosenberg – aus der damaligen Zeit zu veröffentlichen. »Das wäre vielleicht eine lukrative Angelegenheit«, füge ich hinzu, um zu sehen, wie er reagiert. Er stimmt mir mit breitem Lächeln zu: »Ja, das wäre durchaus lukrativ. Heute interessieren sich die Leute mehr und mehr für den Zionismus.«[5]

## Die große türkische Verwirrung

2005 stand *Kavgam* in einem Land, in dem wenig Bücher gekauft werden und Lesen eher einer gebildeten Minderheit vorbehalten ist, auf Rang 2 der Bestsellerlisten. Den ersten Rang nahm *Metallfeuer* ein, ein in der Zukunft spielender, zutiefst antiamerikanischer Thriller, von dem 300 000 Exemplare verkauft wurden. »Die Besetzung der Türkei durch die USA«, verkündete der Untertitel auf dem Buchdeckel mit einer Fotomontage aus bewaffneten GIs und brennenden Moscheen. 300 000 Menschen lasen also den literarisch mittelmäßigen Roman, in dem die US-Armee in die Türkei einmarschiert und sich die Türken erfolgreich zur Wehr setzen. Das Buch wurde dazu verfilmt und lief im Fernsehen und im Kino sowie in den Überlandbussen, dem wichtigsten öffentlichen Verkehrsmittel zwischen den türkischen Großstädten.

Im Film erinnert eine beeindruckende Szene an das Foltergefängnis Abu Ghraib: Türkische Kommandos nehmen US-Soldaten gefangen und demütigen sie. Der türkische Antiamerikanismus ist hier unübersehbar. Umfragen ergeben das gleiche Bild. Befragungen des Forschungsinstituts *Pew Research Center* in 30 Ländern im Juni 2008 ergaben, dass in der Türkei US-feindliche Meinungen weltweit am meisten verbreitet sind, noch vor dem Libanon, Pakistan, Ägypten, dem Iran und Russland. 88 Prozent der Türken geben an, den USA gegenüber feindlich gesinnt zu sein. Der Wert hat sich im Verhältnis zu den in den Jahren zuvor ermittelten Ergebnissen nicht verändert.

Der Hass auf die USA geht so weit, dass in Ankara 2005 Schilder mit der Aufschrift »Für Amerikaner verboten« in manchen Schaufenstern auftauchten. Sie wurden erst nach Protesten der US-Botschaft wieder entfernt. »Das Neue an diesem Antiamerikanismus – und das macht ihn so stark – ist, dass er nicht mehr auf rechtsextreme Splittergruppen oder radikale Islamisten begrenzt ist, sondern von einem Teil der Eliten und sogar manchen Militärs geteilt wird«, erklärte der Akademiker Ahmet Insel dem Korrespondenten von *Libération*, Marc Semo.[6] Und in der Türkei gehören – wie auch in anderen Ländern – Antiamerikanismus, radikaler Antizionismus und Antisemitismus letztlich zusammen. So wird bei den Attacken gegen die USA am Ende oft die »zionistische Verschwörung« angeprangert; die türkische Presse ließ es sich nicht nehmen, die »ethnische« – das heißt jüdische – Herkunft des US-Botschafters Eric Edelman hervorzuheben, der schließlich von seinem Amt zurücktrat.

Die von den Juden beherrschten USA als verlängerter Arm der Juden – das Bild ist nicht neu. Die türkischen Leser von *Kavgam* »erfahren« zu diesem Thema in *Mein Kampf* mit den Worten Adolf Hitlers: »[Der Jude] sieht die heutigen europäischen Staaten bereits als willenlose Werkzeuge in seiner Faust, sei es auf dem Umweg einer sogenannten westlichen Demokratie oder in der Form der direkten Beherrschung durch russischen Bolschewismus. Aber nicht nur die Alte Welt hält er so umgarnt, sondern auch der Neuen droht das gleiche Schicksal. Juden sind die Regenten der Börsenkräfte der amerikanischen Union. Jedes Jahr läßt sie mehr zum Kontrollherrn der Arbeitskraft eines Einhundertzwanzig-Millionen-Volkes aufsteigen [...] In gerissener Geschicklichkeit kneten sie die öffentliche Meinung und formen aus ihr das Instrument eines Kampfes für die eigene Zukunft. Schon glauben die größten Köpfe der Judenheit die Erfüllung ihres testamentarischen Wahlspruches des großen Völkerfraßes herannahen zu sehen.« (2/298) Das ist in der Türkei natürlich Öl ins antiamerikanische und antisemitische Feuer.

Kurz nach dem Anstieg der Verkaufszahlen von *Kavgam* erschien ein weiterer Bestseller, *Kinder des Moses*, von einem der ultranationalistischen Bewegung nahestehenden Journalisten. Er greift auf den unausrottbaren Verschwörungsmythos der *Dönme* – »Kryptojuden«, die angeblich Muslime, aber eigentlich Juden sind – zurück und überträgt ihn auf das politische Leben in der Türkei. So sei Präsident Erdogan, ein gemäßigter Islamist, eigentlich ein *Dönme*. Aber die *Kinder des Moses* – und das ist der Sinn und Zweck des Buches – kommt bei weitem nicht nur bei den Ultranationalisten an. Man sieht es sogar bei modernen und westlich gekleideten jungen Istanbulern.

Denn obwohl die Juden lange Zeit in der Türkei willkommen waren und 22 000 von ihnen dort leben, nimmt der Antisemitismus im Gewand des Antizionismus dort in erheblichem Maße zu. Und er entwickelt sich zu einer gemeinsamen Geisteshaltung sowohl der extremen Rechten als auch der Islamisten, deren gemäßigter Flügel an der Regierung ist, und bei Wählern der kemalistischen Linken.[7]

In diesem auf brutale Weise aus den Überresten des jahrhundertealten osmanischen Vielvölkerreiches hervorgegangenen Staat ist die Identität von jeher ein Problem. Rifat Bali, ein liberaler Intellektueller, fällt ein kompromissloses Urteil über sein Land. »Das Problem ist, zu definieren, was ein Türke ist. Sogar die linken Laizisten definieren einen Türken im Verhältnis zu Nichtmuslimen und anderen Volksgruppen.« Mit anderen Worten: Türke sei nur, wer Muslim und Mitglied der wie auch immer gearteten türkischen Ethnie ist. Dabei ist die moderne Türkei eigentlich ein laizistisches Land mit mehreren Volksgruppen, und ihr Begründer hatte aus Gründen der Modernisierung stets darauf hingearbeitet, eine Staatsbürgerschaft nach europäischem Vorbild zu formen. Angesichts dieser schizophrenen Situation muss *Mein Kampf* den türkischen Bürger auf der Suche nach Identität geradezu anlocken. »Wer sind wir?«, fragen sich die Türken. Muslime oder Türken? Untertanen des Islam oder Bürger eines modernen Staates? Europäer oder Orientalen? Osmanen oder Türken? Türken oder Einwohner Anatoliens? Laizisten oder Islamisten? Deshalb ist es verlockend, sich in der Abgrenzung zu Minderheiten, zum Ausland – vor allem zu Amerika und Europa – und zu den Juden, den ewigen Sündenböcken, zu definieren. »Die tiefere Logik von *Mein Kampf* liegt darin, dass Hitler eine Erklärung für alle Niederlagen liefert: die Juden«, sagte Édouard Husson, um den damaligen Erfolg des Buches in Deutschland zu erklären.

Der derzeitige Erfolg von *Kavgam* verdankt sich vor allem einer starken und bereits lange existierenden extremen Rechten, die einen erheblichen Einfluss auf die gesamte türkische Gesellschaft ausübt. Das Buch ist ein maßgebendes Werk für die Grauen Wölfe, eine faschistoide und pantürkische Miliz, für die Mitglieder der BBP, einer islamisch-nationalistischen Partei, in der ein Vorstandsmitglied ganz offen die Lektüre des Buches empfiehlt, und für die eifrigsten Aktivisten der MHP, der Partei der Nationalistischen Bewegung. Aufschlussreich für das türkische Unbehagen ist, dass diese am äußersten rechten Rand des politischen Spektrums angesiedelte Partei inzwischen die drittgrößte politische Kraft des Landes ist, hinter den gemäßigten Islamisten und der kemalistischen Linken, mit der sie von Zeit zu Zeit koaliert, da der gleiche Nationalismus beide Parteien einander näherbringt.

Und so verwundert es auch nicht, dass sogar die kemalistische Bewegung, die sich auf den Begründer der modernen Türkei, Mustafa Kemal Atatürk, beruft, von »nationaler Leidenschaft« ergriffen wird. Die Ideen Atatürks führten zwar zum Aufbau einer modernen, laizistischen Türkei, machten aber durchaus Anleihen beim Faschismus: Personenkult, staatlicher Dirigismus, Feindseligkeit gegenüber Minderheiten, Verherrlichung der nationalen Identität. Diese Bezugspunkte gelten nach wie vor. Ferhat Kentel, Soziologe an der Universität Istanbul, beschreibt, wie das ultranationalistische Gedankengut seinen Weg mitten ins politische Leben gefunden hat, und ist eher pessimistisch: »Die extreme Rechte steht nicht mehr am Rand, sondern in der Mitte. Anders ausgedrückt: die Mitte ist extrem geworden.«[8] Das Interesse der breiten Öffentlichkeit für *Mein Kampf* gedeiht auf diesem Nährboden.

Durch ihre mächtigen Jugendbewegungen konnte die rechtsextreme MHP einen Teil der jungen Generation anlocken. Diese hat Schwierigkeiten bei der Eingliederung ins Berufsleben, findet sich mit der Globalisierung nicht zurecht und ist angetan von der paramilitärischen Struktur dieser Bewegungen, von der Herzlichkeit der Idealistenheime, in denen die jungen MHP-Anhänger zusammenkommen, und von einfachen und wirksamen Parolen: »Der einzige Freund des Türken ist der Türke«, »Die Türkei: Liebe sie oder verlasse sie«. 1999 stimmten laut einer Studie von Ferhat Kentel die Hälfte der jungen Erstwähler für die MHP.

Die Parteiführung der MHP schweigt zwar zu *Mein Kampf*, aber in den Idealistenheimen ist das Buch allgegenwärtig. Hitler wurde in mehrfacher Hinsicht zum Idol: als Kriegsherr, der seiner Nation zu großer Macht verhalf, sein Land von schädlichen Elementen befreite und heutzutage ein Gegenmodell zum demokratischen Westen ist.

Die heutige Türkei ist darüber hinaus empfänglich für eines der Hauptthemen des Buches. Der extremen Rechten ist es nämlich gelungen, den Mythos einer Verschwörung gegen das Land in die breite Öffentlichkeit zu bringen. Eine Verschwörung im Inland durch die kurdische – bzw. armenische, griechische oder jüdische – Minderheit, die Christen, die evangelikalen Missionare, die Marxisten, die Demokraten oder die Proeuropäer. Und eine Verschwörung aus dem Ausland, seitens der USA und Israels. Diese kollektive Paranoia, das Gefühl der Umzingelung ist eine gesellschaftliche Tatsache. Davon zeugt nicht nur der Erfolg von *Metallfeuer*, sondern auch die unzähligen Verschwörungstheorien in der Türkei zu allen Themen, von der Politik über den Fußball bis hin zur Schule – die Kinder erfahren in ihren Schulbüchern, wie die Feinde der Türkei, darunter die Armenier, versucht haben, ihre Nation 1920 zu zerstören, und wie diese Feinde das weiterhin tun.[9] Die Anerkennung des Völkermords an den Armeniern zwischen 1914 und 1919 ist für die Mehrheit der Türken weiterhin undenkbar. Dabei hatte selbst Hitler kurz vor dem deutschen Überfall auf Polen in einer Rede an seine Generäle am 22. August 1939 rhetorisch gefragt: »Wer redet heute noch von der Vernichtung der Armenier?«[10]

Als 2005 der armenische Journalist, Menschenrechtsaktivist und Befürworter einer Versöhnung in der Türkei, Hrant Dink, den Völkermord erwähnte, wurde gegen ihn ein Verfahren wegen Verächtlichmachung des Türkentums eröffnet, und er erhielt Morddrohungen von den Ultranationalisten. 2007 schritten ein paar von ihnen zur Tat. Die Untersuchung ergab, dass die Täter, junge Menschen aus allen Schichten der Gesellschaft und nicht nur aus der von Arbeitslosigkeit betroffenen Unterschicht, in nationalistischen Kreisen verkehrten und dass mehrere von ihnen *Kavgam* gelesen hatten.

100 000 Türken gaben Hrant Dink unter der Parole »Wir sind alle Armenier« das letzte Geleit, was beweist, dass es durchaus eine demokratische Bewegung gibt. Aber bei der Festnahme eines der Mörder ließ sich einer der Polizisten stolz mit einer türkischen Flagge an seiner Seite fotografieren. Und während des Gerichtsverfahrens sagte der Anwalt eines der 18 Täter der Presse: »Ist das vielleicht der erste Mord, den Israel und die USA verübt haben?« Eine Verantwortung der Militärführung und der Polizei wurde gar nicht erst in Erwägung gezogen. Denn immerhin ist auch ein Teil des Staatsapparates, der so genannte ›Tiefe Staat‹[11], empfänglich für ultranationalistisches Gedankengut. So wurde Dinks Sohn

wegen der Veröffentlichung der Äußerungen seines Vaters in seiner Zeitung zu einem Jahr Gefängnis mit Bewährung verurteilt.

Aber die extreme Rechte ist nicht allein. Auch Recep Tayyip Erdogans AKP, die mit der MHP ein Regierungsbündnis eingegangen ist, greift auf ultranationalistische Themen zurück und schreckt nicht vor Antisemitismus zurück. Die großen Demonstrationen rund um den Gezi-Park 2013 seien einem der wichtigsten Berater Erdogans zufolge ein Komplott der internationalen Finanz und der Zionisten gewesen. Erdogan selbst hatte 1997 noch als Bürgermeister von Istanbul im Namen der palästinensischen Sache die Juden mit den Nazis verglichen. Und im Dezember 2017 war, nachdem in einer Erklärung der US-Regierung das Abgleiten der türkischen Regierung in den Islamismus angeprangert worden war, in den sozialen Netzwerken ein Sturm der Entrüstung entbrannt. Umgehend wurden die Juden dafür verantwortlich gemacht und in zahlreichen Tweets die Bewunderung für Hitlers »Endlösung« zum Ausdruck gebracht.

Das macht den Erfolg von *Kavgam* an den Ufern des Bosporus und in Anatolien verständlicher. Dem Politikwissenschaftler Dogu Ergil zufolge scheine das Buch, das nichts Menschliches an sich habe, dort leider ernst genommen zu werden, und der in Europa in der geschichtlichen Versenkung verschwundene Nationalsozialismus beginne in der Türkei wieder aufzutauchen. Die Behauptung mag übertrieben erscheinen – völlig unbegründet ist sie nicht.

## Die türkischen Leser von *Mein Kampf*

»In der Türkei gibt es zurzeit eine antieuropäische und antiamerikanische Strömung, die dem Verkauf eines solchen Buches zugutekommen kann. Diese Strömung drückt sich aus in einer Erneuerung des Nationalismus, der durch den Druck geschürt wird, den zahlreiche Türken empfinden. Sie haben das Gefühl, man wolle ihnen vorschreiben, was sie zu tun und zu lassen haben. Daraus ergibt sich eine gewisse Anspannung«, sagt Professor Ahmet Içduygu der Zeitung *Le Figaro*.[12] Das mag stimmen. Aber durch welchen geheimnisvollen Mechanismus gelangt man von dieser Anspannung zum Kauf des Buches von Adolf Hitler? Wer sind die Leser von *Kavgam*, die man uns als Wesen vorstellt, die mal »neugierig«, mal wegen der aktuellen Entwicklung besorgt, mal »angespannt« sind?

Auf der Webseite einer Online-Buchhandlung, die das Buch anbietet, finden sich aufschlussreiche Kommentare. Gökhan Paşaoğlu schreibt: »Ich habe das preisgünstige Buch endlich gekauft. Es ist überhaupt nicht schwer zu lesen; es liest sich sehr leicht, wenn man den Zusammenhang mit der aktuellen Lage der Türkei herstellt. Obwohl der Preis sehr niedrig ist, finde ich, dass es gut gewesen wäre, wenn man mehr Wert auf die Druckqualität gelegt hätte. Ich danke dem Verlag Manifesto für die Veröffentlichung.« Aytaç Akyıldız erklärt weiter unten: »In der heutigen Zeit, in der die Existenz des Vaterlandes überall durch Verräter bedroht wird, empfehle ich jedem türkischen Bürger eindringlich, dieses Buch zu lesen. Das Buch ist überhaupt nicht schwer zu lesen. Hören Sie vor allem nicht auf die Kommentare derjenigen, die dieses Buch nie in der Hand gehabt haben!« Turkay Erkan fügt hinzu: »Das ist ein wichtiges Buch, das jeder Nationalist lesen muss.« Ersi Kuru behauptet: »Ich wollte dieses Buch seit langem lesen und bin während meines Militärdienstes in Ankara darauf gestoßen. Was den Inhalt anbelangt, konnte ich einige Widersprüche bemerken. Außerdem schwanken die Gedanken des Autors zu oft hin und her. Trotzdem, nachdem ich ein solches Buch gelesen habe, denke ich, dass dieser Mann, der in der ganzen Welt als Völkermörder bekannt ist, zu uns gehört. […] Ich möchte noch klarstellen, dass meine Gedanken hinsichtlich der Juden nun klarer sind.«

Die einzige gegensätzliche Meinung in diesem Forum stammt von einem Mann namens Harun Bekir: »Seid euch bewusst, dass der Inhalt von *Kavgam* zu 10 Prozent autobiographisch, zu 90 Prozent dogmatisch und zu 100 Prozent Propaganda ist. Es steht euch natürlich frei, ein so plumpes, langatmiges, schlecht geschriebenes, nörgelndes und sich unaufhörlich wiederholendes Buch zu lesen.«

»Vaterland«, »Verräter«, »gehört zu uns«, »aktuelle Lage«. Die Worte hören sich an wie Parolen. Das ist nicht verwunderlich: *Mein Kampf* möchte seine Leser von der Vernunft wegführen und die Wirklichkeit auf abstrakte Begriffe reduzieren, auf irreale Parolen. Wie ein esoterisches Ritual scheint *Mein Kampf* das Denken überflüssig zu machen.

Ins Istanbuler Stadtviertel Karaköy am östlichen Ufer des Bosporus – eine Art Studentenviertel mit schattigen Alleen, Cafés, Buchläden und vor allem einer riesigen Markthalle, in der sich Stände mit neuen und gebrauchten Büchern aneinanderreihen – gehen die Istanbuler, wenn sie ein Buch suchen, das sie nicht in den großen Buchhandlungen finden.

Hier wird *Kavgam* trotz des Verbots verkauft. Und es ist nicht schwer zu finden: An mehreren Ständen wird es in den Schaukästen angeboten, manchmal durchaus ostentativ.

Leser sind nicht schwer zu finden. Emre hat einen kleinen Buchladen. 28 Jahre, schwarzes T-Shirt, sympathisches Gesicht, Gel in den Haaren, gekleidet wie für eine Samstagabend-Fete. Sofort sagt er, dass *Kavgam* ein »geniales« Buch ist. Und er beantwortet nur zu gern meine Fragen, freut sich, einen Journalisten getroffen zu haben und interviewt zu werden. Einer seiner Freunde, mit weißem Hemd und kleinen Brillengläsern, gesellt sich zu uns. Er ist reservierter und ebenfalls 28 Jahre alt. Ein dritter hält sich ein wenig abseits.

Sie interessieren sich nicht sehr für Politik, geben sie mir auf meine Frage zu verstehen. Aber sie wählen. Die ersten beiden die kemalistische Linke. »Gegen die islamistische Regierung, die unsere Traditionen nicht respektiert und uns Europa ausliefern möchte.« Der dritte wählt die GP, die ›Junge Partei‹, die zum rechtsextremen Spektrum gehört. An der Rückwand des Ladens hängen zwei Poster: Che Guevara und das Plakat des US-amerikanischen Films *American History X*, der von einem jungen Neonazi handelt.

»Und warum hast du *Kavgam* gelesen?«

»Weil alle es lasen. Aber ich habe nur zwei Passagen gelesen.«

Seine beiden Freunde machen sich über ihn lustig: »Du liest doch nie Bücher!«

»Welche Passagen haben dich interessiert?«

»Die, wo sie aus den Knochen der Juden Seife machen. Wenn man bedenkt, was um uns herum passiert, sollte es mehr solche Leute geben«.[13]

In *Mein Kampf* ist nirgends die Rede von diesem makabren Thema. Emre irrt sich ganz offensichtlich. Wahrscheinlich hat er *Kavgam* gar nicht gelesen. Trotzdem komme ich darauf zurück und frage ihn noch einmal, woran er sich erinnert.

»Hitler war ein Künstler, der nicht von seiner Kunst leben konnte, und zwar wegen des Liberalismus und der Juden.«

Diese zweite Antwort ist außerordentlich bezeichnend. Die Identifizierung mit dem Autor, die größte Stärke von *Mein Kampf* – meine persönlichen Niederlagen, eure persönlichen Niederlagen zusammengenommen und die gemeinsame Niederlage Deutschlands haben einen einzigen Grund: die Juden und die liberale Demokratie –, funktioniert hier einwandfrei, achtzig Jahre später, im Kopf dieses Istanbuler Straßenverkäufers, der in dem Buch wahrscheinlich nur geblättert hat. Welche seiner Träume sind nicht wahr geworden, welche Frustrationen trägt er mit sich herum? Das Besondere an *Mein Kampf*, das systematisch das persönliche Schicksal seines Autors mit dem kollektiven Schicksal Deutschlands verbindet, ist ihm nicht entgangen. Das hat nichts mehr mit der beschwichtigenden Behauptung zu tun, die Leser seien schlicht »neugierig«.

Der junge Mann im weißen Hemd meldet sich zu Wort:

»Bei Adolf Hitler kann man nicht neutral bleiben. Im Nachhinein kann man sagen, dass er unrecht hatte, aber damals hatte er recht.«

»Nicht, dass wir Hitler mögen«, fügt Emre hinzu, »aber was er damals mit den Juden machte, das machen die Juden heute mit den Palästinensern.«

»Und was hat das mit *Mein Kampf* zu tun?«

»*Mein Kampf* hilft, die heutige Politik der Juden zu verstehen. Das ist wie in einem amerikanischen Film: Die Amerikaner sind immer die Guten. In Wirklichkeit ist es aber umgekehrt. Mit *Mein Kampf* ist das genauso. Hitler zeigt das wahre Gesicht der Juden«, sagt Emre.

Meine Dolmetscherin wird mir später sagen, dass der junge Mann im weißen Hemd seinem Freund zuflüsterte: »Pass auf, wir müssen einen guten Eindruck von der Türkei hinterlassen.«

Zu diesem Zeitpunkt des Gesprächs frage ich ihn, ob er Antisemit ist:

»Antisemit! Nein. Die Türken haben ein großes Bewusstsein. Sie können niemandem etwas zuleide tun«, antwortete anstelle von Emre der Wähler der Jungen Partei.

Und er fügt hinzu:

»Auch wenn ich viel Ungerechtigkeit erlebt habe wie Hitler, als er am Verhungern war, denke ich nicht genauso wie er. Aber wir hassen die Juden ebenso wie Hitler, denn wir sehen ja, was sie den Palästinensern antun.«

Die Worte scheinen ihre Bedeutung verloren zu haben, ihre Verbindung zur Wirklichkeit. Wie in *Mein Kampf*.

Ich wechsle das Thema und verrate Emre, dass *Mein Kampf* besonders feindselige Äußerungen gegenüber den Franzosen enthält und dass ich Franzose bin. Emre protestiert: Er hat nichts gegen die Franzosen, er ist nicht mit allem einverstanden, was in *Mein Kampf* steht. Um den ein wenig peinlichen Moment zu überbrücken, fügt der junge Mann hinzu: »*Mein Kampf* ist Wasser auf die Mühlen von Huntingtons Theorie vom Kampf der Kulturen. Denn wir leben in einer von den Juden kontrollierten Welt, und das Buch nutzt den Juden. Es nutzt den Leuten, die möchten, dass Huntingtons Theorie wahr wird.«

Ihm zufolge deckt dieses antisemitische Standardwerk nicht nur die wahre Natur der Juden auf, sondern nutzt ihnen noch dazu durch die Gewalt, die in ihm auch heute noch zum Ausdruck kommt. Man könnte über die groteske Behauptung dieses jungen Mannes mit seinen verwirrten und bisweilen unsicheren Gedanken lächeln. Aber man sollte sich weder darüber mokieren noch sie einfach ignorieren. Niemand sollte die Wirkung solcher Gedanken unterschätzen.

Während man Emre und seinen Freunden zuhört, kann man sich die Freude und die Begeisterung vorstellen, die sie bei der Lektüre von *Kavgam* empfinden, das den Hass auf die Juden und auf die Zivilisation auf die Spitze treibt. Und man beginnt besser zu verstehen, warum *Mein Kampf* auch heute noch gelesen wird. Man begreift, wie sehr das Buch zusammengeschusterte und oberflächliche Ideologien vor einem Hintergrund aus Unkultur und Unvernunft ergänzt und bestätigt. Und man ahnt hier, in der Markthalle von Karaköy, warum dieses Buch den politischen Aufstieg Hitlers begleitete und zur Bibel der Nazis wurde.

Während ich Emre und seinen Freunden zuhöre, erinnere ich mich daran, wie bereits 1924 der Sozialpsychologe Jan van Bergh in der linksliberalen Berliner Zeitschrift *Das Tage-Buch* die Anhänger des Führers beschrieb und anmerkte, dass besonders viele junge Männer dazugehörten: »Eine Hitlerkompagnie ist ein Konglomerat all jener bizarren Anormalitäten der Pubertätsperiode. Psychiatrisch gesprochen sind dies Jugendliche mit ausgesprochen starken Minderkeitsgefühlen, Leute, die im gewöhnlichen

Leben überall anstoßen, sich zurückgesetzt fühlen, nicht vermögen sich durchzusetzen, Leute, die im Alltagleben schüchtern sind, in Gesellschaft sehr sparsam mit Worten, unglückliche Karikaturen, und die so, auf diese Weise in einer Trotzstellung der Gesellschaft gegenüber, ihr beschädigtes Selbstbewußtsein befriedigen. Doch ihr Tun ist hohle Geste, nur im Haufen vieler von gleicher fraglicher Konstitution fühlen sie sich wohl, allein auf sich gestellt würden sie kläglich versagen.«[14] Niemand kann sagen, ob diese Sätze auf Emre und seine Freunde zutreffen. Zum Nachdenken anregen sollten sie allemal.

## »Das hört nicht auf. Nie hört das auf.«

15. März 1921, Berlin, Hauptstadt der Goldenen Zwanziger, Blütezeit des Kabaretts, der Presse und der Parteien. In einer belebten Straße in Charlottenburg scheint es ein hagerer junger Mann besonders eilig zu haben. Plötzlich stürzt er sich auf einen eleganten älteren Mann und gibt mehrere Schüsse auf ihn ab.

Soghomon Tehlirian, Überlebender der schrecklichen Massaker an den Armeniern durch die Türken, bei denen fast seine gesamte Verwandtschaft ums Leben kam, hat Talaat Pacha, den Hauptverantwortlichen des Völkermords und ehemaligen Innenminister der jungtürkischen Regierung, ermordet. Alle in der Türkei lebenden Armenier seien ohne Rücksicht auf Alter oder Geschlecht zu vernichten und Gewissensskrupel seien nicht angebracht, hatte er befohlen. Raphael Lemkin, ein erst 20 Jahre alter Pole und späterer Jurist, stellt in seinem Tagebuch die Frage, warum die Ermordung einer Million Menschen weniger wiegen soll als die Ermordung eines einzelnen Menschen. Und er beschließt, seine berufliche Laufbahn der Erforschung von Massenverbrechen zu widmen. Das deutsche Gericht spricht Tehlirian frei.

Lemkin flieht im Zweiten Weltkrieg in die USA. 49 seiner Verwandten werden von den Nazis ermordet. 1943 prägt er an der Universität von Virginia nach Überlegungen, die mit dem Massaker an den Armeniern begonnen hatten und durch die Schoah notwendig geworden sind, den Begriff des Völkermords. Später ist er Assistent des amerikanischen Staatsanwalts bei den Nürnberger Prozessen. Die Geschichte wiederholt sich manchmal, aber nicht, wie Marx meinte, das eine Mal als Tragödie, das andere Mal als Farce; auf eine Tragödie kann eine Tragödie folgen.

Im März 2006 halten ultranationalistische türkische Vereine in Berlin ganz offen eine Gedenkfeier zu Ehren von Talaat Pacha ab, während sie in Ankara zu Kundgebungen in der nach ihm benannten Straße und an seinem Grab aufrufen. Denn 1943 ließ Hitler den Leichnam Talaat Pachas in die Türkei überführen. *»Das hört nicht auf. Nie hört das auf«*, schrieb Günter Grass, das moralische Gewissen der Bundesrepublik, in seinem Roman *Im Krebsgang*, der 2002 erschien, vor der Bekanntgabe seiner Mitgliedschaft in der Waffen-SS. Einer der demokratischsten Staaten der islamischen Welt mit einem hochentwickelten Geistesleben ist somit auch einer der am meisten vom Krebsgeschwür des Ultranationalismus und des Faschismus befallenen. Befallen von dieser kriegslüsternen und nach absoluter Ordnung lechzenden Leidenschaft, die nach Größe strebt, den niedrigsten Instinkten schmeichelt und kaltblütig auf die Vernichtung der menschlichen Moral hinarbeitet.

2005 prangerte der Essayist Haluk Shahin, der darüber entsetzt war, was der Erfolg von *Mein Kampf* über den Zustand seines Landes aussagte, in der türkischen Tageszeitung *Radikal* die »türkischen Miloševićs«[15] an, die ihm zufolge die Türkei in eine äußerst gefährliche Richtung steuerten.

Keine historische Situation ist jedoch mit einer anderen vergleichbar. Die Zukunft der Türkei ist durch nichts vorherbestimmt, aber eine Saat wurde ausgelegt, ein Gift wurde verspritzt, vor dem weder das Mehrparteiensystem noch die Pressefreiheit, noch das reiche Geistesleben in Istanbul oder Ankara schützen.

# NACHWORT

## Die sieben Lehren aus *Mein Kampf*

Warum sollte man sich heute, in unserer nach wie vor wohlhabenden und zivilisierten Gesellschaft, inmitten eines befriedeten Kontinents, der davon träumt, dass die Geschichte, wenn überhaupt, nur noch eine untergeordnete Rolle spielt, mit *Mein Kampf* beschäftigen, einem Buch aus einer vergangenen Zeit, die immer noch präsent ist? Welche Lehren lassen sich aus der einzigartigen Laufbahn des Buches von Adolf Hitler ziehen, von seiner Zelle in der Festung Landsberg an die Spitze des Dritten Reichs, von den Ruinen Münchens in die Straßen Istanbuls?

Erste Lehre: Das Schicksal dieses Buches ruft dazu auf, auf fanatische und gewalttätige politische Projekte zu achten und sie nie zu unterschätzen, *vor allem* wenn sie öffentlich gemacht und insbesondere wenn sie von Menschen vertreten werden, die sie in die Tat umsetzen könnten. Faschistoide, ultranationalistische, rassistische oder antidemokratische Ideengebäude bleiben nur sehr selten folgenlos. Worte haben einen Sinn und beeinflussen die Realität, manchmal auf ganz besonders schreckliche Weise.

In den vergangenen 50 Jahren gab es mehrere eindrückliche Beispiele für Katastrophen, die schwarz auf weiß in für jedermann zugänglichen Texten angekündigt worden waren: Die *Worte des Vorsitzenden Mao Tsetung*, Bibel einer totalitären Doktrin, im Namen derer die Roten Garden im Laufe der Kulturrevolution den Tod von zehn bis zwanzig Millionen Menschen verursachten. *Tung Padevat*, theoretisches Organ der Roten Khmer, und das wahnwitzige Programm der Kommunistischen Partei von Pol Pot, das zur Ermordung von zwei bis drei Millionen Kambodschanern führte. In Ruanda das »Hutu-Manifest« mit seinem Rassenwahn und die Zeitung *Kangura* mit ihren Aufrufen zur Vernichtung der Tutsi. Oder das *Memorandum zur Lage der serbischen Nation in Jugoslawien* von Mitgliedern der Serbischen Akademie der Wissenschaften um Dobrica Ćosić von 1986. Diese paranoide Schrift, die Slobodan Milošević stark beeinflusste, strotzte vor zumeist völlig aus der Luft gegriffenen historischen Argumenten, behauptete, die Serben seien von den anderen Völkern Jugoslawiens versklavt worden, und forderte, sie nötigenfalls durch Krieg in einem Staat wiederzuvereinigen. Und die Anleitung zur *Verwaltung der Barbarei* scheint zehn Jahre nach ihrer Veröffentlichung den Islamischen Staat zu seinen abscheulichen Verbrechen zu inspirieren.

Zweite Lehre, die in gewisser Weise in Widerspruch zur ersten steht: Die Erinnerung an *Mein Kampf* und daran, wie das Buch damals auf tragische Weise unterschätzt wurde, ist für unsere heutige Zeit nur unzureichend hilfreich. Man darf als Reaktion darauf die bittere Erfahrung der 1930er Jahre nicht zur absoluten Richtschnur werden lassen. Der Fehler der damaligen Zeit bestand nicht nur darin, eine ausdrückliche Warnung zu ignorieren, sondern auch in der Unfähigkeit, die Neuartigkeit des Nationalsozialismus zu begreifen. Diese Lehre gilt nach wie vor. So muss man heute die spezifischen Besonderheiten des türkischen oder indischen Ultranationalismus, des Islamismus oder der Aufrufe zur Zerstörung Israels durch manche Staaten begreifen und diese nicht als einen Ausdruck eines neuen Nationalsozialismus verstehen. Nach der Unterschätzung der nationalsozialistischen Gefahr darf man nicht den Fehler machen, bei jeder Gelegenheit den Ungeist der 1930er Jahre heraufzubeschwören.

Dritte Lehre: Die mangelnden Reaktionen auf *Mein Kampf* zeugen weniger von mangelnder Kenntnis des Textes als von einem tatsächlichen Mangel an politischem Willen. Denn man weiß inzwischen, dass das Buch vor dem Krieg mehr gelesen und besser verstanden worden war, als man lange dachte. Aber die Zukunft sich abzeichnen zu sehen, bietet keine fertigen Lösungen, befreit nicht von der Notwendigkeit, mutig, phantasievoll und willensstark zu sein. Rony Brauman, der ehemalige Vorsitzende der französischen Sektion von Ärzte ohne Grenzen, sagt, er habe das Schweigen der Welt angesichts von Auschwitz begriffen, als er gesehen habe, was in Ruanda geschehen war. Europas Untätigkeit anlässlich der »ethnischen Säuberungen« im ehemaligen Jugoslawien und François Mitterrands Satz während der Belagerung von Sarajevo – »man darf dem Krieg nicht den Krieg hinzufügen« – veranschaulichen, wie schwer es ist, sich zum Handeln zu entschließen.

Vierte Lehre: Die Barbarei und eine perfekte Demokratie können durchaus koexistieren, und Letztere schützt nicht vor Grausamkeit.

Der Nationalsozialismus nistete sich in den Schwachstellen der Demokratie ein. In Deutschland entstand er in der Anfangszeit der Weimarer Republik, als Grundfreiheiten galten, Meinungsfreiheit herrschte und religiöse Minderheiten anerkannt waren. Hitlers Aufstieg vollzog sich im demokratischen Deutschland der 1920er und 1930er Jahre. Und so ist *Mein Kampf* denn auch äußerst modern, anders, als man aus intellektueller Bequemlichkeit vielleicht denken mag. Abgesehen von einigen präziseren historischen Bezügen, hätte das Buch, in dem es um Parlamentarismus, Parteien, Wissenschaft und zahlreiche uns vertraute Themen geht, auch im 21. Jahrhundert geschrieben werden können.

Deshalb mahnt *Mein Kampf* die zivilisierten Nationen, dass der Sieg der Demokratie nicht vor Rückschritten schützt und dass sich nicht die gesamte Menschheit zur demokratischen Vernunft bekennt. Das ist eine nützliche Lehre, wo doch unsere Konsensgesellschaften mit Unruhen und politischer Gewalt in Afrika, im Nahen Osten sowie am Rand und im Inneren Europas konfrontiert sind.

Fünfte Lehre: Der radikale Antisemitismus, zu dem sich Hitler, zehn Jahre bevor er an die Macht gelangte, bekannte, spielte eine entscheidende Rolle beim schlimmsten aller Nazi-Verbrechen, der Schoah. *Mein Kampf* ist das Bindeglied zwischen dem Antisemitismus, der schon vor dem Nationalsozialismus in ganz Europa weit verbreitet war, und Auschwitz. Daraus ergibt sich auch die Frage nach der Verantwortung Europas für die Schoah.

Damit ist das Buch eine nach wie vor gültige Warnung vor den Folgen von Antisemitismus und Rassismus.

Sechste Lehre: *Mein Kampf* ist nicht nur der Höhepunkt des Antisemitismus, sondern auch eine absolute Negierung der Demokratie, der Grundrechte, der Aufklärung, des Fortschritts, der Multiethnizität und der Gleichheit aller Menschen. Das ist wichtig, wenn man verhindern will, dass irgendwann in der Erinnerung an den Nationalsozialismus nur noch der Antagonismus zwischen Juden und Nazis eine Rolle spielt, was sich durch das Zusammenwirken dreier Entwicklungen bereits abzeichnet: durch die späte Entdeckung der Schoah in der breiten Öffentlichkeit, durch den europäischen Einigungsprozess, durch den die Gräben der Vergangenheit allmählich zugeschüttet werden, und durch den besonders großen jüdischen Beitrag zur Aufarbeitung der Vergangenheit.

Die freie Welt war das erste Opfer der Nationalsozialisten. *Mein Kampf* geht uns alle an.

Siebte Lehre: *Mein Kampf* zu verbieten, das Buch von der Öffentlichkeit fernzuhalten oder es in den Tiefen des kollektiven Unbewusstseins zu vergraben, würde überhaupt nichts nützen – wenn es denn überhaupt möglich wäre. *Mein Kampf* ist unter uns und wird es noch lange bleiben.

Man sollte, im Westen wie auch anderswo, lieber die richtigen Lehren daraus ziehen. Man sollte lieber möglichst vielen dabei helfen, das Buch zu entschlüsseln, seine Tragweite zu begreifen, die historischen Bedingungen zu erkennen, die ihm ermöglichten, zu werden, was es geworden ist. Das Buch, dessen Inhalt auch heute noch manche für gut und richtig halten, ist sein eigenes Gegengift. Und das sollte man niemals vergessen.

# Anmerkungen

## VORWORT – Der vergessene Bestseller

1. Zum überhaupt ersten Mal erschien 2006 in Deutschland eine sorgfältige wissenschaftliche Untersuchung über die verlegerische Geschichte von *Mein Kampf*, die allerdings 1945 endet. Es handelt sich um Othmar Plöckingers Werk *Geschichte eines Buches: Adolf Hitlers »Mein Kampf« 1922–1945*, Oldenbourg Verlag, München 2006, veröffentlicht mit Unterstützung des Münchner Instituts für Zeitgeschichte. Zuvor hatten mehrere Historiker über die Rezeption des Buches geforscht, allerdings zeitlich und räumlich beschränkt und ohne Plöckingers systematischen Ansatz: Karl Lange, Caesar Aronsfeld sowie James Barnes, in letzter Zeit auch Josselin Bordat, der sich auf die französische Seite der Geschichte konzentriert hat. Dagegen beschäftigen sich zahlreiche historische Arbeiten mit dem Inhalt des Buches und der ihm zugrundeliegenden Ideologie, etwa die von Eberhard Jäckel, Werner Maser und Barbara Zuchtpfennig. Diese Arbeiten klammern im Allgemeinen den Aspekt der Rezeption des Buches sowie seine Wirkung auf die jeweilige Gesellschaft aus. 2016 erschien in Deutschland zum ersten Mal eine von Wissenschaftlern kommentierte Ausgabe des Buches selbst: *Hitler, Mein Kampf – Eine kritische Edition*, herausgegeben von Christian Hartmann, Thomas Vordermayer, Othmar Plöckinger und Roman Töppel, Institut für Zeitgeschichte, München 2016. 2020 soll ein französischer Ableger dieses wissenschaftlichen Werkes beim Verlag Fayard erscheinen, herausgegeben von einem Team aus Forschern unter der Leitung des Historikers Florent Brayard, darunter Christian Ingrao, Stefan Martens und Nicolas Patin. Dazu wurde Hitlers Buch von Olivier Mannoni neu übersetzt. Die bewegte Geschichte dieser französischen Ausgabe wird auf Seite 210 des vorliegenden Buches erwähnt.
2. *LTI – Notizbuch eines Philologen*, Berlin 1947.

## DIE ZEIT VOR DEM KRIEG – Die »Nazi-Bibel«

### I Die Entstehung eines Buches

1. Karl Mayr, »I was Hitler's boss«, Current History, 1941. Mayr, ein rechtsradikaler Offizier der Reichswehr, wandelt sich später zum Sozialdemokraten und Hitlergegner. 1933 flieht er nach Frankreich. Von den Nazis gefangen genommen, stirbt er 1945 in Buchenwald.
2. Die Ausweisnummern begannen mit der Zahl 501; Hitler war also das 55. Mitglied der DAP und nicht, wie er später fälschlich behauptete, das 7.
3. In dieser Hinsicht ist München exemplarisch. Kurz nach Beginn der Novemberrevolution 1918 wird dort der Freie Volksstaat Bayern ausgerufen, kurz darauf das durch die Ermordung seines Ministerpräsidenten entstandene Machtvakuum von den Kommunisten genutzt, Anfang April 1919 die Räterepublik auszurufen, die nur einen Monat später von Freikorpseinheiten im Verein mit aus Berlin entsandten Reichswehrverbänden ein blutiges Ende findet.
4. Die Sturmabteilung, die paramilitärische Organisation der NSDAP.
5. An Ernst Hanfstaengl, genannt »Putzi«, lässt sich gut veranschaulichen, welche verschiedenen Facetten der Unterstützung für Hitler es gibt: Der Sohn eines deutsch-amerikanischen Paares der Oberschicht ist Privatier, Künstler, Harvard-Absolvent. Beeindruckt von Hitlers rhetorischer Begabung, schließt er sich der NSDAP an und wird zu einem seiner ersten finanziellen Unterstützer, was Hitler ermöglicht, das Parteiorgan *Völkischer Beobachter* zu erwerben. 1937 bricht er mit den Nazis und flüchtet in die USA.
6. »Eine Abrechnung«, so lautet der Untertitel des ersten Bandes von *Mein Kampf.* Eine Zeit lang hatte Hitler überlegt, sein Buch so zu nennen, sodass die erwähnte Erklärung vermutlich der Bekanntmachung seines Projekts *Mein Kampf* entspricht.
7. Zit. nach Othmar Plöckinger, *Geschichte eines Buches*, a. a. O.
8. Über die Entstehung des Werkes existieren mehrere Versionen. Die hier vorgestellte erscheint uns als die plausibelste. Bereits 1922 hatte Hitler daran gedacht, seine Memoiren zu schreiben, die deshalb den Titel »Eine Abrechnung« tragen sollten, doch sein bewegtes Leben hatte ihm das nicht erlaubt. Daher der Gedanke, dass sich ein solches Projekt nur in Landsberg anbot, wo er Ruhe und die notwendige Zeit hatte. Eine andere Version hat eher etwas von einer Legende: Um Hitlers Mitgefangenen seine endlosen Reden zu ersparen, habe Gregor Strasser, der dort ebenfalls einsaß, ihm nahegelegt, seine Memoiren zu schreiben. Diese Version ist übrigens nicht ganz unvereinbar mit der ersten.

9. Ian Kershew, *Hitlers Macht. Das Profil der NS-Herrschaft*, München 1992.

10. »Zwei Jahre bevor Hitler *Mein Kampf* schrieb, war seine Weltanschauung also im Grunde genommen komplett. Der Kampf zur Zerstörung der Macht des internationalen Judentums, der Kampf gegen den Marxismus, der Kampf zur Erringung von ›Lebensraum‹ für Deutschland auf Kosten Rußlands waren im Endeffekt drei Ausdrucksformen desselben Gesamtgedankens, der in ein bestimmtes Geschichtsverständnis eingebettet war und aus ihm seine Rechtfertigung bezog. Das Hitlersche Geschichtsverständnis stellte den Marxschen Glauben an die zentrale Bedeutung der sozioökonomischen Antriebskräfte auf den Kopf und hielt dogmatisch an einer Sichtweise fest, die die geschichtliche Entwicklung als einen ständigen Kampf zwischen den Rassen – den Völkern in einem ethnisch-biologischen Sinne – begriff.« a. a. O.

## II In Adolf Hitlers Kopf

1. Hermann Rauschning, *Gespräche mit Hitler*, Zürich/Wien/New York 1940, S. 12.
2. *Mein Kampf – Geschichte einer Hetzschrift*, Antoine Vitkine, Arte 2008.
3. Diese – mit manchen Ausnahmen – zur äußersten Rechten zählenden Autoren haben dem rechtsradikalen Gesellschaftsbereich in jedem Fall Impulse gegeben. Ihre Veröffentlichungen fallen in den Zeitraum zwischen Ende des 19. Jahrhunderts und dem Beginn der 1920er Jahre und behandeln unterschiedliche Themenbereiche wie Rassentheorien, Sozialpsychologie, Eugenismus, Okkultismus usw.
4. In dieser berühmten Passage, die Anlass zu allerhand unbegründeten Spekulationen gegeben hat, wird gerade nicht auf das Gas der »Endlösung«, sondern auf die im Verlauf des Ersten Weltkriegs eingesetzten Kampfgase und auf die sozialdemokratischen Juden angespielt, die Hitler als die Verantwortlichen für Deutschlands Niederlage ansieht.
5. Diese Frage teilte die Historiker in Intentionalisten wie Andreas Hillgruber und Funktionalisten wie Martin Broszat.
6. Ian Kershaw, *Hitler. Macht. Das Profil der NS-Herrschaft*. München 1992, S. 32 ff.
7. Bei gleichzeitig autoritär ausgerichteter Innenpolitik gründet er seine Außenpolitik auf Allianzen, um Deutschland vor einem Krieg an beiden Fronten, der westlichen und der östlichen, zu schützen.
8. Und 466 Mal, wenn man »jüdisch«, »Juderei« oder »Judaismus« dazurechnet, nachweisbar 323 Mal das Wort »Rasse«, 306 Mal »Deutsch-

land«, 305 Mal das Wort »Krieg«, 194 Mal das Wort »marxistisch« und »Marxismus«, 120 Mal »Frankreich« und 65 Mal »Nationalsozialismus« und »nationalsozialistisch«.

9. Hitler in einem Gespräch am 29.7.1924 in der Haft in Landsberg. Vgl. dazu: Eberhard Jäckel und Axel Kuhn, *Hitler. Sämtliche Aufzeichnungen 1900 bis 1924*, Stuttgart 1980, S. 1242.

10. Alfred Rosenberg, NSDAP-Ideologe, fanatischer Antisemit und Teilnehmer am Bürgerbräu-Putsch, schreibt 1922 ein Werk über die »Protokolle der Weisen von Zion« und 1924 ein weiteres mit dem Titel *Die jüdische Weltpolitik*. Er besucht Hitler regelmäßig im Gefängnis.

11. Es handelt sich hierbei um ein gefälschtes Dokument. Von den Russen in Paris auf Anfrage der zaristischen Geheimpolizei gegen Ende des 19. Jahrhunderts verfertigt, sollte es die Existenz eines Programms glauben machen, das von einer Gruppe weiser Juden durchgeführt worden wäre, um die Christenheit zu vernichten und die zivilisierte Welt zu beherrschen.

12. *Mein Kampf – Geschichte einer Hetzschrift,* a. a. O.

13. George Montandon, Ethnologe, vertritt rassistische Thesen, hat 1939 in *Contre-Révolution* einen Artikel mit dem Titel »Die ethno-rassische Lösung des Judenproblems« veröffentlicht.

## III Wie *Mein Kampf* Hitler zum Führer macht

1. *Der Mythos des 20. Jahrhunderts*, Alfred Rosenbergs Hauptwerk, 1930 im Eher-Verlag erschienen, steht bei besonders fanatischen Nazis hoch im Kurs, weil es in seiner Argumentation seriöser erscheint. So betrachten manche im SS-Staat, der sich mit dem Krieg etabliert, *Mein Kampf* als einen Text für die breite Masse und keineswegs als ein theoretisches Werk, das den nationalsozialistischen Prinzipien gerecht wird. Sie halten sich lieber an Rosenberg. Die Verkaufszahlen für dessen Buch liegen zu Kriegsende bei 1 335 000 Exemplaren.

2. S. dazu auch Ian Kershew, *Der Hitler-Mythos*, Stuttgart 1999.

3. 1942 wird *Mein Kampf* sogar auf Pergament gedruckt – ein deutlicher Verweis auf das Evangelium.

4. Die angegebenen Zahlen stammen aus neueren Recherchen des Historikers Othmar Plöckinger. Bislang schätzte man die Menge der verkauften Exemplare auf 290 000 vor der Machtübernahme, beim Nürnberger Prozess wurden sie auf 450 000 beziffert, eine deutlich zu hohe Schätzung. Laut Plöckinger wurden vor dem 30. Januar 1933 241 000 Exemplare verkauft.

5. *The Independent*, »Discovered: Hitler's secret Swiss bank account«, 6. September 2006. Die Gelder gehen schließlich an einen Entschädigungsfonds für Opfer des Dritten Reichs.
6. Als prominentes Mitglied der Partei wird er im Zuge des Entnazifizierungsverfahrens als Hauptschuldiger eingestuft und 1948 zu zehn Jahren Arbeitslager verurteilt; sein Vermögen wird eingezogen. 1953 kommt er vorzeitig frei und stirbt, verarmt, in München, der Stadt, die ihn einst zum König gemacht hatte.
7. *Réflexion sur le mensonge*, Allia, Paris 1996.
8. *Mein Kampf – Geschichte einer Hetzschrift*, a. a. O.
9. Von amerikanischen Truppen 1945 entdeckt, wird es erst in den 1960er Jahren veröffentlicht.
10. Zit. nach Othmar Plöckinger, a. a. O.
11. ebenda, S. 217.
12. Sigmund Neumann, *Die deutschen Parteien. Wesen und Wandel nach dem Kriege*, Berlin 1932.
13. *Mein Kampf – Geschichte einer Hetzschrift*, a. a. O.

## IV Das Buch des Dritten Reichs

1. Vgl. *Die Tagebücher von Joseph Goebbels*, Hg. Elke Fröhlich, München 2006, Teil I, Aufzeichnungen 1923–1941, Bd. 2/III, S. 120.
2. Kaum einen Monat nach Hitlers Machtübernahme wird in der Nacht vom 27. Februar 1933 die kriminelle Brandlegung des Reichtags in Berlin umgehend vom Nazi-Regime dazu genutzt, um auf juristischem Wege in erster Linie gegen Kommunisten vorzugehen. Noch heute entzünden sich lebhafte Debatten unter den Historikern zur Frage nach der wahren Identität der Brandstifter.
3. Vgl. S. 184 »Haben die Deutschen *Mein Kampf* gelesen?«
4. Vgl. Militär-Wochenblatt, 118. Jg., Nr. 7, 18. 8. 1933.
5. Diese Äußerung Hitlers stammt von Hans Frank, vgl. ders., *Im Angesicht des Galgens* (1953), S. 45 f. Franks Memoiren gelten in der Wissenschaft als problematische Quelle und werden kritisch gesehen.
6. Robert Gellately, *Backing Hitler: Consent and Coercion in Nazi Germany*, Oxford University Press 2001, S. 256–257.
7. Martin Broszat, *Der Staat Hitlers. Grundlegung und Entwicklung seiner inneren Verfassung*. München 1989, S. 173.
8. Das heißt die offizielle Angliederung Österreichs an Nazi-Deutschland durch seine Annexion 1938.

9. Am 29. und 30. September 1938 erklärt Hitler, er wolle »die Deutschen von den Sudeten« und der »tschechoslowakischen Unterdrückung« befreien. Er verspricht Frankreich und England, Deutschland werde sich mit dieser Annexion zufriedengeben und der Frieden halte danach in Europa 1000 Jahre. Im März 1939 droht Hitler, Prag zu bombardieren, wenn Böhmen und Mähren nicht dem Reich angegliedert würden. Am 16. März dringt die deutsche Armee in Prag ein.

10. Erst als sich der Konflikt in die Länge zieht und die Niederlage aufdämmert, beginnt Hitlers große Popularität zu sinken, wie es sowohl die Nachrichtendienste als auch die sozialdemokratische Opposition bestätigen.

11. Ian Kershaw, *Der Hitler-Mythos*, Stuttgart 1999, S. 154.

12. Hitler, Friedensrede vom 10. 11. 1938, gehalten vor Chefredakteuren der Inlandspresse.

13. Hermann Rauschning, a. a. O., S. 17.

14. Dokument der Nürnberger Prozessakten, Nr. RF-810, Rundschreiben vom 22. Mai 1941 (Verhandlungstag 2. Feb. 1946).

15. Ian Kershaw, *Hitler 1889–1945*, München 2009, S. 345.

16. *Le monde diplomatique*, Juni 1997, »Au racines du ›mal radical‹, le génocide des Juifs en débats«, S. 26.

17. Noch 1945, als Hitler in seinem belagerten Bunker sein politisches Testament verfasst, zeigt er sich ebenso besessen vom Thema Juden. Von *Mein Kampf* aus dem Jahr 1925 bis zu seinem politischen Testament 1945 gibt es keine Spur der Veränderung.

18. Unter den Akteuren des Genozids sind nicht nur Nazis und die SS. Auch die Wehrmacht trägt einen Teil der Verantwortung für die im Osten begangenen Verbrechen, wie es heute die Untersuchungen der Historiker belegen. Sie verfügen beispielsweise über eine erst jüngst veröffentlichte Quelle: die Niederschriften geheimer Lauschposten. Sie waren von den angelsächsischen Geheimdiensten in den englischen Gefangenenlagern eingerichtet worden, um zu erfahren, was sich die Offiziere der Wehrmacht erzählten und wie sie dachten. Der amerikanische Historiker Norman J. Goda hat sie näher untersucht und zu seiner Überraschung festgestellt, wie sehr die Offiziere der Wehrmacht von nationalsozialistischen Thesen durchdrungen waren. Obschon sie häufig Hitlers Kriegsführung in Frage stellen, sind sie von der Vernichtung der Juden jedoch überzeugt. »Die meisten unter ihnen«, so Goda, »stellen die von den Nazis geltend gemachten Themen nicht in Frage, etwa dass die Juden in Europa für alle schlechten Entwicklungen in Europa seit 1789 verantwortlich seien, dass sie von jeher mit den amerikanischen Juden insgeheim zusammenarbeiteten, dass sich Europa zum Wohl der

Menschheit ihrer entledigen müsse« (vgl. Norman J. Goda, *Secret Intelligence and Holocaust*, Secret Intelligence and the Holocaust. Collected Essays from the Colloquium at the City University of New York, 2006).

19. Rosenberg vermittelt in seinem Werk leidenschaftlich antisemitisches, aber auch antichristliches Gedankengut. Er unternimmt die Entwicklung einer umfassenden Theorie der Rasse, die er zur treibenden Kraft der Geschichte erklärt. Als einer der wichtigsten Vertreter des Dritten Reichs wird er im Nürnberger Prozess zum Tode verurteilt und hingerichtet.
20. Annette Wieviorka, *1961. Le procès Eichmann*, Editions Complexe, 1989.
21. *Mein Kampf – Geschichte einer Hetzschrift*, a. a. O.

## V Ein Buch geht um die Welt

1. Diese erscheinen 1936 in Buchform. Initiator ist der nazifreundliche Großmufti von Jerusalem, al-Husseini, der später SS-Mitglied wird und 1941 sogar nach Berlin zieht.
2. Der Kriegseintritt der USA im Dezember 1941 beendet die transatlantischen Beziehungen zwischen den Verlagen: Der Eher-Verlag kassiert keinen einzigen Dollar Lizenzgebühren mehr von seinem amerikanischen Kunden.
3. Laut Maurice Schumanns Bericht in einer Sendung von France Inter am 18. Juni 1978.
4. Zit. nach Winston Churchill, *Der Zweite Weltkrieg*, Erster Band, Hamburg 1948, S. 112.
5. Depesche von Charles Courbin, dem französischen Botschafter in Großbritannien, an den französischen Außenminister Yves Delbos am 18. November 1936. Vgl. F. Serodes, *Au-delà des lieux communs: dirigeants français et britanniques face à l'anglophobie de Fachoda à Mers el-Kébir*, Tours 2007.

## VI Der Duce veröffentlicht den Führer

1. Giorgio Fabre, *Il contratto. Mussolini Editore di Hitler*. Bari 2004.
2. 1938 hat er *L'Uomo è forte* herausgebracht, ein Theaterstück von Corrado Alvaro, das ein fiktives totalitäres System vorführt, in dem man die UdSSR wiedererkennen kann, aber auch Italien oder Deutschland. Auf sein Gesuch an die Zensur um Druckgenehmigung wird er aufgefordert, die UdSSR ausdrücklich zu erwähnen, woraufhin Bompiani seinen Autor entsprechend bearbeitet. Das Beispiel zeigt die feine Ba-

lance in Bompianis Haltung zwischen diskreter Förderung einer freien Literatur und dem Streben nach reibungsfreiem Umgang mit Behörden.

3. Guido Bonsaver, *Censorship and Literature in Fascist Italy*, University of Toronto Press 2007.

4. Hier ging es um das Buch von Vincenzo Morello, *Il Conflitto dopo la Conciliazione*, Mailand 1933; dt. *Der Konflikt nach der Versöhnung*, Berlin 1933.

5. Theodor Heuss, *Hitlers Weg. Eine historisch-politische Studie über den Nationalsozialismus*. Stuttgart/Berlin/Leipzig 1932.

6. Zitiert bei Giorgio Fabre, a. a. O.

7. Mondadori unterhält freundschaftliche Geschäftsbeziehungen zu dem Berliner Verleger und veröffentlicht u. a. angestammte Ullstein-Autoren wie Emil Ludwig, Vicky Baum und Lion Feuchtwanger in Italien.

8. Zeugnis dafür legt der Brief vom 17. Juli 1933 an Gaetano Polvelli, den Leiter im Pressebüro des Duce, ab. Zitiert bei Guido Bonsaver, a. a. O.

9. Valentino Bompiani, *Via privata*, Mailand 1972.

10. *La Repubblica*, 25. Mai 1984, S. 17. Un ufficiale mancato che ha saputo capire qui pazzi scrittori, im Gespräch mit Daniela Pasti.

11. *Tribuna Novarese*, 29. Januar 2007, S. 17.

12. Zitiert bei Giorgio Fabre aus *Caro Bompiani, Lettere con l'Editore*. Hrsg. v. Gabriella D'Ina und Giuseppe Zaccaria. Mailand 1988.

13. Die Verkaufszahlen bleiben bis heute allerdings unbekannt.

14. Diese zwischen 1965 und 1981 im Turiner Verlag Einaudi erschienene monumentale Biographie Mussolinis umfasst nicht weniger als sieben Bände.

15. Emil Ludwig, *Mussolinis Gespräche mit Emil Ludwig*, Zürich/Wien/Leipzig 1940, S. 76.

16. Zu der Zeit beschäftigt sich Mussolini mit zwei Autoren, die auch Hitler beeinflusst haben: mit dem nationalistischen Theoretiker Oswald Spengler und dem rassistischen Ideologen Arthur de Gobineau. Über Letzteren liest er ein Buch, das übrigens auch bei Bompiani verlegt wurde. Und kurz zuvor hatte er 1932 den Nazi-Ideologen Alfred Rosenberg zu einem ausführlichen Gespräch empfangen.

17. Clara Petacci, *Mussolini segreto*. Mailand 2009.

18. Der Artikel ist in der faschistischen Zeitung *IL Popolo d'Italia* veröffentlicht.

19. Es handelt sich hier um Ottavio Dinale. Er äußert immerhin ein kritisches Wort: Die Vorstellung von der deutschen als einer höherstehenden

Rasse erscheint ihm unbegründet. Dieser Vorgang ist zitiert bei Giorgio Fabre, a. a. O.

20. *Giornale d'Italia*, »Il fascismo e i problemi della razza«, 15. Juli 1938.

21. Vgl. hierzu Marie-Anne Matard-Bonucci, *L'Italie fasciste et la persécution des Juifs*. Paris 2007.

## VII *Mon Combat*, ein französisches Buch

1. Zit. nach Hermann Rauschning, *Gespräche mit Hitler*, a. a. O.
2. A. François-Poncet, *Als Botschafter im Dritten Reich. Die Erinnerungen des französischen Botschafters in Berlin, September 1931 bis Oktober 1938*, Mainz 1947.
3. Barthou ändert allerdings bald seine Meinung und äußert Skepsis hinsichtlich Hitlers Aufrichtigkeit.
4. Zusammen mit Philippe de Zara, dem exzentrischen Abenteurer, Faschisten und Phantasten, gründet Sorlot auch das Comité France-Italie, dann, 1928, versucht er mit Marcel Bucard sein Glück im Verlagswesen, aber die Zusammenarbeit ist nur von kurzer Dauer. Außerdem gibt er verschiedene Zeitungen heraus, die sich alle nicht lange halten.
5. Natürlich entgeht es Sorlot nicht, dass Mussolini höchstpersönlich Hitlers Extremismus kritisiert, seinen radikalen Antisemitismus, der ihm selbst fremd ist, und vor allem seinen expansionistischen Drang argwöhnisch beobachtet. Nennt er den Führer denn nicht einen wütenden Verrückten? Nachdem er 1938 schon seine Armee am Brennerpass in Stellung gegen Deutschland gebracht hat, schließt er sich doch noch dem Dritten Reich an.
6. *Mein Kampf – Geschichte einer Hetzschrift*, a. a. O.
7. Heiden berichtet darin auch von einem schrecklichen Ereignis: In Österreich stürmten SA-Männer die Wohnung eines Juden und seiner jungen Frau und nahmen beide fest. Die Frau flehte darum, ihr zehn Monate altes Baby mitnehmen zu dürfen. Der SA-Mann blieb unerbittlich, ließ die Wohnung versiegeln und platzierte einen Posten vor der Tür. Das Kind blieb allein in der verlassenen Wohnung. Zwei Tage lang hörte man sein Weinen im ganzen Haus, ohne dass jemand einzuschreiten wagte. Am dritten Tag hörte man keinen Laut mehr; das Kind war tot.
8. Unter der Besatzung wandelt sich Beauplan allerdings zu einem Verfechter der Kollaboration und fanatischen Antisemiten. Bei der Befreiung Frankreichs wird er zum Tode verurteilt. Somit erweist er sich als gutes Beispiel dafür, dass politische Einstellungen in diesen bewegten Zeiten reversibel sind.

9. In »Lettre de Fernand Sorlot au Droit de vivre« vom 8. September 1936. Quelle: Emmanuel Sorlot.

## VIII Die französische Inszenierung einer deutschen Mystifizierung

1. Gespräch mit dem Autor.
2. *Le Populaire*, September 1935. Zit. nach Josselin Bordat, *Les Métamorphoses de Mein Kampf d'Adolf Hitler en France (1934–1939)*, mémoire de DEA, IEP de Paris, 2003.
3. *Mein Kampf – Geschichte einer Hetzschrift*, a. a. O.
4. Marc Bloch, *Die seltsame Niederlage: Frankreich 1940. Der Historiker als Zeuge.* Frankfurt am Main 2002.
5. Therèse Delpech, *L'Ensauvagement, le retour de la barbarie au XXIe siècle*, Grasset 2005.
6. Hermann Rauschning, *Gespräche mit Hitler*, a. a. O.
7. Trotzki, in *La Vérité* vom 8. Dezember 1933.
8. *NRF*, 1. Dezember 1934.
9. Zit. nach Pierre Assouline und Michel Drouin in *La République des Livres.fr.* André Suarès kämpft auch weiterhin gegen den Nazismus, wird während des Krieges von der Gestapo gejagt und stirbt 1948.
10. Depesche von Eric Phipps, dem britischen Botschafter in Frankreich, Public Record Office. Vgl. F. Serodes, *Au-delà des lieux communs: dirigeants français et britanniques face à l'anglophobie de Fachoda à Mers el-Kébir*, a. a. O.
11. Fayard gibt übrigens die von Arthème Fayard gegründete, der Action française nahestehende, antisemitische Zeitung *Candide* heraus. Leiter des Verlags ist Jean Fayard, sein Stellvertreter Pierre Gaxotte. Die beiden sind wie Arthème Fayard Anhänger der Action française von Maurrass. Pierre Gaxotte wird später das Vichy-Regime unterstützen.
12. André François-Poncet bleibt drei Jahre in deutscher Gefangenschaft. In den 1950er Jahren wird er Botschafter in Bonn. Er stirbt 1978.
13. *Mein Kampf – Geschichte einer Hetzschrift*, a. a. O.
14. *Mein Kampf, Mon combat, extraits*, Vorwort von Georges Saint-Bonnet, éditions Vita 1939.
15. Benoist-Méchin, Albin Michel, Februar 1939.
16. *Adolf Hitler, Mon combat. L'antisemitisme, l'antimarxisme, le racisme*, Les Belles Éditions 1939.

## IX Auf in den Krieg

1. Documents on British Foreign Policy, 1938.

2. Fernand Sorlot dagegen ist hinsichtlich des Kriegsausgangs so zuversichtlich, dass er einen vielsagenden geschäftlichen Schachzug durchführt: Anfang 1940 bringt er ein französisch-englisches Wörterbuch heraus, für das die Rechte bei einem deutschen Verlag liegen, weil er überzeugt davon ist, dass die kommende deutsche Niederlage ihn davor bewahren wird, Lizenzgebühren zu zahlen.

3. Heinrich Heine fügte hinzu: »Das Christentum [...] hat jene brutale, germanische Kampflust einigermaßen besänftigt, konnte sie jedoch nicht zerstören, und wenn einst [...] das Kreuz zerbricht, dann rasselt wieder empor die Wildheit der alten Kämpfer, die unsinnige Berserkerwut, wovon die nordischen Dichter so viel singen und sagen [...]. Die alten [...] Götter erheben sich dann aus dem verschollenen Schutt [...]. Es wird ein Stück aufgeführt werden in Deutschland, wogegen die französische Revolution wie eine harmlose Idylle erscheinen möchte ... Und die Stunde wird kommen. Wie auf den Stufen eines Amphitheaters werden die Völker sich um Deutschland herumgruppieren, um die großen Kampfspiele zu betrachten. Ich rate Euch, Ihr Franzosen, verhaltet Euch alsdann sehr stille, und bei Leibe! Hütet Euch, zu applaudieren. Denn [man] liebt Euch nicht in Deutschland, welches fast unbegreiflich ist, die Ihr doch so liebenswürdig seid. [...] Was man eigentlich gegen Euch vorbringt, habe ich nie begreifen können [...]. Da Ihr, trotz Eurer jetzigen Romantik, geborene Klassiker seid, so kennt Ihr den Olymp. Unter den nackten Göttern und Göttinnen, die sich dort, bei Nektar und Ambrosia, erlustigen, seht Ihr eine Göttin, die, obgleich umgeben von solcher Freude und Kurzweil, dennoch immer einen Panzer trägt und den Helm auf dem Kopf und den Speer in der Hand behält. Es ist die Göttin der Weisheit.«

4. Zit. nach Andreas Hillgruber, *Hitlers Strategie: Politik und Kriegführung, 1940–1941.* 1965 (Habilitationsschrift). Frankfurt a.M. 1993.

5. Die »Liste Otto« und deren spätere Ausdehnung umfassen knapp 1000 Titel. 700000 in Verlagen und Buchhandlungen konfiszierte Bücher werden mit Lastwagen der deutschen Besatzer abtransportiert und anschließend vernichtet.

6. Durchaus nichts Ungewöhnliches: Die Deutschen entwickeln eine Strategie der Einflussnahme, für die die Kontrolle über die französischen Verlage notwendig ist. Sie legen die Hand auf jüdischen Besitz wie Calmann-Levy und zwingen mit unterschiedlichen Methoden andere Verlage wie die Nouvelles Éditions latines zur Übergabe. Siehe Rita Thalmann, *La Mise au pas*, Fayard 1991.

7. Pascal Fouché, *L'Édition française sous l'Occupation*, IMEC, 1987.

8. Diese Werke veröffentlicht er auf eigene Faust, nicht im Rahmen des unterzeichneten Verlags, manche davon mit Unterstützung der Propagandastaffel, dem Propagandadienst der Besatzer. Außerdem bringt er die Schriftenreihe des Deutschen Instituts heraus, das von seinem deutschen Freund und früheren Literaturagenten Karl Epting geleitet wird. 1943 publiziert er den Essay *Synthèse de la question juive* von Léon Brasat, der ganz auf der Linie der antijüdischen Politik von Vichy liegt.
9. Im November 1942.

## DIE ZEIT NACH DEM KRIEG – Eine Geschichte, die nicht aufhört

### I Der Beweis für das Verbrechen: Die Deutschen und *Mein Kampf*

1. Der Prozess gegen die Hauptkriegsverbrecher vor dem Internationalen Militärgerichtshof Nürnberg, www.zeno.org/Geschichte/M/Nürnberger+Prozess.
2. Vgl. S. 79 »Will Hitler wirklich gelesen werden?«
3. *Hitler – Eine Bilanz*, a. a. O.
4. Anna J. und Richard Merritt, »Public Opinion in Occupied Germany, The OMGUS Survey: 1945–1949«, *The American Sciences Review*, März 1997.
5. *Mein Kampf – Geschichte einer Hetzschrift*, a. a. O.
6. *Hitler – Eine Bilanz*, a.a.O.
7. Gespräch mit dem Autor.
8. Ian Kershew, *Der Hitler-Mythos*, a. a. O.
9. *Deutschland-Berichte der Sozialdemokratischen Partei Deutschlands (Sopade) 1934–1940*. Salzhausen, Frankfurt a.M. 1980.
10. Umfrage anlässlich der Vorführung des Dokumentarfilms *Die Todesmühlen* über die Befreiung der Konzentrationslager.
11. Einige Jahre später gräbt Olafs Großmutter das Buch wieder aus und räumt es in eine Ecke ihres Hauses, um es schließlich, was noch seltsamer anmutet, in den 1960er Jahren ihrem Sohn zur Hochzeit zu schenken. »Man musste ja etwas damit machen, es musste ja irgendwo hin«, sagt sie ihm zur Erklärung. Auch diese Frau erzählt später ihrem Enkel, sie habe *Mein Kampf* nie gelesen. Nach 12 Jahren einer Diktatur, die es in der Kunst der Führerverehrung zur Meisterschaft gebracht hat, tun sich die Deutschen schwer damit zuzugeben, dass dies der Vergangenheit angehört. »Wer wusste schon, was passieren könnte?«, erklärt Olaf Simons.

12. *Mein Kampf – Geschichte einer Hetzschrift*, a. a. O.

13. Diese Giftschränke existieren immer noch in öffentlichen Bibliotheken. An denen der Münchner Bayerischen Staatsbibliothek entlangzugehen ist durchaus ein Erlebnis: Exemplare von *Mein Kampf* koexistieren dort mit revisionistischen Schriften, pornographischen Werken und rassistischen Büchern, die nach dem Zweiten Weltkrieg veröffentlicht wurden.

### II Die internationale Karriere geht weiter

1. Donald Cameron Watt, *»Mein Kampf« Suppressed*, The Spectator, 23.9.1965.

2. Paris 1967, dt. *Die Jahrhundert-Provokation: Wie Deutschland in den Zweiten Weltkrieg getrieben wurde*, Tübingen 1989. Darin beschuldigt der Autor Churchill, Roosevelt und natürlich die Juden, mehr als Hitler die wahren Schuldigen am Krieg zu sein. Rassinier schreibt darin: »Das Weltjudentum nahm diese [nationalsozialistische] Doktrin zur Kenntnis, die einen siebzig Millionen-Einwohner-Staat dem jüdischen Finanzmarkt entzog. Statt aber einen um so leichteren Kompromiß zu suchen, als Hitler selbst einen solchen anstrebte, entfachten die Juden die Diskussion […].«, S. 79.

3. *Faut-il brûler Mein Kampf?*, Le Quotidien de Paris, 22. Juni 1978.

4. Der rechtsextreme Journalist und leidenschaftliche Antisemit freundete sich nach dem Krieg mit Sorlot an.

5. Auszug aus dem Urteil des Pariser Berufungsgerichts vom 11. Juli 1979.

6. Linda Ellia, *Notre combat*, Seuil 2007.

7. Gespräch mit dem Autor.

8. Christian Hartmann, Othmar Plöckinger, Thomas Vordermayer, Roman Töppel (Hrsg.), *Hitler, Mein Kampf – Eine kritische Edition*, Institut für Zeitgeschichte, München 2016.

9. *Mein Kampf, un historien répond à Mélanchon*, Libération, 25. Oktober 2015.

10. Abgesehen von der Problematik einer Zunahme von Antisemitismus einerseits und Fremdenfeindlichkeit andererseits ist die Tatsache, dass die Vorsitzende der rechtsextremen Partei Rassemblement national (vormals Front national) sich gegen eine Neuausgabe von *Mein Kampf* ausspricht, nur ein Beispiel dafür. Es sei denn, es gehe darum, mit der in der Kollaboration wurzelnden Vergangenheit ihrer Partei zu brechen.

## III Ein deutsches Gespenst

1. Nach Hitlers Machtübernahme waren der Bürgermeister Ottmar Baur und sein Stellvertreter Benedikt Hagg ihrer Ämter enthoben worden. Bald darauf wird die SPD verboten.
2. *Mein Kampf, Geschichte einer Hetzschrift*, a. a. O.
3. Nach diesen Enthüllungen will Manfred Deiler, wie so viele Deutsche seines Alters, von seinem Vater und seinem Großvater wissen, ob sie das Buch besessen und ob sie es gelesen haben. Die Reaktion seines Vaters fällt trocken aus: »Er hat das also als unwesentlich und ›Machwerk‹ bezeichnet, und deswegen hätte er es nie gelesen« – und er kommt nie wieder auf dieses Thema zu sprechen.
4. *Freitag.de*, 17. Dezember 1999, Daniel Kretschmar. Es gab allerdings Vorbilder: den Schauspieler und Kabarettisten Helmut Qualtinger, der in den 1970er Jahren auf der Bühne daraus las, oder den Schriftsteller und »Spielmacher« George Tabori und sein Theaterstück namens *Mein Kampf*. Beide bekamen aber letztlich keinen Ärger mit der Justiz.
5. *Junge Welt*, 1. August 2001, Jörg Sundermaier.
6. Gespräch mit dem Autor.
7. ebenda.
8. ebenda.
9. ebenda.
10. Aus einem Urteil des BGH vom 25. Juli 1979.
11. Spezielle Ausgabe, so genannte Untergrund/Résistance-Ausgabe von 1998 [sic], dem 100. Geburtstag von Adolf Hitler. Diese wurde in Dänemark hergestellt, aber für den deutschen Markt produziert. Vgl. *Mein Kampf – Geschichte einer Hetzschrift*, a.a.O.
12. ebenda.
13. ebenda.
14. ebenda.
15. ebenda.
16. ebenda.
17. ebenda.
18. Der Ausgangspunkt dieser Bewegung dürfte im Jahr 1958 liegen, nach dem Ulmer Einsatzgruppenprozess, in dem die Verantwortlichen für besonders grauenvolle Massaker an Juden angeklagt wurden. Die Nachsicht des deutschen Gerichts, das sie als bloße Gehilfen, als »Werkzeuge des Führers« betrachtete, die Befehlen gehorcht hätten, und darin

mildernde Umstände erkannte, aber auch die Berichte über die Massaker hatten die Öffentlichkeit erschüttert. Seither hat sich die Idee einer kollektiven Verantwortung fortentwickelt, zunächst mit Mühen, dann allerdings mit zunehmender Entschlossenheit.

19. *Die Heimkehr der Unerwünschten. Eine Geschichte der Juden in Deutschland nach 1945*. München 2011, S. 338.

20. *Mein Kampf – Geschichte einer Hetzschrift*, a. a. O.

21. ebenda.

## IV *Mein Kampf* – ein Buch mit Zukunft

1. Gespräch mit dem Autor.
2. Vgl. S. 107 »Der Duce veröffentlicht den Führer«.
3. Bezeichnend ist, dass Anfang 2010 die App »iMussolini« im AppStore des iPhone für kurze Zeit die Rangliste der meistverkauften Apps anführte, bevor sie vom US-amerikanischen Hersteller zurückgenommen wurde.
4. Giorgio Fabre, *Il contratto*, a. a. O.
5. Gespräch mit Lila Azam Zanganeh, *New York Times*, 7. November 2004.
6. *Hitler's ›Mein Kampf‹ Surges in E-Book Sales*, ABC News.com, 10. Januar 2014.
7. *Blacktop Buccaneers*, Aravind Adiga, *Time*, 29. September 2003.
8. *On the Indian Readers of Hitler's Mein Kampf*, Suman Gupta, *Economic and Political Weekly*, 17. November 2012.
9. *Hitler, The Trendy Tyrant in India*, Kim Barker, *Chicago Tribune*, 21. Dezember 2006.
10. *Au Gujarat, on tue Gandhi tous les jours*, Martine Gozlan, *Marianne*, 8. Juli 2006.
11. *Hitler's Strange Afterlife in India*, Dilip D'Souza, *The Daily Beast*, 30. November 2012.
12. Judith Kinghoffer, History News Network, 29. Januar 2007.
13. *Georg Martin Oswald in Indien*, www.goethe.de/kue/lit/dos/beg/osw/de1841853.htm [abgerufen am 25. August 2015].
14. Suman Gupta, a. a. O.
15. *Des loups, des Chinois, des Mongols*, François Hauter, *Le Figaro*, 14. Oktober 2007.
16. *Mein Kampf – Geschichte einer Hetzschrift*, a. a. O.

17. Beyrouth, Al Bath, 1969, S. 27, zitiert von Norman Stillman, *The Jews of Arab Lands in Modern Times*, Philadelphia 1991.

18. Die Partei gibt es im Libanon mit der gleichen Flagge heute noch.

19. Bernard Lewis, *Pan-Arabism*, 1978, in *From Babel to Dragomans*, Oxford University Press 2004.

20. Zitiert von Henry Laurens, *L'Orient arabe*, Armand Colin, 1993.

21. Brief von Castro und Sakal an Bernard Lecache, 19. Oktober 1938. Quelle: Emmanuel Debono.

22. Abd al-Karim al-Umar, *Muzakkirat al-Hagg Muhammad Amin al-Husaini (The Memoirs)*, Damaskus 1999.

23. Fritz Grobba, *Männer und Mächte im Orient*, Göttingen 1967.

24. Hans Adolf Jacobson, *Der Weg zur Teilung der Welt*, Koblenz/Bonn, 1979.

25. ebenda.

26. François Genoud (Hrsg.), *Hitlers politisches Testament. Die Bormann-Diktate vom Februar und April 1945*, Hamburg 1981.

27. Johann von Leers, *Judentum und Islam als Gegensätze*, in *Die Judenfrage*, Berlin 1942.

28. Bernard Lewis, *Semites and Anti-Semites*, W. W. Norton & Company, 1986.

29. Mit Hilfe anderer, ebenfalls nach Ägypten geflohener ehemaliger Nazis brachte er mehrere Werke heraus, darunter *Die talmudischen Menschenopfer* (1962), *Die Gefahren des Weltjudentums für den Islam* (1963), *Warum ich Israel hasse* (1964) und *Die Sexualverbrechen der Juden* (1965).

30. Endy Bayuni, Dyssia Hayat, *Mein Kampf en tête de gondole dans les librairies*, France 24 Les observateurs, 6. 10. 2010.

31. ebenda.

32. Boualem Sansal im Gespräch mit Grégoire Leménager, *La frontière entre islamisme et nazisme est mince*, Le Nouvel Observateur, Paris, 9. 1. 2008.

33. *Die Charta Gottes: Plattform der Islamischen Widerstandsbewegung (Hamas)*, zitiert von Ulrich W. Sahm, http://usahm.info/Dokumente/Hamasdeu.htm [abgerufen am 12. August 2015].

34. Vgl. Gilles Kepel, *Al-Qaïda dans le texte*, Gallimard 2005 (dt. *Al-Qaida. Texte des Terrors*, München/Zürich 2006).

35. Wie z. B. der Politikwissenschaftler Mehdi Mozaffari und die Menschenrechtsaktivisten Taslima Nasreen, Chala Chafiq und Ayaan Irsi Ali. *Le manifeste des douze: Ensemble contre le nouveau totalitarisme*, Charlie-Hebdo, 1. März 2006.

36. Seine Staatsangehörigkeit und seine Identität sind ungewiss, und innerhalb der islamistischen Bewegung gilt er sogar als tot. Vgl. Michael Ryan, *Decoding Al Qaeda's Strategy: The Deep Battle Against America*, S. 148. Manche Experten sind der Meinung, dass es sich bei Abu Bakr Naji um ein Pseudonym oder um ein Autorenkollektiv handelt.

37. Das Buch stützt sich wie Hitlers *Mein Kampf* auf zahlreiche eklektische Quellen salafistischer Theoretiker bis hin zu einem westlichen Autor wie dem Historiker Paul Kennedy und seinem Buch *Rise and Fall of the Great Powers* (1987), (dt. *Aufstieg und Fall der großen Mächte*, Frankfurt 1987).

38. *Les djihadistes ont leur Mein Kampf*, Marie Lemonier, Nouvel Observateur, 4. Juli 2015. Viele Dschihadismus-Experten halten »Verwaltung der Barbarei« inzwischen für das Standardwerk des IS, darunter Michael Ryan, Terrence McCoy, Hassan Hassan und Alastair Crooke.

39. Abu Bakr Naji, *The Management of Savagery*, John M. Olin Institute for Strategic Studies, Harvard University 2006, *Gestion de la barbarie*, Edition de Paris 2007.

## V Ein türkischer Bestseller

1. Das beweisen die jährlichen Umfragen des Forschungszentrums *Pew Research Center*.

2. Der armenisch-türkische Journalist Hrant Dink, der für eine weltoffene und demokratische Türkei eintrat, wurde im Januar 2007 von Ultranationalisten ermordet. Zwischen 2003 und 2008 wurden mehrere christliche Geistliche von Ultranationalisten mit einer vom Islamismus beeinflussten Ideologie ermordet.

3. Prof. Dr. Mustafa Erkal, *Hitler'i okumak tepki ifadesi*, in: Yavuz Rençberler, İhsan Bozkan, *»Kavgam« best seller oldu*, Akşam, 27. Februar 2005.

4. Marc Semo, a. a. O.

5. Gespräch mit dem Autor.

6. Marc Semo, a. a. O.

7. Der zunehmende Antisemitismus veranlasste eine Gruppe von 22 Intellektuellen zur Veröffentlichung eines Aufrufs zur Wachsamkeit. Dieser dürfte bei den Behörden nur wenig Erfolg haben. »Wir dulden keine Feindseligkeit gegenüber Menschen aufgrund ihrer Rasse. Es gibt in unserem Land keinen Rassismus«, erklärte Cemil Cicek, der Regierungssprecher mit vollem Ernst, nachdem die Türkei 2005 durch den Erfolg von *Kavgam* in Verruf zu geraten drohte.

8. Ferhat Kentel, *Turquie: La conquête du centre par le Loup gris*, Critique internationale, Juli 2001.

9. Zur Erinnerung: 1920 gab es nicht mehr viele Armenier, da etwa zwei Drittel von ihnen durch die vom jungtürkischen Regime verübten Massaker ums Leben gekommen waren.

10. Mitschrift einer Ansprache Hitlers vor Offizieren der Wehrmacht, 22. August 1939, Akten zur deutschen auswärtigen Politik 1918–1945, Serie D (1937–1945), Bd. VII: *Die letzten Wochen vor Kriegsausbruch.* 9. August bis 3. September 1939, Nr. 193.

11. Mit dem Begriff »Tiefer Staat« wird eine Art angeblicher »Staat im Staate«, eine mehr oder weniger konspirative Verflechtung aus u. a. Militär, Geheimdiensten und Politik, in der Türkei bezeichnet. Vgl. z. B. www.amnesty.de/journal/1970/januar/der-tiefe-staat [abgerufen am 12. August 2015].

12. *»Mein Kampf« parmi les meilleures ventes*, Marie-Michèle Martinet, *Le Figaro*, 17. März 2005.

13. In den Konzentrationslagern stellten die Nazis Seife aus menschlichem Körperfett her, nicht aus menschlichen Knochen; Emre scheint sich bei diesem Thema nicht gut auszukennen.

14. Jan van Bergh, *Zur Psychologie der Hitlerei*, in *Tage-Buch*, Berlin, 1. Halbjahr 1924.

15. Er spielt auf den Bürgerkrieg im ehemaligen Jugoslawien an und auf dessen tragischen Höhepunkt, das Massaker von Srebrenica. 1995 verübten Einheiten der Armee der Republika Srpska und serbische Paramilitärs in der bosnischen Enklave das schwerste Kriegsverbrechen auf europäischem Boden seit dem Zweiten Weltkrieg. Nur weil sie Muslime waren, wurden 7500 Zivilisten auf barbarische Weise ermordet. Das war das Ergebnis einer Kampagne der »ethnischen Säuberung« durch die von Slobodan Miloševiç im Namen des Ultranationalismus unterstützten serbischen Milizen.